九霄环佩

丁晨 著

"深扎"文丛

JIUXIAOHUANPEI

九霄环佩

丁晨 著

河南大学出版社
HENAN UNIVERSITY PRESS
·郑州·

图书在版编目(CIP)数据

九霄环佩/丁晨著.—郑州:河南大学出版社,2018.10
("深扎"文丛)
ISBN 978-7-5649-3538-2

Ⅰ.①九… Ⅱ.①丁… Ⅲ.①小说集－中国－当代 Ⅳ.①I247

中国版本图书馆CIP数据核字(2018)第243259号

项目总策划	侯若愚
责任编辑	任湘蕊
责任校对	韩 琳
封面设计	侯一言
出版发行	河南大学出版社
	地址:郑州市郑东新区商务外环中华大厦2401号 邮编:450046
	电话:0371-86059701(营销部) 网址:www.hupress.com
排 版	河南大学出版社设计排版部
印 刷	河南瑞之光印刷股份有限公司
版 次	2019年1月第1版　　　印 次　2019年1月第1次印刷
开 本	889mm×1194mm　1/32　印 张　6.75
字 数	188千字　　　　　　　　定 价　35.00元

版权所有·侵权必究
本书如有印装质量问题,请与河南大学出版社营销部联系调换

目　　录

1　断线珍珠
14　九霄环佩
46　过年新衣
63　俯瞰
91　婚宴
104　末日
117　手
144　包围
172　棋人

断线珍珠

在一个喧闹的游戏厅里,便衣警察李卫东在认真地玩着游戏。该吃的吃,该碰的碰,该和的和,看上去他和一个普通玩家没什么区别,表面文章做得有模有样。他两眼紧盯麻将机屏幕,双手熟练地拍打着键盘,所有这些,都是假象。还有,李卫东身边那个漂亮女孩叫刘艳丽,不明真相的人会以为她是李卫东的女朋友,事实上她和李卫东是战友关系,两人是临时组合在一起的搭档。他们在等候逃犯胥刚的出现。

李卫东他们的注意力多数集中在门口以及大厅中央的一台游戏机上。这是一台比较有趣的游戏机,它跟前总是挤着比别处更多的玩家和观众。有线报说,前不久杀人犯胥刚曾在此出现,并在这台游戏机上玩了将近两个小时。队长布置完任务,交代大家:"这种游戏机叫迪机,是胥刚最喜欢玩的游戏机之一,你们一定要给我盯紧它!"李卫东在学生时代热衷过电子游戏,各种各样的游戏几乎都玩过,但这种迪机他没听说过。什么是迪机呢,它究竟有多大魅力?李卫东不解地问队长。屁的魅力,不过是年轻人无聊的玩意儿,队长对迪机不屑一顾。

在游戏厅里,最为突出的声音是从迪机里面发出来的,它震慑人心的音乐几乎掩盖了其他游戏机的嘈杂。一个把头发染成金黄色的少年正在机器上进行游戏,他神情紧张地盯着屏幕,两只手上下左右机械地运动着。看了一会儿,李卫东知道了,这是一种类似跳舞机的东西,跳舞机要求玩家用双脚完成指定动作,这种机器则要求玩家用两只手和一只脚来共同完成。李卫东认为应该把这种游戏机叫作鼓机,玩家是在击打一台想象中的架子鼓。

李卫东他们找到一处便于观察的位置,耐心地等候胥刚的出现。和他们一起守候的还有另外两位战友,大家分成两个班次,轮流值班,一个班次从上午十一点游戏厅开门到下午六点,另一个班次从下午六点到晚上十二点游戏厅关门。李卫东和刘艳丽属于A组,另两个战友属于B组。如果今天A组上白天班,那么明天他们就该上夜晚班,这样分工合理,谁也不会有什么意见。A组和B组之间是禁止在公众场合对话的,他们装作谁也不认识谁。每位同志腰间都别着一把压满子弹的手枪,只等逃犯出现便随时准备拉开枪栓,把子弹射向罪犯的双腿,必要时也可射他的胸膛。

每次下夜班,李卫东都要送刘艳丽回家。这是刘艳丽主动提出的,尽管刘艳丽在警校学过擒拿格斗,但在李卫东眼里,她仍是一个女人。他们在十字街的地摊上吃夜宵。"师兄,"刘艳丽说,"你觉得胥刚会在游戏厅出现吗?"李卫东嘟起嘴唇嘘了一下,意思是要她注意保密,万一被谁听到,传到胥刚耳朵里就前功尽弃了。刘艳丽理会到他的意思,看看周围没人,吐出舌头冲他做个怪样。"师兄,"刘艳丽又说,"嫂子为什么跟你离婚呢?"这话把李卫东问得一个愣怔,接不上茬。

离婚对李卫东来说谈不上伤害,离婚之后他反倒觉得更加轻松自在。父母的身体还很健康,七岁的儿子由他们照顾,这些,李卫东都非常放心。很多时候他会想起前妻,把过去的恩爱在脑子里过一遍。是这样的,即使痛苦里面也会有一些美好的东西存在,只要把心境放宽,就可以在对往事的回忆里享受到幸福和快乐。他不愿提起前妻,是因为他无话可说。

这些天来,他只想尽快抓住胥刚,然后好好休息一下,陪父母和儿子度过一个完整的假日,或者跟朋友们痛痛快快地喝酒。

十几天过去了,胥刚一直没有出现。上头不改变计划,他们只有在游戏厅里继续潜伏。

星期天是游戏厅最热闹的时候,也是李卫东他们最该提高警惕的时候。为了不使胥刚漏网,李卫东每隔一会儿就站起来在游戏厅里到处走走。人太多了,遮住了许多该看而无法看到的地方。最让他操心的还是迪机周围,要想把每个人的面孔看清,必须挤进人群,不停地移动自己的视线。这个人侧面像,换到正面,不是。那个人脸型像,靠近一看,不是。看来看去,他把自己的眼都看花了。

也有人少的时候,整个游戏厅里就李卫东和刘艳丽两个人。李卫东来到迪机跟前,往投币处丢进一个游戏牌。咔吧一声,游戏牌被迪机吃进去了。屏幕菜单上出现四个乐曲名字,其中三首是外国的,只有一首是张震岳的《爱的初体验》。李卫东就选了《爱的初体验》。一阵金属般的声音从游戏机里铿锵而出。屏幕上,有秤砣状的音符自上而下急剧坠落。每个音符对应着一个按键,在它们落底的一瞬,准确地拍击它们所对应的按键,就能得分。得分多少,是水平高低的体现。达到一定分数,就可以过关,否则结束游戏。李卫东第一次玩,手忙脚乱的也没得到多少分数,第一关都没能过。他知道玩这种游戏要靠手、眼、耳、心密切配合,不经过一段时间的练习是打不出好成绩的。很多事情都是这样,熟能生巧。他还发现,一般的游戏是玩家操纵机器,而这个游戏则是机器操纵玩家。想到这点,他就不大喜欢这种游戏了,有一种被愚弄的感觉。

迪机的好玩之处不仅于此,它还可以让玩家在游戏当中进行决斗。两个人同时玩,分数高的胜,分数低的败。胜的可以继续玩,败的就得提前下台。如果低手在玩游戏,高手愿意的话,可以上去,用高超的技艺把他赶下舞台。而低手也同样可以挑战高手,动摇他的霸权地位。游戏规则是公平的,谁都有权利去获得权力。

除此之外,游戏机上还有一个排行榜,只要你的分数能挤进前十名,就可以输入自己的大名,在排行榜里占据一个位置。这是荣誉和地位的象征。排行榜上的第一名是 xiaobing,这是一个年轻人的拼音名字。李卫东认识这个年轻人,知道他叫马笑冰,他两年前在派出所做户籍警时给马笑冰办理过身份证。

一开始,李卫东还担心马笑冰会认出自己,那样很可能对他的工作产生不利。他向马笑冰借过一次打火机之后,这个担心被解除了,很显然,马笑冰的态度表明他眼里看到的是一个陌生人。也难怪,如果马笑冰的身份证不是他办理的第一个身份证,他也不会对马笑冰有任何印象的。

一般人看来,马笑冰是一个沉静的少年,他身形略显单薄,神情冷冷冰冰的,给人一种酷毙了的感觉。但是李卫东发现,他眉宇间时常会闪过些许忧郁的痕迹。不知为什么,他有点为这个年轻人担心,他担心这个年轻人哪天会突然爆裂,像一只被子弹击中的酒瓶那样乒嚓一声碎掉。两年来刑侦工作培养出的直觉告诉他,这是一个很容易出事的少年。

马笑冰每次来,身后都跟着一个女孩,仿佛是他随身附体的一条尾巴。女孩看上去年龄更小,只有十六七岁的样子,脸蛋总是红扑扑的,让人联想到一只脆甜可口的苹果。在马笑冰身边,她仿佛一件光彩夺目的首饰。似乎,马笑冰这样的帅哥,没有一个为他死心塌地的女孩是说不过去的。

马笑冰一上迪机,其他人就得下迪机,这是谁都无可奈何的事实。但越是如此,越是有人向他发起挑战。挑战者只能一个一个上,有人过了第一关,有人过了第二关,到第三关,能够坚持下来的就为数不多了。有个叫关琪的,也算是高手了,他经常挑战马笑冰。两个少年站在一起,一个直愣愣的像一根鼓槌儿,一个冰冷冷的似一把长剑。只看他们的动作,高下就分出来了,鼓槌儿的笨拙难敌长剑的灵动。不过也算不错了,关琪能过第三关。还有一个叫毛毛的,留着怪异的发型,总把自己打扮成美国跳街舞的男孩。他的动作比起别人更具观赏性,看上去他是真的在敲打一台想象中的架子鼓。细细留心一下,就可以看出他手上的问题。游戏机键盘上一共有六个按键,左边三个右边三个。六个按键中,靠上位置的是两个红色按键,当屏幕上红色的音符落下时,只要准确地拍打红键,随着铜锣般尖利的一声叫响,就得分了。紧靠红键下面的是四个绿键,这四个绿键代表的是细密的鼓点,它敲打出的是乐曲复杂的节奏。正确的控键手法是,左右两手各控制三个按键;食、中、无名三指控制上面的红键,手掌一侧和大拇指分别控制下面的绿键;把两只手分成六个工具,各负其责,合理统筹。而毛毛呢,他不是这样的,他两只手就只是两只手,所以看上去他比别人更加忙碌。也正因此,他的速度比别人快出许多,两只手好似蝴蝶翻飞,令观者眼花缭乱。还有一个瘸子刚,他也能在马笑冰面前过第三关。他的优势在于他是个瘸子。正常的人,一只脚踩下面的低音鼓,时间久了,另一只负责站立的腿会觉得累,而瘸子刚正好弥补了这个缺口。上面所说的这些人,他们都能过马笑冰的第三关,但是谁都无法动摇马笑冰的霸主地位。他们一个一个地车轮战,也无济于事,马笑冰没有输过。

李卫东注意到,马笑冰把挑战者斩落马下之后,有一个习惯性动作。他喜欢用大拇指在鼻子上刮一下,同时鼻子里轻快地抽吸,发出沙啦的一个响声。当然,在那么嘈杂的环境里李卫东不可能听到那个沙啦的声音,他只是在想象中觉得一定会是这样。李卫东竟然对马笑冰产生了些许亲切感。在决斗结束之后,游戏机屏幕上亮出双方各自的成绩,哗哗啦啦,那些数字在迅速滚动。马笑冰平静地望着屏幕,抬起一只手,大拇指在鼻子上刮,沙啦一声。李卫东喜欢他这个动作,喜欢这个年轻人性格中的沉静。

那是星期三下午,游戏厅里玩家不多,为了省电,老板暂时把迪机关掉,让它休息休息。马笑冰来了,跟他一起来的除了他的女朋友,还有他满身的酒气。"我要玩迪机。"他硬着舌头对老板说。看他的样子老板就知道他喝醉了,老板说:"怎么会喝成这样,别玩了,回家睡觉吧。""我要玩迪机!"马笑冰突然怒吼着,用手在老板面前的吧台上用力拍打。"迪机坏了,玩不成了。"老板尽量想把他支走。"我要玩迪机!"马笑冰仍然坚持着不肯离去。马笑冰已经失去理智,他对自己的无理取闹浑然不知。马笑冰的女朋友是很清醒的,她一边不停地劝说马笑冰回家,一边觍着脸向游戏厅老板道歉。"咱回家好吗?我求求你!"她拽着马笑冰的胳膊央求着。"滚开!"马笑冰一把推开她,"你整天缠着我干什么?我不喜欢你,不爱你,你懂不懂?"

很多时候你拿这样的人是没有办法的,这样不爱惜自己的人,任由他去吧。马笑冰的女朋友哭着离开后,老板真的生气了,他把迪机打开,对马笑冰说:"玩吧,玩吧!"马笑冰没想到老板会打开迪机。难道他真的要玩迪机吗?有时候不顾一切争取的,真的就是自己迫切需要的吗?马笑冰不知道该不该再玩迪机了,他一时怔怔地戳在那里。"来,来玩迪机。"老板把马笑冰拖到迪机前,摁着他的后脑勺说,"玩吧。"看到迪机,马笑冰似乎有些清醒了。Come on(来吧),游戏机在吃进游戏牌之后,用外国男人雄浑的嗓音说出一句英语。Come on,马笑冰嘴唇嚅动,轻声应合着。他伸出手,大拇指在坚挺的鼻子上刮一下,沙啦一声——这次李卫东听到了这个沙拉的声音,游戏厅里太静了,别说鼻子猛地吸气,就是鼻子轻微地呼吸都有可能听到。

马笑冰开始玩迪机了,他首先选了一首《爱的初体验》。咚,咚,咚,咚,嘎嘎嘎嘎,嘎嘎嘎嘎……金属般的音乐响起了,随着音乐,马笑冰晃动起身子。马笑冰一定想起什么了,他眼里闪烁着泪花。但是,他没有让泪水掉下来,这样看来,他的眼睛是晶莹透亮的,随着采光角度的变化,仿佛他的眼眶里镶嵌着两颗钻石,在放射冰冷夺目的寒光。不知为什么,李卫东被马笑冰这个样子感动了,鼻子有点酸。

胥刚迟迟不肯出现,上头也不改变计划,两下里配合,似乎是有意让李卫东他们在游戏厅多玩几天。这样多好,既是执行任务,又可以轻松地娱乐。不过,李卫东没有心情去娱乐,他执行任务的时候总摆脱不了紧张的情绪。他生怕胥刚出现后,因自己的疏忽使罪犯逃脱。他太紧张,有几次把人给认错了,他把一个无辜者扑倒在地,膝盖顶住人家的腰,一手扼紧咽喉,一手反扣手腕。刘艳丽上去提醒了他,他这才发觉自己认错人了。但是他不能把人家放开,一放开,就会暴露自己警察的身份。他骑在人家身上,却对刘艳丽大声吼着:"你这个贱货,不是他是谁,到这时候你还敢护着他!"刘艳丽配合他演一番戏,还好,给人家诚恳地赔礼道歉后,事情算是被糊弄过去了。

他有必要在每天上哨之前对胥刚的画像做一番仔细地认记,他发觉自己的记性越来越不好使了。从胥刚的长相上看,跟电影里刻画的心狠手辣的歹徒形象没有多大出入。他有一双三角眼和一块冷酷的心。李卫东对胥刚的了解也不太多,只知道他有三条人命在手,是个极度危险的人物。他杀的前两个人是他的老大和他的情妇,他的情妇把他抛弃之后,跟他的老大姘上,一怒之下,他就把他们两个杀了。他杀的第三个人是警校的一名女学生,那女孩刚过了十八岁生日,进警校的第三天便死在他手里。李卫东还记得那女孩叫宋春,有一段时间,全局上下都在学习她的事迹。如果是三天前,宋春就不会死了,那时她还没穿警服。所以有时,李卫东觉得人都有一个命,这个命该交在谁的手里,不该交在谁的手里,都是早有定数的。不想给,或不想要,都不行。难道胥刚就想要一个陌生女孩的命吗?他们无冤无仇。反正宋春的命是交在胥刚的手里了。胥刚的命呢,会不会交在我李卫东的手里?李卫东不想要胥刚的命,但胥刚非要给的话,他也没有办法拒绝。李卫东的脑子越想越乱了。

在游戏厅里,李卫东听到最多的歌就是《爱的初体验》,听得遍数多了,都能背下歌词:

> 如果说你要离开我　请诚实点来告诉我
> 不要偷偷摸摸地走　像上次一样等半年
> 如果说你真的要走　把我的相片还给我
> 在你身上也没有用　我可以还给我妈妈
> 什么天长地久　只是随便说说
> 你爱我哪一点　你也说不出口
> 你认识了帅哥　就把我丢一旁
> 天气热的夏天　心像寒冷冬夜
> 想要买酒来浇忧愁　却懒懒不想出去走
> 想要来一包长寿烟　发现我未满十八岁
> 是不是我的十八岁　注定要为爱情流泪
> 是不是我的十八岁　注定要为爱掉眼泪

李卫东不喜欢这首歌，那种玩世不恭的颓废腔调让他觉得难受，歌词也让他难受，尤其那句"我可以还给我妈妈"。十八岁的生命就开始承载人生的苦难，这种承载有没有一个最大极限？李卫东也想起了自己的十八岁，他十八岁是什么样子呢，记忆里那个时代已云山雾罩般的模糊。

李卫东察觉到游戏厅里正在酝酿着一场真正的决斗，很有可能是游戏厅有史以来最高规模的决斗。决斗者一个是马笑冰，一个是前不久来过一次的陌生人。那个陌生人脸上有一条蚯蚓似的刀疤，大家就叫他刀疤脸。刀疤脸来的时候，马笑冰恰巧不在。刀疤脸把关琪、毛毛、瘸子刚等玩迪机的高手一一挑落马下，并刷新了排行榜第二名的记录。大家都觉得他还会卷土重来，因为他对马笑冰那个第一名的记录耿耿于怀。xiaobing，是谁，这人是谁？他问别人。有人告诉他，这个记录是马笑冰半年前创立的，半年来无人能破，连马笑冰自己也不能。刀疤脸就诚心诚意地点点头，布满沧桑的脸上显出一丝敬意。他问那人，马笑冰还会来吗？那人告诉他："马笑冰是这里的熟客，他经常来的，也许明天，也许后天，也许你回一下头，他就站在你身后。"那天刀疤脸没能等上马笑冰，败兴而去了。

马笑冰也听说了刀疤脸，他在为决斗做着准备。他比以前来得更勤，几乎每天都来，认真刻苦地练习。他看到刀疤脸的分数与自己所创最高纪录非常接近，仅几百分之差，而自己也好久没能打出过这么好的成绩了。他当然不希望自己输给刀疤脸。

有一天晚上，李卫东看见一个扒手把马笑冰口袋里的皮夹子扒去了。不知什么原因促使他做了一次冒险行为，他让刘艳丽在游戏厅守着，自己尾随那个扒手来到街角一个昏暗之处。扒手在清点所获的时候，李卫东扑上去，把他狠揍了一通。"把钱包拿出来！"他低声呵斥。"你是哪条道的，你老大是谁，你要干什么？"扒手以为他是同类。李卫东闭着嘴，用拳头回答他的提问。他确信自己的样子不会被他记住，因为他一上去，就先在扒手眼上狠狠来了一拳。

在昏暗的路灯下,李卫东打开马笑冰的钱包,里面有一些钞票和一张身份证。"这张身份证是我给他办理的吗?"李卫东忽然怀疑起自己的记忆,因为这张身份证对他来说是那么的陌生。很多他曾经熟悉的事情,如今都变得陌生了。在钱包的夹层里,李卫东发现一张女孩子的照片,尽管昏黄的街灯让他看什么都觉得模糊,但他还是能判断出这女孩绝不是马笑冰现在的女朋友。女孩给李卫东一种似曾相识的感觉。这女孩该是马笑冰以前的女朋友吧,李卫东似乎理解马笑冰为什么整天那么不快乐了,他一定对这女孩念念不忘,她在他心头打了一个结,把他的心拧得死死的。李卫东唰唰把这张照片撕碎,扬起手,让碎片消散在风中。他说不清自己为什么这么做,他很清楚自己是没有权利这么做的。女孩对马笑冰的背叛引起了他对女孩的憎恶吗?似乎有这么一点原因,但也不完全是。他又想起前妻,他觉得很奇怪,对于前妻的背叛,他为何从未有过憎恶呢?

撕了那张照片,李卫东又有点后悔,他忍不住去想象,马笑冰失去那张照片,该有多么的难过。如果是依赖精神存活的人,完全够得上一次致命的打击。于是李卫东又蹲在地上捡拾那些碎片,用手在地上犹犹豫豫地摸索。后来他放弃了,那些碎片已经消解了照片本身的意义。李卫东不能把钱包还给马笑冰了,他无法解释那张丢失的照片。他来到护城河边,用力把马笑冰的钱包抛向护城河深处,连同里面的钞票和他亲手为他办理的身份证。

李卫东接到一个电话,是前妻打来的,她要接儿子去玩一天。前妻已经好久没来看儿子了。

下班以后,李卫东照常被刘艳丽挽着胳膊走出一段路程,离游戏厅远些,两个人才恢复了正常的同事关系。他们在十字街分手,然后李卫东朝南大街方向回家。李卫东在路上被一个男人拦住,那男人自称是刘艳丽的男朋友,非要请李卫东吃饭。"我跟你有什么好吃的?"李卫东说,"有什么事你就直说吧。"

刘艳丽的男朋友胡惠民最终还是打动了李卫东,两人一起进了一家小饭馆喝酒。看见胡惠民乌青的嘴角李卫东忍不住想笑,他对胡惠民说:"兄弟,你跟她动手了吧,你何苦自讨苦吃?"胡惠民说:"我知道她会功夫,可我还是忍不住动手了,我实在咽不下这口气。"两人也没再说过多的话,只是闷着头喝酒。李卫东心情也不太好,一想起前妻他就有喝酒的欲望。

酒喝得差不多,李卫东提出要走。这时候,胡惠民一把抓住李卫东的手,热泪盈眶地说:"卫东哥,你一定要好好待她,她虽然这样,可我不怪她,我也不怪你,我谁都不怪,只怪自己,谁让我自己不争气!"这话让李卫东吃了一惊,到这时候他才发觉胡惠民对他有如此荒唐的误会。莫名其妙!李卫东有些愤怒,他一把甩掉胡惠民抓他的手,骂了一声"混蛋!""如果你去爱一个女人,必须先去了解这个女人,你用心去了解她了吗?你这个混蛋!"

李卫东立即拨通了刘艳丽的手机,他说自己和惠民在一起喝酒。他听见刘艳丽的哭声从电话里传来,她只是不停地哭。

在家门口,李卫东正好遇到送儿子回来的前妻。他觉得这是一个陌生的女人,他怎么也想象不出自己是怎么和这女人认识的。他心里在想,他们第一次见面的时候,她又是怎样的一个女人呢?"你还好吧?"前妻柔声地问他。他哂然一笑,表示什么都无所谓的。前妻便举起高跟鞋,从他眼前迈过去,钻进一辆轿车,一阵青烟般消失在茫茫夜色了。

第二天,李卫东和刘艳丽在十字街准时会合,好像什么事也没有发生,以恋人的姿态走进游戏厅,开始执行他们的公务。李卫东像往常那样认真地玩着游戏,一只手揽着刘艳丽的细腰。李卫东的运气好极了,一上来就遇到一次"三牌交换"。第一次他用三张闲牌换到三个白皮,第二次他用三筒、四筒和六万换到三张发财,从走势上看,这是一个极有希望开和的"大三元"。关键是第三次换牌,当游戏机里虚拟的对手打出一张七条时,咣的一声,屏幕上出现了第三次"三牌交换"的字样。此刻李卫东听的是二五万,他不慌不忙地把三四万换掉,再换掉手中的七条,然后,他嘴里激动地叫着:"各位观众,和!"

这个"大三元"让李卫东赢了整整一千个游戏点,相当于人民币二百元整。李卫东发现情况不对。照往常出现"大三元"开和,会有很多人过来观看,一个个露出既羡又恨的神情。谁都知道,赢来的钱比挣来的钱花着舒服。李卫东发现身边非常清净,除了精神状态极差的刘艳丽靠在他肩上近乎昏昏欲睡外,没有别的人在场。他已经预感到什么了,他站起来,朝迪机跟前走去。

李卫东看到了刀疤脸,他一下子认出了这人正是他们苦苦守候的胥刚。他的胃部下意识地收缩了一下,随即,他感到浑身在慢慢地放松。胥刚在外地潜逃两年,脸上比以前多出了一道刀疤。刘艳丽过来拉李卫东的手,李卫东觉得她的手是潮湿的,手心里有不少汗珠。他一把搂住刘艳丽,把脸凑到她跟前。刘艳丽性感的嘴唇在哆嗦,类似于渴望接吻时的表情。"目标出现了,"他在她耳边小声说,"要冷静,非到万不得已不要在大厅里动手。"刘艳丽点一下头,表示明白。李卫东咬着她耳朵说:"等会儿他一出门,我会从后面把他扑倒在地,你在旁边掩护我,必要时开枪!"

胥刚同马笑冰的决斗开始了。Come on,游戏机里的声音在向他们召唤。随着乐曲响起,他们也跟着晃动起来,用身体末梢去敲打从天而降的音符。这是一把刀和一柄剑的对抗,胥刚的动作沉稳老练,马笑冰的姿态轻灵飘逸。围观的人们似乎比决斗者更加紧张,他们自觉地跟决斗者保持着一定的距离,唯恐影响到他们技术的发挥。但是在李卫东眼里,他觉得人们是在躲避决斗者身上逼人的杀气。是有那么一股子杀气,在场子中央冰冷地向四周扩散。李卫东双手下垂,像一根木桩那样站着。

每个人都在等待结果。第一关下来,使刀的稍稍领先;到第二关时,使剑的反倒略占了上风;而第三关更是出现了令人惊叹的两个相同的分数。最后一关是那首李卫东非常熟悉的《爱的初体验》:"咚,咚,咚,咚,嘎嘎嘎嘎,嘎嘎嘎嘎……如果说你要离开我,请诚实点来告诉我,不要偷偷摸摸地走,像上次一样等半年。如果说你真的要走,把我的相片还给我,在你身上也没有用,我可以还给我妈妈……"

李卫东似乎忘了他面对着一个凶残的逃犯,他眼里只有两个用生命迎接音符的鼓手。他看到两个鼓手的四只眼睛里都闪烁着泪花,泪花只在他们眼眶里开放,如灵魂深处探出的四颗观望世界的钻石。李卫东觉得自己眼里干巴巴的,是一片不见绿洲的沙漠。

决斗结束了,音符在屏幕上消失,随即出现两组迅速滚动的数字。数字在不停地滚动着,哗哗啦啦,好像永远也不会落定。胥刚和马笑冰都静静地站着,平静地面对着一个属于自己的数字。这时,马笑冰伸出左手,用大拇指在鼻子上刮了一下,沙啦——李卫东听到了那个耸动鼻子的声音。与此同时,马笑冰的右手也伸出来了。他转过身,把一柄匕首畅快地送入了胥刚的身体。

突然的变故让所有在场的人都怔住了,包括李卫东和刘艳丽在内,全都怔在当地。李卫东看见马笑冰不停地把匕首送入胥刚的身体,他竟然忘了上前阻拦。他看见胥刚已经没有力气站立了,他倚靠在马笑冰肩上,一只手在腰里摸索着什么。那该是一把手枪吧,李卫东想。可是他永远也别想摸到那把枪了,他的手慢慢地停止动作,身子从马笑冰的肩头软软地滑落。

李卫东本来是抓胥刚的,现在他只能把马笑冰抓进监狱,他觉得这对他来说是一个讽刺,对所有的警察来说都是一个讽刺。在调阅案件卷宗时,他明白了胥刚为什么会死在马笑冰手里。原因很简单,马笑冰钱包里那张照片上的女孩,正是警校女学生宋春。

半年后的一天中午,李卫东应邀去参加同事刘艳丽的婚宴。路过游戏厅时,他进去看了看。游戏厅的生意还是一如既往地兴隆。有一些旧面孔,也有一些新面孔,一些过去的新面孔已经变成如今的旧面孔。一进门,李卫东看见迪机上有一个似曾相识的背影。他一时想不起那人是谁,走近一看,想起来了,是刘艳丽过去的男朋友胡惠民。

在胡惠民眼里,李卫东看到了泪花,他的泪花类似于胥刚和马笑冰的,以及所有在迪机面前被往事感动过的泪花。李卫东准备要走,他见不得这样的泪花和含有这种泪花的男人。不远处刘艳丽婚宴上的鞭炮声也在催他。然而就在这时,胡惠民破纪录了。李卫东只知道迪机里有四首乐曲,他不知道,一旦玩家破了纪录,迪机里会放出第五首乐曲。这是一首非常舒缓的乐曲,它不需要鼓手去忙碌地敲击键盘了,鼓点以雪花的形式从天空中纷然而下。

李卫东看到胡惠民眼里的泪水扑簌簌坠落下来,犹如屏幕上坠落的音符。他觉得那些扑簌簌往下落的音符就像断线的珍珠。

九霄环佩

一

宋云峰又哭了。这次,是因为一只野鸭。

秋天,湖面上飞来两只野鸭。一只是棕褐色的母鸭,另一只体形稍大、绿脑袋、黄嘴巴,应该是一只公鸭。它们来了之后,白天在湖中觅食,夜晚在草丛中做窝,给原本萧瑟的湖面平添了几多生机。书院里的人们都喜欢远远地观赏,经过湖边时放轻脚步,说话也不敢大声,生怕惊扰了这一道鲜活的风景。有人担心它们短暂停留后会飞往南方,有人持乐观态度,认为它们不像朝三暮四、到处觅食的水鸭儿,它们一旦选择这个地方,便会为爱停留,安家落户。

上班的路上,宋云峰就惦记着这对野鸭。进了园里,放下车子,步行往书院去。远远地,湖水在微风中叠起褶皱,稀疏的水草露出湖面,在风中轻轻摇摆。宋云峰只看到形单影只的公鸭,走上竹桥,仍未见母鸭的影子。宋云峰站在竹桥上,情不自禁掉了几滴泪。因为一只鸭,他联想到世事沧桑、悲欢离合,一不留神泪水毫不客气地窜了出来。他知道自己有这个毛病,眼窝子浅,有时看电影也会不争气地掉几滴泪。有一次看《新闻联播》,不知想起什么,居然也掉了一次泪。有人笑点低,容易被逗笑,他是泪点低,容易掉泪。

不管怎么说,一个大男人有这样的毛病,总归是不好的。好在没人看到。宋云峰转过头,换了一种情绪。一阵风吹来,他用手背抹抹眼泪,下了竹桥,胡思乱想着进了书院。

书院在湖东边的岛上,是一座两层的建筑。

湖,叫作秋湖。书院,叫作秋湖书院。

当初建书院,在原先洼地的基础上深挖几米,地下水渗出来,形成了一个小小的湖。整个湖面仅两三个足球场大小,湖中有芦苇、水草、莲藕,湖面上有亭台楼榭,在城市一隅,倒是一处难得的景致。明清时期,这里曾有一座大湖,后来人们围湖造田,建起了村庄,湖消失了,多出几座以湖命名的村庄,如秋湖村、东湖村,书院也是在这个历史典故上取名为秋湖书院。宋云峰是秋湖书院的一名琴师。宋云峰的琴室在二楼。

宋云峰一弹起琴,便忘了其他。先是一段清脆的泛音,接下来是浑厚的散音和柔美的按音,曲调渐渐轻快起来。正弹着,有人推门进来,宋云峰抬头一看,是李院长。两人没有说话,宋云峰继续弹琴。李院长端着水杯,站在边上听琴。宋云峰弹得从容、认真,右手托擘挑抹剔勾摘打,左手抚弦上下揉按,把一段曲调弹得活泼而流畅。最后又是一段泛音,琴音在热情中渐归宁静。弹完最后一个音,宋云峰双手停在弦上,止住琴音。李院长把水杯夹在臂弯里,鼓掌赞道,好一曲《平沙落雁》。

宋云峰说,弹得不好。李院长说,弹得好,不要谦虚。宋云峰说:"这个曲子只有内心明净的人才弹得好,我一个俗人,理解不了古人的高妙。"李院长说:"你是俗人,我就是俗中之俗了,咱们秋湖书院,就应该多几个你这样的俗人。"正说着,隔壁棋室的刘志刚进来了。刘志刚是书院的围棋教师,大家都叫他刘5段。刘5段虽然只是业余5段,但是教棋二十多年,培养了不少围棋高手。刘5段爱抽烟,一进门,就给李院长和宋云峰递烟。三人吞云吐雾,闲聊着。一支烟抽完,李院长说:"走,去我那儿喝茶。"

从琴室出来,往东经过一道走廊,东南角一间是李院长的办公室。李院长的办公室更像是一间书房,有画案、文房四宝,墙上挂满了字画,博物柜里陈列着瓷器和古玩,还有一个茶柜,里面摆满了各地的名茶。李院长说,今天喝一道白茶,怎么样?大家都说好。李院长取出一盒茶,说是李煜昨天送来的,还没喝过。李院长喊来莹莹,为大家泡茶。泡茶是有讲究的,在这方面莹莹是行家。

莹莹有着一双纤细白皙的手,先不说茶的滋味,光是看莹莹泡茶,就已经是一种享受。莹莹介绍说,此茶名曰白牡丹,产自福建,口感清淡至纯,因此建议大家品尝前先用清水漱口。大家接受建议,都用清水漱了漱口。开水冲进杯中,三分钟后,茶泡好了。淡淡的清香慢慢地在空中弥漫。

喝着茶,李院长抛出一个话题,让大家说说茶里面能喝出什么。宋云峰说,茶里面喝出了"慢",不急不躁,慢慢品味,就像日子一样细水长流。刘5段说,茶里面喝出了"妙",像下棋一样,忽然发现一招"妙手",使人感到喜悦。莹莹说,茶里面有"情",茶是一种艺术,有心之人、多情之人才能感悟艺术之美。李院长说:"你们说得都很对,但我认为,茶里面有一个'和'字,至于'和'字怎么理解,就不多做解释了。来,喝茶。"

喝着茶,宋云峰就在思忖着"和"字的意义。以和为贵,和气生财,社会和谐,家庭和睦,似乎任何事情,沾上一个"和"字便显得无限美好。但是转念一想,正如"慢"是因为先有"不慢","妙"是因为先有"不妙","情"是因为先有"无情",那么"和"也是因为先有"不和",然后才显出"和"的意义和价值。他联想到自己的生活经历,父母、妻子、女儿、工作、朋友、住房,这些现实问题里面,有多少"和",又有多少"不和"。人们都说,以平常心面对生活,这话恰恰道出生活原本是不平常的,生活中总是会出现各种各样的问题和症结。看来,"和"是暂时的,"不和"才是生活的常态。

宋云峰胡思乱想着,把自己绕进去了。耳边听见有人提及野鸭,大概是说书院的环境好,引来了野鸭,但愿它们不要因为天冷而飞往南方。宋云峰回过神来,插嘴说,估计它们要走了,今天早上来的时候,发现只剩下一只公鸭了。这么一说,李院长马上站起来说,怎么可能?如果走了真是可惜了,走,看看去。

几个人出了房间,站在平台上搜寻野鸭。刘5段伸手一指:"四只,快看,四只。"宋云峰顺着刘5段指的方向,果然看到湖面上有四只野鸭,一只公鸭打头,后面跟着三只,排成一路纵队,由西往东移动,在它们身后划出一道白色水纹,给人带来一种洁净、优雅的美感。大家笑骂着,说宋云峰谎报军情。宋云峰不好意思地说,自己是过于担心,野鸭没走,当然是再好不过。李院长来了兴致,意气风发地说,不但没走,而且又来两只,这绝对是好的征兆。

李院长又谈起书院的形势,不失时机地给大家上了一课。以前书院经营不善,只有十几个学员,后来调整经营思路,形势出现好转,半年来,书院从过去的冷冷清清变得热热闹闹,学员总数达到六十多名。李院长对着湖面大手一挥,颇为豪迈地说,形势一片大好,今后学员会越来越多,野鸭也会越来越多。李院长的话把大家逗乐了。同样的野鸭,给宋云峰带来了忧伤,却给李院长带来了豪迈。李院长忽然说出一副对联:

"雨过琴书润,风来翰墨香。"

二

在书院里,宋云峰的工作算是比较清闲的。书院的课程集中在周末两天,请一些学者、教授、作家、书画家讲授中国传统文化,课程中穿插进行古琴、茶道、香道表演,有时还安排一些魔术、杂技之类,烘托现场气氛。宋云峰只负责演奏古琴,身着长衫,脚蹬步履,抱琴上台,一般两到三曲,弹完,鞠一躬,抱琴下台。宋云峰不喜欢长衫,有一次下台时候不小心绊了一下,摔了个狗啃泥。学员都是一些企业老总、金融精英,尽管身家有大有小、权利有多有少,但是素质都比较高,又学习了中国优秀的传统文化,自然不会哄堂大笑。即便这样,宋云峰的羞臊也已经遍布全身,脖子耳根全是通红。后来宋云峰向李院长提出能不能不穿长衫,改穿中山装也是挺好的。李院长却说,古琴之所以叫古琴,就是因为"古",只有穿长衫才能与这个"古"字相匹配。宋云峰知道李院长的固执,又不愿放弃,辩解说,古人也不都是穿长衫,当官坐轿的穿长衫可以,农民干活肯定不穿长衫,那些隐士高人弹琴的时候也不一定会穿长衫,再说了,中国最传统的服饰是汉服,不是现在这个样子的……

话没说完,李院长打断他说:"你比我还懂吗,我研究历史三十多年,中国人穿什么我能不知道?从三皇五帝到明朝,中国人穿的是汉服,长衫是清朝时期的服饰。"

宋云峰知道拗不过李院长,只好作罢,继续穿着长袍马褂上台。

宋云峰的另一项工作内容是教学员弹琴。学古琴的学员不多,能坚持下来的也就十几位。这时候,宋云峰弹起琴来就比较自由,想弹什么弹什么,穿着打扮也没有任何要求。在琴室,宋云峰说了算,这是他的一亩三分地。通常,宋云峰穿一件像模像样的夹克衫,下身是一条发白的牛仔裤。阳光透过玻璃窗照进琴室,秋高气爽的季节,室内却显得热燥。宋云峰脱了夹克,露出深蓝色圆领秋衣,秋衣的颜色在深蓝色中透出一层白,似乎被洗了无数次。宋云峰端坐在琴桌前,在他的秋衣圆领上面,耸立着一条细长的脖颈,再往上是一只圆而敦实的头颅。弹琴之前,宋云峰常常会点燃一支烟,深吸一口,然后夹在左手指缝中。烟还在燃,琴音已经在琴室中扩散。

周末的课程,宋云峰必须到场演奏,其他时间则可以自由支配。无论风和日丽或是刮风下雨,宋云峰每天都到书院上班,他是怀着一份感恩的心,珍惜眼前的这份工作。从家里出来,骑电动车,经过半小时的路程到达城市最边缘的一隅,这个过程寂寞而漫长。他常常会惦记刚刚告别过的妻子和女儿,为她们在交通危险而拥堵的现状下能否安全到达目的地而担心。有时他会想到即将面对的工作,急切之下把电门拧到最底。还有一些时候,他放慢速度,想着古琴,哼唱着几千年来传下的琴曲,整个路途中的寂寞和孤独完全变成了一种享受。

在颍川市创建文明城市的关键时期,宋云峰因为思想抛锚闯了红灯,交通协管员拔了他的电动车钥匙,让他在路边自我反省。宋云峰坐在道牙上,看过往行人,感觉芸芸众生皆在眼前一晃而过。

"宋老师,你怎么坐在这儿?"有人过来给宋云峰打招呼。宋云峰抬头，认出来是宴宾楼的老板陈银亮。陈银亮五十岁出头，是书院的学员，对瓷器和字画比较有兴趣，也曾跟宋云峰学过几天古琴，开始学琴的时候，倒也兴致勃勃，能完整地弹奏一两支入门级的小曲，后来却再无长进，觉得实在难以提高就主动放弃了。有趣的是，陈银亮每次听宋云峰弹琴，都打瞌睡。自己练琴的时候劲头十足，练累了，离开琴桌休息，坐藤椅里，听宋云峰弹《平沙落雁》，听《流水》，听《阳光三叠》，听着听着便响起了鼾声。宋云峰在台上听到鼾声，知道陈银亮又睡着了。宋云峰不去打断，让睡觉的继续睡觉，弹琴的继续弹琴。琴室里，琴声和鼾声交织在一起，倒也互无妨碍。

陈银亮有一些日子没去书院了，近段时间股市暴涨，他每天在电脑前看盘。在股市中过于纠结，容易患失眠。陈银亮失眠的老毛病又犯了。过去失眠，吃两粒安眠药也能睡着，后来药吃多了，身体对药物产生抗性，普通药物根本不起作用。安眠药对身体副作用很大，陈银亮不愿多吃。陈银亮连续几天没睡一个囫囵觉，头天晚上甚至彻夜未眠。这天上午，陈银亮开着车，往秋湖书院去，希望能让自己放松一下。

在路边，陈银亮碰见了宋云峰，一问，才知道宋云峰被罚。陈银亮让宋云峰上车，一起去书院，电动车回头再取。宋云峰摇摇头，人在车在，电动车虽不值钱，人却是离不开它。陈银亮不再劝，自己走了。走之前，陈银亮给交通协管员说了几句话，大概是为宋云峰求情。交通协管员听说宋云峰是弹古琴的，立刻跑过来，归还钥匙，放宋云峰走人。宋云峰以为是陈银亮面子大，或者陈银亮跟交通协管员是老相识，他不知道，实际上是古琴这个古老而深沉的东西令一个交通协管员心生敬畏，在这个志愿为城市服务的交通协管员的一生当中，还从未见过古琴，更不用说亲自罚了一个会弹古琴的人。

宋云峰骑上车子，进了书院，到琴室上课。他先给自己泡杯茶，接过学员递来的烟，抽上。学员到得比较齐，还多出两个新面孔。宋云峰让老学员练琴，然后给新学员每人发一份教材，讲解了最基础的"挑"和"勾",让他们按教材上的琴谱去练。由于学员层次不同,只能是一对一地讲解。宋云峰来往穿梭于学员当中,对学员提出的问题耐心解答。如遇到大家都容易犯错的问题,宋云峰就回到台上,用食指和无名指在弦上划出流水一般的琴音,吸引大家注意。于是大家停下来,听老师讲解。

老师领进门,修行在个人,学琴的过程主要还是以练琴为主。学员埋头练习的时候,宋云峰就回到台上,弹自己的琴。宋云峰喜欢弹《流水》,弹《平沙落雁》,喜欢弹《酒狂》,弹《醉渔唱晚》。弹着弹着,他在琴声中听到了陈银亮的鼾声。

陈银亮一觉睡到晌午,醒来时,学员都已经走光,只剩宋云峰坐在窗前,望着湖面上的野鸭。陈银亮抹抹下巴上的口水,觉得不好意思。他忽然发现,听宋云峰弹琴,居然是治疗失眠最有效的一种方式。

当天晚上,陈银亮睡觉前把手机放在枕边,播放着网上下载的古琴曲。迷迷糊糊,似乎要睡着了,但是可怕的股票名称、股票代码、大盘分时图等东西又冒了出来。整个晚上,陈银亮都在盼着天亮,好结束失眠带来的痛苦和煎熬。陈银亮固执地认为,宋云峰现场弹奏出来的琴曲和手机里播放出来的录音有完全不同的功效。

陈银亮找到宋云峰,提出一个要求,让宋云峰在晚上睡觉的时候去他家里给他弹琴。这真是一个奇怪的请求,宋云峰一听,立即拒绝了。陈银亮说:"我会出费用的,每晚三百元,或者五百元。"提到钱,宋云峰有点动容。说实话,他很想挣到这笔钱,这比他上班挣工资划算得多。但他还是立即拒绝了。大半夜去一个男人家里弹琴,这种事越想越觉得怪异,而且弹琴能够治疗失眠,说出去也没人相信。

后来,宋云峰还是答应了陈银亮。这是因为陈银亮给他讲了自己苦恼的经历。

前几年,陈银亮把全部资金都投进了股市,甚至还在亲戚、朋友圈子里吸纳了一部分资金,也都投进了股市。陈银亮过于迷信一位股评专家,走了一步险棋。结果资金刚入市,便全部被套。后来又借钱补仓,又被套牢。陈银亮一直硬撑着,宴宾楼挣的钱全还了利息。他还得了严重的失眠。年初,股市落入历史最低谷,陈银亮觉得自己要破产了,他做好最后准备,打算把宴宾楼卖掉还债。不够的话,还有几处房产,全部卖掉还债。这期间,陈银亮认识了李院长,他发现在这个城市里还有一个可以让人休养生息的地方。跟着李院长参加了两次活动,他很快就喜欢上了秋湖书院。尤其听琴的时候,能让人进入一个虚空的世界,脑子可以什么都不去想,跟随琴声飘飘悠悠,心却慢慢沉静下来。

那段时间,陈银亮每天都泡在书院里,在陶瓷、书画和古琴中躲避着现实的压力。入秋以后,股市开始上涨,经过几波行情,陈银亮很快得以解套,按当时市价计算,股票如果出手还会略有盈利。按说陈银亮的心情应该轻松愉快,但是恰恰相反,他却陷入了更加深重的纠结当中。是果断退出,还是乘胜追击?眼看股市顺风顺水,股指不断攀升,股价越走越高,陈银亮的纠结也显得更加紧迫。可怕的失眠再次光顾了陈银亮的夜晚。

陈银亮的经历让宋云峰对他有了新的看法。宋云峰觉得,穷人为钱苦恼,富人也一样为钱苦恼,甚至富人把钱看得更重,他们挣的钱比一般人多,付出的努力比一般人多,遇到的苦恼也比一般人多。在同情心驱使下,再加上李院长出面说情,宋云峰答应了陈银亮。不就是弹琴吗,在哪弹不是弹?如果弹琴真能给陈银亮带来一些帮助,倒是不容推辞的一件好事,况且还有一笔不错的收入。

一个夜晚,宋云峰去陈银亮家弹琴。宋云峰骑着电动车,身后背着琴袋,琴袋由柔软的棉布缝制而成,里面装着三尺六寸五分长的古琴。进了小区,找到陈银亮的家,摁响门铃。对讲机里一个女人声音,热情地把他放了进去。

在陈银亮家,宋云峰受到了热情的招待,大中华烟、陈年的古树普洱茶、澳大利亚进口红酒,还点燃了一炉沁人心脾的檀香。陈银亮夫妇俩一口一个宋老师,对他敬若上宾。

宋云峰很谦虚,一个劲儿说不要喊老师,喊小宋就行。陈银亮的夫人说:"那怎么行,老师就是老师,尊师重教是咱们的传统美德。"陈银亮却说:"也好,既然是在家里,没必要那么客套,就叫你云峰老弟吧。"宋云峰说这样最好。

闲聊了一阵,主人问宋云峰住哪个小区,家里有什么人,什么时候进的书院,以前都做过什么。宋云峰简单地,有一问就有一答。烟吸了,茶喝了,酒品了,香闻了,接下来进入正题。宋云峰说,开始吧,时候不早了。说着,站起来去取琴。

陈银亮说:"用我的琴,我这张琴是古琴大师费胤亲自斫的,买的时候花了三万多元,算是便宜的了。"宋云峰看了看琴,没有评价琴的好坏,心里想,三万多元还真不是小数目,相当于自己一年的工资了。宋云峰表示想用自己的琴弹,习惯了。宋云峰取出自己的琴,那是一张破旧的琴,给人感觉像油条铺里一块久经熏染的破门板。宋云峰手搭在琴上,一个低沉的琴音滑了出来。这是不同于其他任何乐器所发出的琴音,这是一种语言,从内心经由指尖滑入空中,充满了男人的雄浑和女人的柔美。

宋云峰在客厅里弹琴,陈银亮坐在沙发上听琴。两曲过后,陈银亮头仰在沙发扶手上,响起了微微的鼾声。宋云峰不敢停,怕他惊醒,又接着弹了几曲。陈银亮的鼾声响亮而且均匀,看来是睡香了。陈银亮的夫人拿出一条毯子,轻轻地给他盖上。

从陈银亮家出来,已是夜里十一点多。在陈夫人的感谢中,宋云峰背上琴袋,跨上电动车离开了。路上,宋云峰的心情十分复杂。他觉得自己像一个哄孩子睡觉的奶妈,又像一个为几百块钱出台的小姐。所不同的是自己卖的是文人雅士视为高洁、神圣的琴曲,而非媚俗、淫乱的女人肉体。他又想起妻子和女儿,她们跟着他住在不足七十平方米的一套旧房,为生活中的种种拮据而抱怨,又要在抱怨之后自我安慰,尽量乐观,说服自己,让自己觉得眼下的日子还行。想起妻子和女儿,宋云峰感到愧疚。自己凭什么就不能让家人过上平和优裕的好日子?自己哪点比别人差了?他觉得委屈。在夜风中,宋云峰的泪顺着脸颊滑向耳根,随后挣脱主人飞向空中。

宋云峰在陈银亮家一连弹了六个晚上。第一个晚上陈银亮睡了三个多小时，第二个晚上睡了四个小时，到第六个晚上，居然睡了六个小时。事实证明，以琴声对抗失眠行之有效。

每次弹完琴离开的时候，宋云峰都在心里说，明天一定要拒绝，不能再弹下去。但是当陈夫人的电话打过来，询问他喜欢什么口味，并邀请他携带家人一起来吃晚饭时，宋云峰的心又软了。

第七个晚上，宋云峰又去陈银亮家弹琴。夜深了，陈银亮在沙发里睡着了。陈夫人在卧室里，大概也睡着了。宋云峰收起琴，轻轻唤了一声，嫂子。卧室里没有回应。宋云峰站在客厅里，不知所措。是悄然离去，还是向主人告别？宋云峰觉得还是告别一声为好。为了不惊醒陈银亮，宋云峰走近卧室，轻轻敲门，小声喊着嫂子。他听见卧室里有了动静，似乎是有人下床的声音。过了一会儿，陈夫人从卧室里出来，穿着一身睡衣，长发披散在胸前。看上去，陈夫人的年龄比丈夫要小许多，也许只有四十岁。不知怎的，宋云峰心里怦怦乱跳，不敢去看穿着睡衣的陈夫人。

像往常一样，陈夫人把宋云峰送到门口，说着一些感谢的话。宋云峰却显得紧张，出门的时候，不小心把琴碰在了门框上，又弹回来，在自己鼻子上撞了一下。宋云峰极力掩饰自己的窘态。他甚至没有向陈夫人说一句再见，陈夫人说些什么，他也全然没有听进耳里。宋云峰的狼狈，是因为陈夫人不是平时的陈夫人，而是穿着睡衣的陈夫人。深夜里，他用琴声让男主人睡着，然后女主人换上睡衣，与他近距离面对，让他闻到她身上散发出的缱绻而慵懒的气味。除了逃离，他还能做些什么？这真是一个充满邪恶和诱惑的遭遇。

宋云峰把车停在路边，打开琴袋，检查自己心爱的古琴。幸好有琴袋包着，琴身没有受到损伤。

从这以后，宋云峰没再去陈银亮家弹琴。陈银亮请宋云峰在书院附近吃了一顿饭，两人喝了一瓶白酒。不管怎么说，陈银亮对宋云峰还是感激的，他希望宋云峰继续去家里弹琴，但出于尊重和理解，没有再向宋云峰提出过分的请求。吃过饭，陈银亮给宋云峰一个信封,里面装了三千元钱。宋云峰不收。陈银亮说:"我是把你当兄弟的,这是哥哥的一点心意,收下吧。"宋云峰没再推辞,收下了。临走,宋云峰给陈银亮一个建议,要想治愈失眠,很简单,别再炒股就行。陈银亮说:"也许你说的对,我这人不适合炒股。"

陈银亮听从宋云峰的建议,退出了股市。他想把炒股的资金用做别的投资,便打电话给宋云峰,问他做什么生意好。宋云峰说:"现在餐饮业竞争太激烈,房地产又不景气,我觉得还是开宾馆吧。"于是陈银亮就拿钱去开了宾馆。

三

宋云峰需要钱。宋云峰想买房。这念头是从他进书院做了琴师之后才萌发出来的。宋云峰一家三口住在老城区的一个家属院里,房屋狭窄、潮湿,下水道还经常堵塞,生活中常常遇到意想不到的困难。宋云峰没有为此抱怨,他是一个知足常乐的人,对他来说,有一个安稳的住处,有固定的收入,闲暇时有琴可弹,这就够了。况且他还有贤惠的妻子和聪明的女儿,一家人勤俭节约,和睦相处,这是许多人苦苦追求而难以得到的幸福。

有时候,宋云峰的妻子赵小娜会以间接的方式表达对生活的不满。比如下水道堵塞,卫生间一片狼藉,赵小娜非但不生气,反而高兴地说:"这个卫生间还真是会欺负人,一会儿我找人来收拾它,一袋沙子,一袋水泥,把它给严严实实地彻底封杀,看它还怎么欺负人。"早上这样说,不到中午,她已经请人疏通了下水道,并且把屋子收拾得很干净。

潮湿的问题也时有发生。有一年夏天,大雨过后,电视机受潮,屁股后头冒烟、打火,发出噼噼的响声,屏幕一片模糊。女儿宋瑶琴抱着遥控器,坐在沙发上,津津有味地看电视。赵小娜纳闷了,屏幕上连个人影都没有,女儿究竟在看什么?宋瑶琴故作老成地说,现在的电视剧还用看吗?光听对白就知道他们在演什么。

宋云峰对赵小娜和宋瑶琴，怀着一份心疼，一份感激，一份愧疚。有一次，电线老化，烧了。一家三口坐在黑暗中，听宋云峰弹琴。每个人都有自己的内心世界，琴声把他们带进了各自的想象空间。这是宋云峰的古琴演奏会，听众只有赵小娜和宋瑶琴。古琴，有种说法叫作"悦己不悦人"，古琴本来就是弹给自己听，弹给自己的知音听。宋云峰弹着弹着，有些"离谱"了，有些放纵起来，故意加快节奏，或是放慢节奏，有些音拖得老长老长，有些音调皮起来，像是按捺不住的喜悦。宋云峰弹出了自己的境界。

宋云峰想让妻子和女儿过上好日子。宋云峰喜好烟、酒、茶，但他只买便宜的"老黄皮烟"，喝"光肚儿酒"和"二茶尖"。他每月都存一点钱，日积月累，这点钱也能派上用场。他把屋里的电路重新排好，把卫生间加以改造，安装了坐便器和热水器，还给女儿买了新电视机。

过去，宋云峰在西郊青松岭墓园做保安，工资很低，买房的事想都不敢想。到秋湖书院做琴师以后，工资涨了不少，这才有了买房的想法。宋云峰的想法一说出口，赵小娜立刻跳起来，搂着宋云峰的脖子喊"老公万岁"。一个令人狂热的家庭计划就这么开始了。

宋云峰和赵小娜认识以来，遇到了三件大事，一是结婚，二是生孩子，三是买房。第三件大事跟前两件一样，说干就干，绝不含糊。先是去各自父母那里请求支援，四位老人给他们凑了八万多元，亲戚朋友那里凑了三万多元，加上自己的积蓄，一共有十四万元，这些钱交首付应该差不多。接下来，赵小娜参加了各种各样的看房团、房地产项目发布会、奠基、开盘、产品加推，一个月下来，全面了解了房地产行业的发展趋势和购房要诀。

在东城区，赵小娜相中一套三室二厅，首付要十八万元。别的方面，赵小娜是个随和的人，凡事顺其自然，不过分执着。买房是个大事，她觉得不能草率，更不能将就，认准的就应该下定决心，果断出手。就像当初认识宋云峰，她也是在家庭的反对下毅然决然地嫁给了他。她相信自己的眼光。

星期天下午,赵小娜在"三室二厅"前等宋云峰。说是三室二厅,其实只是售房大厅里陈列的沙盘,置业顾问介绍说,项目已经动工,一年后就可以交房。

这天下午,宋云峰弹完琴,给李院长请了假,骑车去见赵小娜。天空飘着小雨,有些冷。宋云峰淋着雨,心里暖烘烘的。见到赵小娜,在她的指引下,见到了未来的"三室二厅"。宋云峰装作要挑毛病,却又实在挑不出毛病,然后不得不对老婆赞赏有加。赵小娜被他夸得眉开眼笑,指着沙盘说:"这是咱们的卧室,这是瑶琴的屋子,这个屋子可以给你做琴房。"置业顾问不失时机地说,现在正搞活动,认筹一万元顶两万元,非常划算。置业顾问一插嘴,赵小娜冷静下来,把宋云峰拉到一边,小声说,首付要十八万元,差四万元呢,怎么办?

四万元?宋云峰思忖着。

"房子挺好的,但是钱不够,要不再等等?"赵小娜试探着说。

宋云峰看着妻子,这段时间她因买房没少辛苦,他不想让她失望。"我有办法,你不用操心。"宋云峰说,"走,交定金。"

在钱面前,宋云峰从来没有这么爽快过,似乎区区四万元,不在话下。赵小娜有些担心,她知道对于这个家庭来说,四万元不是小数目。赵小娜没有犹豫,从包里取出银行卡,交给了置业顾问。同样,她也不想让老公失望。刷卡的时候,夫妻俩扯着手,用力握了一下。

四

离交首付还有段日子,这期间,宋云峰希望能多挣些钱。宋云峰找到李院长,提出想做业务。李院长在专心练书法,没听清宋云峰说什么。一幅八尺整张行草写下来,落了款,钤了印,李院长退后两步,审视着自己的作品,问宋云峰,怎么样,有没有进步?宋云峰说,一尺五千,卖不卖?李院长哈哈笑着说,卖,当然卖。又铺开一张纸准备写。宋云峰近前一步说:"李院长,我想做业务。"李院长说,做什么?宋云峰说,做业务。李院长停下来,像审视自己的作品一样审视着宋云峰。李院长说:"你是琴师,弹你的琴,做什么业务?"

宋云峰不好意思说自己是为了挣钱,只是说,做业务可以增加阅历,让自己锻炼一下。李院长略一思索,猜到了宋云峰的想法。书院有规定,不管谁,只要招来学员,都有提成。李院长说:"别人做业务,我赞成,你是琴师,是书院的脸面,你不适合做业务。"宋云峰诺诺地说:"怎么不适合?"李院长说:"如果缺钱,可以借给你,三五万块钱书院还拿得出来。"

宋云峰不愿借钱,只想努力挣钱。借钱总归是要还的,四万块钱,宋云峰一年不吃不喝才能还清,况且交了首付,还要还银行贷款,还要还亲戚朋友的债。

宋云峰没再央求,也没离开。宋云峰在李院长对面铺开一张纸,写了几个字:"雨过琴书润,风来翰墨香。"

宋云峰不懂书法,字写得丑。宋云峰只会弹琴,别的一窍不通。这样的人去做业务,不知会有什么结果。李院长叹口气,摇头说,宋云峰也要下海了。

李院长说了三个手机号码,让宋云峰记下来。这三个人对书院的课程比较感兴趣,李院长已经做过一些工作,有希望成为书院学员。

宋云峰非常感激,他一直把李院长当作可以信赖的长辈。李院长不仅是他的忘年之交,更是他的知音。当初,宋云峰在墓园做保安,是李院长发现了他,把他带进了秋湖书院。

第一次认识李院长,是在清明节前。李院长去青松岭墓园拜访宋云峰,听宋云峰弹了一次琴。宋云峰一弹琴,李院长便改变了自己的看法。李院长一直觉得,一个年轻的保安,怎么会弹古琴?就算会弹古琴,水平应该也不会太高,达不到上台演奏甚至开班授课的程度。李院长抱着试试的心态,请宋云峰弹琴。

宋云峰不认识李院长,看李院长的样子,像是有知识、有文化、有权威的领导。宋云峰是慎重的,他提出等下班以后,更衣沐手,找个清静的地方认真弹两曲。李院长笑笑说,不必了,就在这里弹吧。于是宋云峰取出琴,弹了一曲《平沙落雁》。李院长听完一曲说,好听,再弹一曲。李院长听了三首琴曲,决定聘请宋云峰做书院的琴师。

宋云峰刚进书院的时候,弄不清书院究竟是做什么的。后来渐渐明白,书院是做传统文化教育的,是让人在庸常的生活之下,培养兴趣和爱好的地方。书院的学员多是一些企业的老板,还有一些是艺术品投资和收藏的爱好者。

半年过去了,宋云峰对书院有了更多了解。书院属民营性质,是李院长一手创办的。李院长名叫李源哲,退休之前是颍川学院的副院长。退休以后,李院长的儿子李煜怕父亲寂寞,投资创办了秋湖书院。这些年,书院一直赔钱。李煜不在乎,只要父亲高兴,花这点小钱不算什么。李煜是一家投资公司的董事长,还经营着一家美术馆,实力相当雄厚。

刚开始的时候,书院定位高端,实行会员制,收入还算不错。后来,社会风气变了,人们崇尚勤俭节约,摈弃享乐主义,许多高档饭店、高端会所纷纷倒闭。书院也受到了强烈冲击,学员纷纷退学,所剩无几。在这种形势下,李院长经过深思熟虑,决定转变思路,将过去"为少数成功人士服务"改为"为人民群众服务",将过去"物质精品服务"改为"文化精神服务",撤销"私家菜""康乐中心"等高档服务,建立"棋室""琴室""阅读室""乒乓球室""羽毛球馆",同时降低收费标准,吸收普通大众前来参与。

书院转型后,收到了很好的效果。过去的老学员回来了,还带来一批真正喜欢文学艺术的新学员。本来,李院长还担心,现在有多少人喜欢传统文化,有多少人肯为学习文化买单?琴棋书画,说起来好听,毕竟不当饭吃。实践证明,艺术是有魅力的,文化是有力量的。书院人气渐旺,学员不断增加。李院长私下里对宋云峰感慨地说,过去书院挂羊头卖狗肉,是为了生存,现在书院回归正途,也是为了生存。李院长意味深长地补充一句,生存啊。

宋云峰知道李院长为书院付出了不少心血。人的一生有许多追求，对这个老人来说，书院可能是他人生中的最后一次追求。宋云峰想，自己的追求是什么呢？就眼前来说，自己的追求是为妻子和女儿买一套新房。再具体点说，是努力做好业务，为买房做好充分的准备。

书院业务做得最好的，是崔莹莹。宋云峰找到莹莹，请教做业务的诀窍。如何能摸透学员心理，让他们乖乖交钱？宋云峰和崔莹莹在茶室喝茶。崔莹莹说，不同的茶有不同的泡法，叶子细嫩的，取其柔和，用温水去泡，叶子壮硕的，取其刚烈，用沸水去泡，用温水泡，泡的时间要久一些，用沸水泡，泡的时间要短一些，总的来说，每种茶都有它的特性，只有了解它们，才能找到适合它们的方法，才能更好地激发它们的潜质。

宋云峰听得有些绕。宋云峰说：“我明白，但是，能不能说得具体点？”崔莹莹说：“明白就好，本来么，茶道跟琴道是一样的，有共通之处。”崔莹莹给宋云峰分析书院学员的构成。第一类学员，他们多是院长的朋友，不论他们是否喜欢书院，都会给院长一个面子，这一类学员就不用过多考虑了。第二类学员，他们有一定的经济实力，对艺术市场较为关注，他们来书院学习，多是为了解书画、古玩市场，这一类人是奔着钱来的，是纯粹的商人，一个个满脑子生意经，跟他们打交道往往费力不讨好。第三类学员，是开展业务的主要对象。这一类人又分为两种，一种是实力稍弱的生意人，来书院为的是广交朋友，为企业融资寻找出路，这种人往往出手大方，舍得花小钱而办大事。另外一种，可称之为"失意人"，这种人一般是在事业中遇到挫折，把书院当作消遣和娱乐的去处。

听了崔莹莹的分析，宋云峰眼前渐渐有些清晰。宋云峰想，进书院这么久，接触到的人不外乎这么几种。表面看，他们之间没有太大差别，仅体现在各自兴趣爱好的不同，有的喜欢书法，有的喜欢绘画，有的喜欢玉石，有的喜欢瓷器，有的喜欢古琴，有的喜欢围棋，有的喜欢茶道——这些只是表面现象，往深层次分析，这些人的内心里，存在着不同的动机和需求。

经过分析,宋云峰觉得有了信心。

五

宋云峰手里有李院长提供的三个意向学员。第一个是吴树仁,喜欢收藏字画和瓷器,经营着一家珍宝斋。第二个是南铁山,鹿鸣湖度假村董事长,喜欢茶道和香道。第三个是秦来福,金来福食用油厂厂长,喜欢吟诗作赋、练练书法。宋云峰从李院长那里了解了他们的基本情况,按照崔莹莹的方法进行分析,决定先从南铁山身上入手。

一个上午,宋云峰骑电动车去鹿鸣湖度假村找南铁山。鹿鸣湖度假村在北郊,离城十几里路。出了城,周围是平坦的麦田,道路宽阔,车辆行人稀少。天空湛蓝,一丝丝云缓缓地飘在高空,空气透亮而清新。宋云峰心情很好,哼着小曲,晃着脑袋。

鹿鸣湖度假村面积比较大,里面有温泉酒店,有餐厅,有渔村,有马场,有果园和农作物种植区。宋云峰找到办公区,敲了董事长办公室的门。董事长不在,董事长秘书告诉他,董事长出差了,三四天后才能回来。

宋云峰后悔没有事先预约,白跑一趟。秋高气爽的好天气,让宋云峰忘了预约。他想,即便没有见着人,也算不虚此行,难得有机会在这里逛一下。宋云峰出了办公区,在园里四处闲逛。在马场,宋云峰看到一群马,有立着的,有卧着的,有枣红色的,有栗色的,有灰色的,有白色的,每一匹马都形态各异,每一匹马都养得十分健硕。看完了马,宋云峰又去看果园。树都是光秃秃的,宋云峰一一辨认着,哪个是桃树,哪个是樱桃,哪个是苹果。

出了果园,宋云峰看到树林里停着一列火车,绿皮车厢,充满着怀旧的味道。走近前,发现每节车厢门口都挂着木牌,牌子上写有编号。宋云峰猜测,这些车厢是可以入住的,这是专为情侣们提供的浪漫小屋。再往前走,果然竖着一块牌子,写着"情感小站"四个大字,下面一行小字写着"只因一生有你,才会一路浪漫"。宋云峰琢磨着这句话的意味。正在出神,跟前一扇车窗忽然被人打开,吓了宋云峰一跳。有人在车厢里咳一声,伸出头来吐了一口痰。宋云峰没想到,在这个地方遇到了南铁山。

宋云峰上前打招呼,还没开口,南铁山已经把头缩回去,关了车窗。很显然,南铁山没有认出他,或许,南铁山根本就不记得他,他们只是在书院打过几次照面。宋云峰掏出手机,拨了南铁山的号码,手机里说,所拨打的用户已停机。宋云峰收起手机,用手掌拍打车厢,喊了一声,南董。里面没有反应,宋云峰又大声喊:"南董,开一下门,找您有事。"宋云峰连喊几声,里面毫无反应,似乎人已经不在车里。宋云峰想起一个电影,魔术师可以在一个空间里迅速转移到另一个空间,难道南铁山也像魔术师那样转移了吗?宋云峰知道南铁山不是魔术师,他肯定还在里面。宋云峰听李院长说过,做业务,首先要让自己的脸皮厚起来。宋云峰觉得李院长说得有道理。宋云峰又想起那套三室二厅,于是鼓足勇气,不停地拍打车厢,喊着:"南董,我是秋湖书院的宋云峰,南董,我是弹琴的宋云峰啊。"

宋云峰的执着终于让南铁山再次拉开了车窗。南铁山说:"你是谁,找我有事吗?"

宋云峰说:"我是秋湖书院弹古琴的,李院长介绍我来找你。"

南铁山探出头来环顾四周,问宋云峰:"你一个人吗?"

宋云峰点头称是。南铁山开了门,让宋云峰进去。

车厢里果然是可以住人的,有床,有沙发,有电视机,有空调,还有卫生间。南铁山坐在沙发里,问宋云峰有什么事。宋云峰本来准备好的,见了南铁山先说点客套话,表达一下自己的景仰之情,然后再渐渐进入主题。没想到跟南铁山见面,是在这种突发的情况下,准备好的谈话策略全部打乱了。宋云峰很被动,面对南铁山的提问,宋云峰回答说:"我是来请您去听琴的。"

"琴有什么好听的,我还不至于无聊到那种程度。"南铁山冷冷地说。

宋云峰说:"也不是非要听琴,不喜欢琴,还有书法、围棋、茶道,对了,南董,听说您喜欢茶道。"

南铁山说:"你究竟在说什么?我很忙,没正经事的话就这样吧,送客了。"

一听要送客,宋云峰急了,把心里话赤裸裸地掏了出来。宋云峰说:"你不是需要钱吗?加入书院,有很多机会弄到钱。李院长的儿子就是开投资公司的,我给他说一下,让他给你贷款。就算他不贷,书院里还有很多大老板,总有一个能贷给你。加入书院吧,你会有很多朋友,你不是一个人在战斗。"

"够了!"南铁山厉声喝止,"谁说我需要钱?我开这么大的度假村,手里这么大一块地,到哪弄不来钱?你懂什么,你来帮我,你算哪根葱?"

宋云峰低着头说:"我什么也不懂,我是弹琴的,只懂得弹琴。但是,南董,我是为了你好,我来找你的目的就是帮你找个出路。"

南铁山拍着额头说:"真伤脑筋,怎么遇见你这样的人。你是不是脑子进水了?你这种人我见多了,请回吧。"

宋云峰被骂得满脸通红,觉得自己把事情搞砸了,话没法再说下去,再多说,对方可能真的要发火了。

回去的路上,宋云峰觉得自己糊里糊涂做了一件难以理解的蠢事。自己一个弹琴的,为什么要去做业务?真是自取其辱。

回到家里,赵小娜已经做好了饭。自从买房,一家人都提着一股劲,觉得日子有奔头。宋云峰没给赵小娜说做业务的事,怕她担心,怕影响她的心情。端着饭碗,宋云峰心想,万事开头难,不能轻易放弃,起码让自己尽到最大努力。

下午,宋云峰去珍宝斋见了吴树仁。吴树仁倒是非常客气,请宋云峰参观了自己的收藏,有名人字画,有玉器古玩,还有从坟里挖出来的瓶瓶罐罐。宋云峰吸取教训,小心翼翼地、试探性地提出了自己的请求。宋云峰说:"吴总如果想进书院,能不能把任务算在我这里,帮兄弟一把。"吴树仁拍着宋云峰的肩膀说,没问题,小事一桩。吴树仁答应得越是利索,宋云峰越是觉得没有希望。他想起崔莹莹的分析，这类人最圆滑，他们嘴里说的跟心里想的完全不是一回事。宋云峰觉得，人与人之间的利益，是有一个法则的，这个法则就是交换。自己有什么资本呢，自己拿什么去给别人交换？

从珍宝斋出来，宋云峰给金来福打电话。金来福喝醉了，在电话里嘟嘟囔囔不知说些什么，宋云峰挂了电话。忙了一天，宋云峰觉得累。这是毫无收获的一天。宋云峰坐在湖边看野鸭。四只野鸭静静地在湖面漂着。夕阳照在湖面上，波光粼粼。

宋云峰的手机响了，一看，是吴树仁。吴树仁请宋云峰去弹琴。吴树仁说："兄弟，帮我一个忙，来给我弹弹琴。"下午见吴树仁的时候，并没有说要他去弹琴，不知道吴树仁为什么突然有这样的要求。宋云峰觉得吴树仁找他不会是什么好事，但他还是毫不犹豫地答应了。不管怎么说，这是一个机会。面对湖面上的野鸭，宋云峰苦笑了一下，对野鸭说："我不是完全没有用的，对不对？你们说，我有什么用？对了，我会弹琴，我还可以弹琴。"

六

吴树仁给女友过生日，安排了烛光晚餐。原计划请的是小提琴手助兴，没想到小提琴手临时有事，无法到场。吴树仁灵机一动，想起用古琴代替。

烛光晚餐在吴树仁女友的住处进行。宋云峰上去的时候，已经准备妥当。宋云峰看到桌子上摆满了吃的喝的，蛋糕上面插好了蜡烛。女主人是一个既年轻又漂亮的女孩，宋云峰没敢多看，低下头，把琴放在旁边的茶几上，盘着腿，坐在蒲团上。正要弹琴，忽听女主人说，怎么是古琴，不是安排的小提琴吗？吴树仁说，拉小提琴的临时有事，来不了，古琴也挺好的，老祖宗传下的玩意儿，不比小提琴差。女主人失望地说，那能一样吗？吴树仁赔罪说："都怪我，下不为例，不许生气哦，今天是咱们的好日子。"

吴树仁对宋云峰说:"你只管弹,没关系的。"

宋云峰头也不抬,弹起琴。宋云峰把注意力全部用在琴上,一曲接一曲地弹,对琴以外的东西耳不闻、眼不见。弹了《胡笳十八拍》,再弹《潇湘水云》,又弹《酒狂》。弹《酒狂》的时候,左手"跪指"总是发出杂音。怎么会这样,一个简单的曲子都弹不好。他感觉心里有种难以平息的烦乱。

恍惚间,宋云峰似乎听到女主人在跟他说话。宋云峰抬起头,果然,女主人在对他说话。女主人撮着手指上的奶油,对他说:"弹琴的,说你呢,可不可以转过身去,你对着我们,感觉很不自在。"

宋云峰只好停下来,转过身,把琴放在自己腿上,背对着听众弹琴。

宋云峰弹了《流水》。《流水》弹完,宋云峰觉得心情平静了,又弹了一曲《平沙落雁》。宋云峰听到女人的哭声,然后听到吴树仁小声哄劝的声音。宋云峰不去管它,继续弹自己的琴。渐渐地,宋云峰进入了境界,耳朵里什么都听不见,满世界只有自己的琴声。不知过了多久,宋云峰感觉肩上被人拍了一下,回头看,是吴树仁。吴树仁说,好了,兄弟,可以了。宋云峰知道自己可以走了。屋里只有宋云峰和吴树仁两个人,女主人可能进了卫生间。宋云峰收好琴,小声说:"吴总,下午我说的事情,你看能不能帮帮我?"吴树仁挥手说,赶紧走,这事回头说。

宋云峰背上琴,从屋里退出来。他不想回家,又觉得没地方可去,骑着电动车漫无目的地走着。不知不觉,出了西郊。宋云峰就想着,去给自己的老师弹一弹琴。

宋云峰拐到青松岭墓园,进了大门,遇到以前的同事小杨。小杨跟他打招呼,喊他的绰号,宋大师。宋云峰递上烟,两人吸着。宋云峰说,想去沈教授那里看看。小杨把手电筒递给他,让他照路。宋云峰说,不用了,在这里待了十几年,跟自己家一样熟悉。

踩着月色,宋云峰进了墓区。过了吊桥,绕过荷塘,穿过竹林,来到沈教授墓前。宋云峰伸手,把墓碑上的落叶拂去。卸下琴,盘腿坐下。宋云峰双手抚琴,没有弹,却掉了几滴泪。他对着墓碑说:"沈教授,我来给你弹琴,想听哪首曲子?"

沈教授当然没有回答他,于是他自言自语,小声咕哝着,一边抹眼泪,一边在琴轸处调好了弦。宋云峰望着琴,发起呆。

十年前,宋云峰在墓园做保安。那是一个夏天的清晨,交班前,他去墓区巡查。远远地,听到一阵琴声。宋云峰在部队当兵的时候喜欢弹吉他,他不知道世上还有古琴。古琴的琴声似乎有一种无可抗拒的渗透力,钻进了宋云峰的心里。循着琴声,宋云峰看到一位长者坐在墓前弹琴。长者大约六七十岁,头发花白,腰背挺直,双手在琴弦上来回滑动,奏出一阵阵悦耳的琴声。宋云峰怕惊扰了琴声,隐身竹林,侧耳听琴。宋云峰不记得当时沈教授弹的什么曲子,他只记得,正当自己听得入迷时,琴声一个铿锵,戛然而止。

宋云峰探头望去,只见沈教授双手放在琴上,低垂着头。附近几只麻雀被突兀的琴声惊动,叽喳叫着,飞远了。世界一片寂静。宋云峰不敢破坏这份寂静,屏住呼吸。

沈教授忽然说:"世人皆知伯牙摔琴谢知音,如今你不在了,我还弹什么琴,我留着琴还有何用?"沈教授站起来,举起琴要摔。看到沈教授要摔琴,宋云峰藏不住了,挺身而出,嘴里喊着"别摔!"宋云峰还是晚了一步,沈教授已经把琴摔了出去。琴被摔在供桌上,发出嗡的一声响,弹起来,落在草地上。

琴的焦尾处掉了一小块漆,宋云峰跪下来,抱起琴,心疼地抚摸着。宋云峰抬头说:"您教我弹琴吧,我想学琴。"

后来,沈教授没有收过学生,宋云峰是他唯一的一个学生。沈教授是中心医院外科主治医师,弹琴是家传的技艺。沈教授有一个远嫁外地的女儿,女儿不愿学琴,沈教授也不勉强。不久前,沈教授的老伴去世了。沈教授一辈子行医,不知救过多少人,对老伴的病却无能为力。老伴是他的知音,弹了几十年琴,只有老伴喜欢听他弹琴。老伴走了,沈教授不愿再弹了。

后来,沈教授把琴传给宋云峰,告诉他,这是他们家传之物,要他好好爱惜。沈教授说:"当初摔琴,一是思念老伴,二是后无传人,没想到遇见了你,也算是一场缘分。"宋云峰抱琴细看,只见琴身古拙,漆面出现了细如牛毛的断纹,翻过来看,底部"龙池"上方刻有"九霄环佩"四个篆字。宋云峰不懂得琴的好坏,既然是沈教授的家传之物,自当用心呵护。沈教授送了琴,又送给他一本古琴入门教程,要他对着练。宋云峰对着琴谱练,不懂的地方就问沈教授。沈教授教会他怎么认读"减字谱",教会他基本指法和一些简单的琴曲。半年后,宋云峰已经基本掌握了教程里所授的内容。一天,沈教授把他叫到家里,搬出一只箱子。打开箱子,里面全是琴谱,有古人传下的,有近人编著的,还有十几个日记本,里面写着沈教授弹琴的心得。沈教授让他拿回去照着练。那时候,沈教授已经身患重症。没过多久,沈教授因病去世了。

  沈教授去世后,宋云峰自己练琴,遇到不懂的地方,就到沈教授墓前,问沈教授。在沈教授墓前,宋云峰琢磨着琴,略有所悟,便对沈教授说:"是不是这样的?我弹给您听,看对不对。"宋云峰在墓园弹了十年琴,始终有沈教授相伴。有时候,遇到烦心事,他也到沈教授墓前弹琴。

  满腹的心事,无须多说,都在琴里。琴弹过了,心也就豁然开朗了。宋云峰对沈教授深鞠一躬,抱起琴,离开了。

七

  秋湖上面又飞来二十只野鸭,加上先前的四只,一共有二十四只。书院里的人们多了一项乐趣,数野鸭。宋云峰也喜欢数野鸭,每天经过竹桥都要数一遍。有时候数不清,要数两三遍。数了公鸭,再数母鸭,公鸭和母鸭正好是配对的,各十二只。把公鸭和母鸭数清楚,往往要数四五遍。野鸭的光临,给书院带来了新气象,随着野鸭的增多,书院学员也增加了十几名。李院长很高兴,他把宋云峰和刘5段叫到湖边,一起数野鸭。李院长透露一个信息,书院打算请著名的古琴大师顾亭兰来讲琴,还打算请著名的围棋大师聂清源来讲棋。得到这个信息,刘5段说,请这些大师要花不少钱吧。李院长说,这些是真正的大师,跟卖字画的不一样,他们不在乎钱,正因为此,他们是非常难请的,咱们尽力而为吧。

宋云峰听说过顾亭兰的名头,心里期盼着。学琴十年,始终是自己摸索,能有高人指点一下,是个难得的机会。

这个周末,请的是书法家童楚望。此人在国内颇有名气,作品卖到每平方尺一万元。随便写几个字就能卖钱,一幅字少则四五万元,多则十几万元,宋云峰觉得不可思议。这次活动,除了请童楚望讲书法,还举办了他的个人作品展,活动下来有十几幅字出手,光李煜一个人就收了五幅。几天下来,挣了百十万,盆满钵满,童楚望高兴地回家了。最高兴的是李院长,活动举办得成功,书院坐收二成佣金,卖字的和买字的都有收获,皆大欢喜。

对于书法,宋云峰不感兴趣。宋云峰只负责弹琴,弹完琴,抱琴下台,回自己的琴室。宋云峰又去看野鸭。阳光很好,照在湖面上。鸭们聚在一起,有的在水中啄食,有的直起身子振翅,有的贴着水面飞行,还有两只离开鸭群,一前一后,一公一母,躲进了水草后面。正看得津津有味,忽然有人在后面喊了一声,宋云峰回头看,是鹿鸣湖度假村的南铁山。

南铁山找宋云峰,要办入学手续。南铁山提及上次的事,向宋云峰道歉。宋云峰知道他说的是在绿皮车厢里的事。南铁山解释说,那些日子正被人追债,手机不敢开机,办公室不敢去,只好躲在绿皮车厢里,没想到碰上了宋云峰,当时心情非常糟糕,以至于出言不逊,请宋云峰不要放在心上。南铁山态度忽然转变,而且主动提出入学,宋云峰想,这里面肯定有什么原因。宋云峰带南铁山去办了入学手续,缴了学费,从财务室出来,宋云峰去找李院长。听了李院长的解释,宋云峰才知道其中原因。原来南铁山经营的鹿鸣湖度假村,土地手续一直没有办下来,当初市里领导答应给他办手续,后来领导被双规,换了新领导,这件事就被搁置起来,成了遗留问题。建度假村的钱,有银行贷款,有股东的钱,有社会上的集资款,债主们听说土地手续办不下来,纷纷撤资,两年下来,南铁山已是独木难支。幸好银行的人也不赶尽杀绝，只要还上利息，还可以给他放款。银行的规矩是，每年要还一次本金，证明有还贷能力，待结算后再重新放款。外人看来，南铁山有几千万身家，实则外强中干，尤其到了调贷的时候，东拼西凑，拆拆挪挪，搞得焦头烂额，每次都像长蛇蜕皮，经历一场生死磨难。这次又到调贷的时候，多亏李院长说服儿子李煜，给他贷了一笔款，帮他度过了生死难关。

宋云峰从内心里感激李院长，李院长对他有知遇之恩。宋云峰知道李院长喜欢听琴，没有别的报答，只有给李院长弹琴。宋云峰弹了李院长最喜欢的《流水》，这首曲子，不知给李院长弹过多少回了，这回他是最用心的。他特意从家里背来自己的古琴，在湖边弹给李院长和野鸭们听。书院里有二十几张琴，都没有这琴弹出来好听。李院长说，好琴，弹出来就是不一样。

做成第一笔业务，宋云峰有了信心。早上出门前，赵小娜提起买房的事。宋云峰知道她是担心房款，说："放心，不会让你失望。"赵小娜说："你一辈子本本分分，老老实实，别因为一点钱去做坏事。"宋云峰说："做坏事是需要头脑的，我这么笨的人，想做坏事都做不来。"赵小娜说："这我倒相信。"

一个月里，宋云峰做成了三笔业务。宋云峰有个体会，做业务不仅要脸皮厚，更重要的是勤奋。第二笔业务就是勤奋的结果。屈指数来，宋云峰一共去拜访吴树仁六次，每次吴树仁都说要入学，但每次都只是敷衍。第七次的时候，宋云峰在珍宝斋门口碰见一个女人，这个女人有四十多岁，长得敦实，腰里像是盘着一个游泳圈。宋云峰看见吴树仁和女人一起进了珍宝斋，猜到这个女人应该是吴树仁的老婆。在谈话中，宋云峰有意无意地抛出烛光晚餐的话题，吴树仁不得不把他拉到一边，对他说："兄弟，你这是威胁。"宋云峰说："那晚的事，打死我都不会说出去的。"吴树仁说："只要打不死，就一定说出去，是不是？"宋云峰说："打死打不死都不会说出去。"当天下午，吴树仁就去书院交了学费。

宋云峰觉得自己有点小卑鄙，但他没有自责，也没有愧疚，反而觉得很开心。宋云峰个子不高,圆脸,颧骨下面有两个痘坑,笑的时候,那痘坑就像是突然放大了,闪着亮光。

第三笔业务也做成了。宋云峰跟秦来福成了酒友,通过喝酒,彼此拉近了感情。喝酒以后,宋云峰喜欢弹《酒狂》,借着酒意一摇一晃的。秦来福除了《酒狂》,别的都不喜欢听。宋云峰弹着琴,秦来福吟诵着自己作的歪诗,两个人常常闹到半夜。秦来福过去曾经有过辉煌,他榨的"金来福油"畅销全国七八个省份,后来因为战略出现问题,战线拉得过长,资金链中断,开始走向滑坡。兵败如山倒,几年下来,他的厂子由一百亩缩小到几百平方米,靠着本地的一些老关系,勉强维持。随着年龄增长,秦来福不愿再面对挫败,把厂子交给儿子,自己躲到秋湖书院来享清福。曾经有过辉煌,如今走向落寞,个中滋味是一般人无法体会的。书院里,类似这样的人不在少数。

宋云峰相信,努力付出,就会换来回报。月底的时候,宋云峰领了工资和业务提成,一共有九千多元,相当于之前三个月的工资。拿了钱,宋云峰才向赵小娜说了自己做业务的事。一家人都很高兴,照这样看,"三室二厅"指日可待。宋云峰对赵小娜说,等挣够了买房的钱,就不再做业务了,做人要有自知之明,自己是哪块料自己心里最清楚。赵小娜知道宋云峰不是生意人,他只是一个弹琴的人。赵小娜说:"老公辛苦了,做业务也好,不做业务也好,我都支持你。"

八

顾亭兰不好请,他从不参与商业活动。他只参加琴界学术交流,或是代表国家出访国外。李院长四处托人,试了几次都被回绝了。说来也巧,顾亭兰的夫人祖籍鄂州,是颍川下属的一个县。顾夫人有一个年迈的老母亲,还有一个哥哥,都在鄂州乡下居住。打听到这层关系,李院长立马去做工作,先是说通顾夫人的哥哥,随后拜访了顾夫人的老母亲。当地人重乡情,李院长七拐八拐,硬是给人家攀上一门远亲,以老太太表舅家的外孙自居,喊老太太姑母。老太太糊里糊涂地认下了。顾夫人的哥哥是明白人,知道李院长用意,觉得是件好事,也乐于从中帮忙。老太太眼不好使,患了白内障,李院长鼓动顾夫人的哥哥,带老太太去北京做手术。到了北京,李院长把一切事情安排得妥妥当当,医疗费用和交通费用全部买单,还派莹莹在老太太身边不分昼夜地悉心照料。李院长用心良苦,终于感动了顾夫人。在顾夫人的感动下,李院长请来了顾亭兰。

这天正好是立冬,天有些凉。宋云峰陪同李院长去机场接顾亭兰。顾亭兰穿一身西服,背着琴袋,手里拖着拉杆箱。宋云峰第一次见顾亭兰,觉得他有一股文人气质,谦虚,和善,文雅,除此以外,和普通人没有太大区别。一个古琴大师,只有在弹琴的时候,才显得与众不同吧。李院长向顾亭兰介绍宋云峰,说是书院的琴师,琴弹得好。顾亭兰礼貌地同宋云峰握手,对宋云峰琴师的身份并没有在意。上了车,顾亭兰坐在后座,始终抱着琴。从倒车镜里,宋云峰看顾亭兰的琴。顾亭兰的琴被琴袋包着,宋云峰心想,这一定是张好琴。到了书院,宋云峰有心向顾亭兰请教,但顾亭兰远道而来,旅途劳顿,早早地休息了。

第二天上午,秋湖大讲堂里座无虚席,过道和门口都加了座椅。有些人为了听顾亭兰弹琴,立即加入书院,缴了学费。还有一些外地的古琴爱好者,前来一睹大师风采。

顾亭兰一上台,下面掌声雷动。顾亭兰不说话,只鞠一躬,便坐下来弹琴。弹完一曲,顾亭兰才开始讲琴,讲琴的历史,讲琴的流派,还讲了一些关于琴的故事。顾亭兰讲了伯牙遇钟子期,讲完,弹一曲《流水》。讲文姬归汉,弹一曲《胡笳十八拍》。讲聂政刺韩王,弹《广陵散》。后来,顾亭兰来了兴致,不再讲解,一曲接一曲地弹起来。对于名曲,许多人听过,知道弹的什么,顾亭兰后面弹的这些,便没几个人能够听懂。

宋云峰在下面听。宋云峰听懂了,这些曲子他也能弹,只不过，他的弹法和顾亭兰的弹法有很大区别。沈教授送他的琴谱里，有一部琴谱既没有书名，也没有曲名，里面记载的就是这些曲子。古琴谱对音的时长没有明确标示，每个人打谱出来的效果都不一样。宋云峰将自己的弹法与顾亭兰的弹法相比较，受到很大启发，他觉得自己的弹法有很多地方需要改进。顾亭兰不愧是大师，宋云峰不由得心生敬意。

宋云峰等着向顾亭兰请教。活动结束，顾亭兰被人簇拥着，很快到了吃饭时间，李院长安排人陪顾亭兰吃饭。顾亭兰也不免俗，喝了一些酒，吃过饭就去房间睡觉了。宋云峰抱着琴，在房间外面等，一直等到下午三点半，看看时候差不多，正要敲门，李院长来了，准备送顾亭兰去机场，下午四点半的班机。

在顾亭兰的房间里，宋云峰弹了一曲。宋云峰觉得自己发挥得不好，在大师面前有些紧张。顾亭兰听宋云峰弹琴，眉头紧蹙，表情十分凝重。一曲没弹完，顾亭兰打断宋云峰说："先别弹，我看看你的琴。"宋云峰停下来，递上琴。顾亭兰把琴翻过来，看到"龙池"上方"九霄环佩"四个篆字。顾亭兰问琴的来历，宋云峰说，是沈教授家传的琴。顾亭兰不认识沈教授，但他认识"九霄环佩"这四个字。顾亭兰说，"九霄环佩"是唐代雷家斫制的，当今世上仅存四张，每一张价值都在几千万元，这琴如果是真的，应该算是第五张。宋云峰和李院长都吓了一跳，连连说，不会是真的吧？顾亭兰说，从漆面断纹看，应该年数不短，是古人传下的琴，可惜琴上没有铭文，难以考证出自哪个朝代。不管怎么说，这是一张好琴，即便是民间仿制的"九霄环佩"，也已经价值不菲。

顾亭兰与宋云峰交流了弹琴的心得，两人你一句我一句，说着别人听不懂的话。李院长在一边提醒，时间不早了，要赶飞机。顾亭兰这才停下来，看看表说："没时间了，这样吧，你一同去机场，路上我们还有时间聊。"

宋云峰觉得自己很幸运，结识了顾亭兰。短短的交流，却是受益匪浅。送走顾亭兰，宋云峰回到家里，把自己的琴恭恭敬敬地放进柜子里。这不是一张普通的琴，他觉得以后要更加爱惜，再也不轻易拿出去弹了。他想,这琴如果真的价值不菲,应该归还给沈教授的女儿,自己无权霸占。但是又想,沈教授的女儿不喜欢琴,琴在她手里,也许不是一个好的归宿,还是自己暂且保留吧。

九

秋湖书院连续举办了几场有影响的大型活动,一时名声大噪,成为颍川人津津乐道的话题。书院兴盛,书院的学员们也觉得光彩。在大街上,如果有人听说你是秋湖书院学员,便对你刮目相看,认为你是一个琴棋书画无所不通、无所不晓的文人。

书院又举办了"企业家接班人传统文化研习社"和"卓越女性传统文化素养班",针对"富二代"和"女性群体"开展特训。在这些"特训班"之外,琴、棋、书、画四个"常年班"也水涨船高,收了不少新学员。弹古琴的宋云峰,下围棋的刘5段,写"欧体"的常先生,画钟馗的胡老师,这四个人被学员们并称为"秋湖四友"。

秋湖书院学员增加,与之对应的是湖面上野鸭的增加。野鸭数量达到五十多只,具体是五十六只,还是五十八只,已经很难数得清楚。野鸭们浮在湖面上,黑压压一片,像是一支庞大的舰队,似乎随时有可能朝书院进攻。其实,野鸭虽带有野性,但胆小,警惕性高,有人从桥上过,它们便快速地游走,躲到安静的地方去。有时受到惊吓,它们则拼命逃窜,呼啦一下全都飞上高空,在湖面上空盘旋萦绕,确定安全后才回到湖面。

宋云峰的收入也有所提高,每月挣的工资和提成都在一万元左右。过了冬至,很快到了元旦。元旦节放假期间,房地产项目正式开盘,宋云峰一家三口去参加了开盘仪式。活动安排有抽奖,最高奖是一部ipad。宋瑶琴上去抽奖,居然幸运地抽到二等奖,一台价值六百元的电磁炉。宋瑶琴说,手气太差,没有抽到ipad。赵小娜说:"咱家瑶琴出手不凡,等会出去再买几注彩票。"宋云峰说:"想要ipad,等老爸挣了钱给你买。"一家三口高高兴兴,又围着沙盘参观了那套三室二厅。看完沙盘,又去工地看,楼房已经盖起三层,一年内就能交房。

开盘之后,签购房协议,交首付款。宋云峰还差两万元,他找到置业顾问说,钱不凑手,能不能宽限几天?职业顾问说:"可以给你保留十天,到时候不签协议,别人拿着钱来,谁也给你留不住。"宋云峰打算等假期过后,去书院找李院长借钱,好在现在有挣钱能力,两万元还起来不会有太大压力。

人总是有梦想,住进宽敞舒适的新房,是宋云峰一家人的梦想。就在这个梦想将要实现的时候,没想到出事了。宋云峰接到刘5段电话,说李院长突发脑出血,正在医院抢救。

经过抢救,李院长暂时脱离生命危险。在病房里,宋云峰见到了李院长。李院长已经不能说话了,闭着眼睛,躺在病床上。李院长的夫人、儿媳妇和孙女都在病床前守候,看样子,她们哭了很久,一个个眼圈红肿。宋云峰退出来,在走廊里跟刘5段说话。宋云峰知道李院长有高血压,但平时坚持吃药,饮食方面也一直控制,怎么会突然得了脑出血?刘5段说:"还不是被儿子给气的。"宋云峰问:"李总怎么没来?"刘5段说:"你在李煜那里投钱没有?"宋云峰说:"我哪有钱去投?"刘五段说:"我投了六万元,估计一分钱也不剩了。"

李煜卷款逃跑了,这在颍川是个爆炸性新闻。据说,李煜带走的资金有一个多亿。这个事件导致颍川近百家小型企业倒闭,上千个家庭失去幸福。好在政府积极介入,妥善处理,避免了事件的恶化。

秋湖书院关闭了。书院里的学员,有一半以上是李煜事件的直接受害者。李煜逃跑,有学员想去找李院长讨一个公道。他们知道,钱已经没了,无论找谁都没有用,他们只是想撒撒气,想骂一通,想问问李院长,怎么养了这么一个危害社会的儿子。当他们得知李院长患了脑出血,躺在医院病床上已是奄奄一息,他们换了一种想法,买了礼品去看望李院长。他们看到李院长闭着眼睛,似乎睡着了,却有两行泪水顺着眼角往下流。

宋云峰失业了。他去青松岭墓园，找到墓园领导，问能不能回来继续做保安。墓园领导说："等一阵子吧，你走后，人员有了新的补充，等春节过后看有没有空缺。"宋云峰又去别的地方找工作，没有一个合适的。

宋云峰整天闷闷不乐，生活刚刚有了起色，燃起的希望又破灭了。赵小娜说，房子暂时不买了，据说房价还会降，等等再说吧。宋云峰抱着赵小娜，把头埋在她怀里，说不出话。赵小娜说："好久没听你弹琴了，你给我弹琴吧。"

宋云峰取出琴，弹起来。宋云峰弹了一曲《秋风词》，是根据李白的诗谱成的琴曲：

秋风清，秋月明，
落叶聚还散，寒鸦栖复惊。
相亲相见知何日，此时此夜难为情。

宋云峰弹出了一股悲凉，弹出了秋意萧条、凄清之意。弹完，宋云峰轻声叹一口气。赵小娜说："叹什么气？我不喜欢《秋风词》，你给我弹一曲《普庵咒》。"宋云峰说，好吧。宋云峰调了调弦，弹起《普庵咒》。这是一首庄严肃穆的法曲，可消灾解厄，可令风调雨顺、五谷丰登、六畜繁殖、万事如意。弹着弹着，宋云峰的心情平静了，仿佛进入一座古寺，但听古刹钟声，虫鸣鸟叫，密雨淋淋，天地肃穆，世界清朗。

宋云峰忽然放下琴，骑上电动车出去了。宋云峰要去找陈银亮借钱。陈银亮开了一家快捷商务酒店，生意很好，常常宾客爆满。宋云峰说，要借两万块钱。陈银亮爽快地答应了，立马给宋云峰取钱。陈银亮说："需要帮忙尽管开口，你是我的贵人，要不是你，到现在我还在股市沉迷。"宋云峰不仅借钱，还提出要求，要陈银亮给他找个工作。陈银亮说："你看我的宾馆，生意好，经常爆满，我打算在东区和老城区再开两家连锁店，你觉得怎么样？"

宋云峰有了新的工作。陈银亮投资，开了一家琴馆，请宋云峰做馆主。琴馆的名字叫"云峰琴馆",宋云峰觉得不好听,改成了"九霄琴社"。琴社开业,收了八名学员,陈银亮说,已经不少了,只要坚持,学员会越来越多。

春节前,李院长去世了。宋云峰取出"九霄环佩",去青松岭墓园,在李院长墓前弹了一曲《流水》,又弹了一曲《普庵咒》。

下雪了,纷纷扬扬,世界一片白。这场雪来得及时,缓解了一冬的干燥。宋云峰惦记起野鸭,骑上电动车去书院看野鸭。书院一个人也没有,白雪覆盖下,显得清幽,洁净。园子里的梅花开着,白雪压弯了枝头。宋云峰想起李院长写的一幅字:

"梅须逊雪三分白,雪却输梅一段香。"

宋云峰的泪又不争气地掉了下来。宋云峰登上竹桥,放眼望去,湖面一片平静。书院关闭后,附近村民来湖边捡野鸭蛋,惊飞了野鸭。宋云峰再也见不到野鸭了。

过年新衣

去澡堂之前我们没有找到吕米,却在路上遇到了吕米的母亲,这一点我和根生都记忆深刻。在根生记忆中,吕米的母亲当时穿着一件天蓝色上衣,小翻领处露出一道大红,可以判断里面是一件崭新的缎子棉袄。我反驳了根生关于缎子棉袄的说法。我记得她当时脖子上有一条米黄色围巾,是商店里出售的那种带有商标的上海货。我对这条围巾印象较深,我爸有围巾,我妈也有围巾,他们的围巾都是自家手工编织的,样式和质地都比不上商店里出售的上海货。根生也说是,是啊,是有那么一条围巾。那么,既然围着围巾,怎么能看到上衣领子里露出的缎子棉袄?

那天是大年三十,再不洗澡就只能脏着身子过年。我拎着替换衣服去叫根生。

根生在家里给他家的七只母鸡和两只公鸡做饭,他说,要过年了,也给鸡们吃点好的。一些从猪头上剔下的脏肉,被他剁碎掺进了鸡食。原来鸡跟人一样,也馋。看着鸡们吃得很欢,根生满意地拍了拍手。根生的父亲是个司机,经常出差,因此根生非常能干,顶得上一个壮劳力。他手腕子比我的粗上一倍。

根生让我看他的新衣服,一身崭新的的确良。我摸了摸,有点薄,不如我的厚,也不是正经的军货。我没好意思说他,因为我的新衣服也不是正经的军货。根生把身上的衣服脱下,换上了新衣,然后去找肥皂和洗头膏。可是找来找去,最后他说:"洗头膏可能被我妈用光了,还没来得及买。"又进一步解释:"我妈的头发长,她用一次顶我用好多次呢。"我叫他不用找了,我带的有,到时用我的就行。于是他索性连肥皂也丢回脸盆架上,两手空空。

没想到还没出门根生就挨骂了,他母亲命令他脱掉身上的

"皮",并且说,狗窝里放不住剩馍。他母亲跟我奶奶同一个心思,一定要我们把新衣服留到过年时穿。根生只好又换回刚刚脱掉的那身"旧皮"。

根生很快把刚才的不愉快忘掉了,我们一路上打着雪仗,用雪球互相对掷,并在干净的雪地上打滚。在南头,我们遇见了吕米的母亲。吕米的母亲穿着一件天蓝色上衣,脖子里裹着一条米黄色围巾。从围巾末端的标签上看,应该是商店里出售的上海货。她两手插进衣兜,从冰冷的雪地里朝我们这个方向迎面走来,脸上是一副漠然的表情。这不关冰雪的事,即使在夏天,她脸上也是终日冰冷。忽然一阵冷风吹过,树上的雪花洒落在她身上。她摘下围巾,轻轻抖动,用指甲刮去粘在上面的雪片。她动作慢慢停下,忽然笑了,冲着手中的围巾笑。

看见吕米的母亲我们就停止疯闹,从她面前悄然而过。她让我们感到拘束。走出很远,才回头一望。见她仍静静伫立,削薄的背影在冰天雪地里重重地点缀。我们看不到她的表情,不知她是否仍然在笑。

"她是不是笑了?"根生说,"她神经了吧,有啥好笑的?"

"她是破鞋。"我对根生说,"你知道什么是破鞋吗?"

"知道。破鞋想笑就笑。你就是破鞋!"根生说着,突然把一团雪塞进我脖子里。

于是我们又开始追逐,他在前跑,我在后追。一边追,一边从地上搓起雪团。根生的后脑勺是我射击的目标,然而他跑得太刁了,呈之字形。这都是从他爸爸那里学来的,他爸爸原先在部队当兵。根生躲进了大礼堂前的院子里,院子里空荡荡的,只有一个砖垛可供隐藏。当我从另一个方向悄悄绕过砖垛的时候,却见他毫无防备,呆呆地望着砖垛出神。

我看清了,砖垛上用粉笔歪歪扭扭地写着几个字:包小眼。包小眼是根生父亲的外号。面对这样侮辱性的文字,换谁都会生气的,何况是要强好胜的根生。"谁干的,屎给他挤出来!"根生乜起眼,咬牙切齿地说。

我首先想到了吕米。根生也想到了吕米。一定是吕米。

吕米和根生我们都是邻居,并且是同班同学。吕米没有父亲。怎么会没有父亲呢?不得而知。反正他就是没有父亲。我曾问过大人,吕米为什么会没有父亲?大人说,小孩子家,操那么多心干吗?没有父亲就是没有父亲,鬼才知道他为什么没有父亲。我只好闭嘴,既然大人也不知道,我总不能问鬼去吧。

经常有人看见吕米拿着一支粉笔,在路边的墙上、电线杆上、厕所的隔板上乱涂乱画。

"吕米这个混账王八蛋,看我不把他屎挤鬓角上去。"根生说。开始我以为根生一定非常生气,看他表情,才知道没有生气,似乎还有些兴奋。也许他真想把吕米的屎挤鬓角上去?大概不会。遇到吕米的话,收拾他一下,给点颜色瞧瞧,但不至于把屎给他挤到鬓角上去。最了解根生的人莫过于我,从穿开裆裤时起,我们一直是最好的朋友。我猜想,根生逮到吕米的话,大概会让他叫一声爷爷。一次在放学的路上,根生把吕米逼到墙角里,命令他叫爸爸。根生说:"你没有爸爸,我来做你的爸爸。"吕米勾着头,一边躲闪,一边嘴里嘟嘟囔囔不知说些什么。他个子比根生矮半个头,左右躲闪着,瞅机会便往根生的腋下钻,企图溜走。根生的两臂开开合合,严密地禁锢着他。看看实在没有办法,吕米终于细声细气地叫了一声,爸。根生高兴坏了,笑得合不拢嘴。不料,吕米脱离根生控制之后,却改口说:"爸爸是我,儿子是你,你是我儿子,哈哈哈……"遂捡到便宜般撒腿逃跑了。根生也没有追,仍站在那里笑。"看我把屎给你挤鬓角上。"他笑呵呵地说。

根生从来不欺负人的,人不犯我,我不犯人,这是他常挂口头的至理名言。之所以让吕米喊爸爸,是因为他怀疑吕米偷了他的橡皮。他的怀疑不无道理,他们是同桌,橡皮丢了,吕米有最大的嫌疑。人若犯我,我必犯人。至理名言。我了解根生,丢一块橡皮事小,叫一声爸爸算了。这次不会那么便宜了,至少要吕米叫一声爷爷。

我们来到了澡堂。

洗澡的人都赤条条的,没一个是穿着衣服洗澡的。衣服被人们脱下来,放在更衣室的木板床上。更衣室好大啊,有几十张床,每张床上撂着一堆衣服。其中一张床上的衣服格外引人注目,这堆衣服是被一件外罩从外面包裹起来的,像一只光鲜的馒头。我和根生都还记得那件外罩,涤卡布料,草绿色,纯正的军货。四个衣兜,兜兜都有翻盖。厚厚的涤卡布料啊,纯正的军货!

时隔二十年,根生始终咬定那件衣服的主人不是吕米。吕米是个肮脏货,上午穿上干净衣服,不到下午准会弄脏,吕米的母亲岂肯任他提前穿上过年新衣?从感情上说,我认为那件衣服吕米根本不配。根生也不配。穿那件衣服的人,应该是一个部队转业的年轻干部。或许根生父亲那样的,才配得上穿。然而那确实是吕米十二岁那年的过年新衣,我亲眼所见,那天吕米洗完澡后,穿上那件衣服,牛气烘烘地离开了澡堂。

年前几天澡堂里非常拥挤,男人女人、大人小孩都赶在这几天来洗澡。澡堂门口的棉布门帘一会儿一撩,人就像一粒带点甜味的枣核,被澡堂这张馋嘴干着吃进去,湿着吐出来。门口弥漫着澡堂里特有的气味,人味和肥皂味混杂。

我和根生很快脱光了身上的衣服。根生的皮肤偏黑。我的也不白,偏黄。我脱衣服比根生慢,原因是我多穿了一件毛衣。根生先于我向热水池跑去,穿着木拖鞋,呱嗒呱嗒。呱嗒呱嗒,他又跑回来了。他让我先进去洗,他在外面看着衣服。原来,他担心口袋里的钱被别人偷去。他口袋里有一块八毛七分钱,那是打算给他父亲买酒的钱。要过年了,他打算给父亲买瓶好酒,一块八毛七的宝丰酒。

我只好自己进去洗。池子里水很烫,烫得我头皮发麻,尽管我的头皮根本没接触到水。为了能顺利地搓掉身上的泥灰,我咬着牙让自己在水里烫。姑且把脖子也缩进水里面烫吧,平时它总露在衣服外面,比别的部位都脏。这样烫了一会儿,约莫着可以搓灰了。忽然问题出来了,我如何才能把自己后背上的脏灰搓下来呢?我发觉我需要根生帮我搓背,一直以来都是我们两个互相搓背。

我是一个喜欢开动脑筋的好学生,当时忍不住就想,如何能让根生来给我搓背,同时避免他的酒钱被偷呢?经常参加智力竞赛的我,很快有了一个两全其美的办法。

我湿漉漉地跑去对根生说了我的办法,根生将信将疑地说:"行吗?"我说:"肯定行,出了差错我负责,大不了赔你一瓶宝丰酒。"于是掬起各自的衣服,转移到另一张床上。那床上已经有一堆衣服,被一件草绿色军装从外面严密地包裹着,外观像一只大馒头。在这件新衣服旁边,我们的旧衣服应该是安全的。小偷都不是傻子,穷的不偷富的偷。我们把衣服也裹成一个馒头样,便进去洗澡了。

池子上空蒸腾着浓重的雾气,不远处都只是模糊的轮廓。声音却不受雾气干扰。熟识的人们相互打着招呼,问年货办得咋样了。哗哗啦啦,浇水声。一块肥皂从谁的手中滑落,掉在地上,扑嗒,哧溜。咯吱咯吱,那是毛巾搓在身上的欢快节奏。声音们都在一起交缠。有一种声音突然滑脱出来,砰的一声,紧接着一个稚嫩的尖叫,妈呀!这声音太熟悉了,我和根生默契地交换一下眼神,是吕米。根生眼里立刻闪烁起兴奋的光芒。

我们找到吕米时,他刚刚从地上爬起来。他踩到肥皂,摔了一跤,现在正龇牙咧嘴地揉自己的屁股。看见我和根生,他高兴地说:"一个人没什么好玩,你们来了就好,咱去水里憋气吧,看谁憋的时间长。"根生没有理会他的友好,上前揪住他耳朵,问大礼堂里的字是谁写的。"什么字?"吕米一脸迷茫。根生说:"包小眼,是不是你写的?"吕米说:"包小眼,那是你爸的外号呀,不是我写的。你爸为什么叫包小眼呀?谁写的?那么大胆?打死他!"

我凑到根生耳边,出了一个鬼主意。根生嘿嘿笑,原本生气绷紧的脸松弛下来。根生的手从吕米耳朵上松开后,吕米也跟着嘿嘿地笑。两人互相望着对方的脸笑,嘿嘿嘿,都心怀鬼胎一般。我没有笑,我在看他们笑。

我们跳进水池,比赛憋气。一,二,三,然后一起下沉。根生捏着鼻子倏忽消失于水面,他的动作总是出人意料地迅速。第二个沉下去的是吕米,下沉之前他似乎瞟了我一眼。我动作最慢,不知道是不是戒备之心影响了我的速度。耳边响起呼噜呼噜的水声,一种与世隔绝的感觉让我惴惴不安。

我把头冒出水面,见根生已先我而出。根生正在把吕米的头使劲往水里按。吕米一定也很想出来,然而他不能出来。此情景下我没有上去帮忙,根生已经控制了局面,我上去也是画蛇添足。根生把身子也压上去了,借用身体的重量。吕米还是没有出来。不知道根生是不是在笑,我只看到他兴奋的后脑勺。根生的身子重重往下压,以至于圆滚的屁股也露出水面。咕咕咕咕,一串气泡从水里冒上来。吕米在水下出气吗?我思忖着。

突然,根生一个趔趄,身体失去重心,连头带屁股被水彻底淹没。吕米的头总算从水里露出来。啊扑——从他嘴里吐出一股水柱。他闭着眼,脑袋湿漉漉的像新生婴儿。他的脸盘又扁又平,似乎被刨子刷过,显不出五岳。这么一张平庸的脸,被他用手自上而下一抹,居然有了生机。嘎嘎嘎,他咧嘴笑了。

恼羞成怒的根生费了好大力气才把吕米捉到。吕米哭了。这次根生并没有怎样他,他却哭了。哭的声音很大,呜呜呜。大人们不耐烦地嚷道,滚蛋滚蛋。吕米的哭声更响了。根生咬咬牙,伸腿一绊,吧唧,吕米摔了个仰八叉。"包小眼——呜呜——包小眼——呜呜——"吕米趴在地上哭。

我从没见根生这么生气过,他默不作声,坐在池子边搓大腿上的灰。我不知道该怎样安慰他。过了很久,我们都没有说话。池子里的人越来越多,白花花的男性肉体晃来晃去。已经到了午饭时间,澡堂里该是人最少的时候,可大家都挑人少的时候来洗,结果人就多了。属于自己的空间一而再地萎缩。根生不耐烦了,把一条毛巾丢给我,示意我给他搓背。

洗完澡,我们回到更衣室穿衣服。根生的酒钱果然还在,一分都不少。根生很高兴,夸我的办法管用。其实我的办法一点都不管用,我不知道那件新衣服的主人什么时候离去的,如果他走得早,根生的酒钱就失去了保障。那人是什么时候走的呢?我抬起头,更衣室门口,一个人挑起门帘正要出去。他身上穿着那件崭新的军装。竟然是吕米。真不可思议。那件衣服在他身上显得太大了,几乎盖住膝盖。我怀疑起自己,真的是吕米吗?房间很大,我目光涉及的距离很远。似乎是故意的,他转过脸,千真万确就是吕米那张扁平的脸。

穿好衣服,我们离开了澡堂。回家的路上,我们顺便拐到南头的商店里,买了根生父亲要喝的酒,然后分手,回各自家里吃饭。我们约好下午去大礼堂滑冰。

我和根生都还记得,那天下午在大礼堂滑冰,吕米也来了,身后跟着一个女孩。女孩眼大,睫毛长,鼻子小,嘴唇红,走路的时候背后甩起一条细长的小辫儿,身穿粉红色碎花儿小袄,没有外罩。不对,我提醒根生,尽管我记不清她穿的是一件什么样的外罩,但我肯定她身上是有外罩的。不穿外罩的潮流后来才开始流行,当时她不可能那么超前。"每次都是你对,你就没有错的时候?"根生脾气上来,说,"这次你得听我的,即使你对,也得承认你错。粉红色碎花小袄,没有外罩。"根生眼里挂着血丝。我心一软,说:"好吧,就照你说的吧。"

那天下午,我家大人都在忙碌着。奶奶炸丸子,爷爷劈柴,叔叔和面,姑姑洗衣服。我父母也一定在忙,只是不知道他们在忙些什么。他们工作非常辛苦,没工夫照看我,逢星期天才接我回去团聚。照惯例,大年初一他们要回奶奶家拜年。

我把想念父母的心情给根生说了,根生说:"我也想我爸啊。我爸去安徽送白菜,大年初一才能回来。明天就能见到爸爸了,想一想,也蛮开心的。比起吕米,我们还有什么不能满足的?"

根生来叫我去大礼堂滑冰,他站在我家门前,手里抓着两个丸子。我尝了一个,是豆腐炸的丸子,味道虽不错,但毕竟是豆腐。吃着豆腐,鼻子里却闻到鱼的香味,奶奶正在厨房里炸鱼。那是我叔叔排队买来的小鱼,很小的鱼,有指头长短。拌上面,丢油锅里炸至金黄色,捞出来——这是我家过年饭桌上最惹筷子的一道菜。

根生在外面等着,我溜进了厨房。盆子里有炸好的小鱼,我伸手抓了一把。奶奶看见了，用手中的筷子敲我的手。奶奶嘟囔着说："馋鬼托生的，没等过年就被你吃光了，明天你爸回来，还吃个狗屁哩。"本来我抓了鱼就要跑开的，然而这时我爷进厨房来找磨刀石磨刀，出于对爷爷的敬畏我赶紧松开了手中的鱼。不过奶奶毕竟心慈手软，她夹起一条小鱼放我手里，说，吃吧吃吧，吃光了算完。我向奶奶提出要求，能不能再给一条？被拒绝了。我和根生两个人吃着一条小鱼，由于来之不易，我们吃得格外仔细。一边吃，一边来到了大礼堂。

到大礼堂时刚好鱼也吃完了，我抓一把雪擦手上的油渍。根生本来已经在屁股上抹手，看见我用雪擦，也抓一把雪擦起来。我忽然想起砖垛上的包小眼三字，便提醒根生，应该把字擦掉。于是我们来到砖垛前，用雪把字擦掉了。

大礼堂里有一条光滑的冰道，太阳一出，冰道上阳光反射，白花花地耀眼。把脸凑上去，能看到自己五官，能当镜子使。在厚厚的雪地上，我们一遍又一遍地滑行，人为地打磨出一条光滑的冰道。已经有几个家伙在滑冰，我们的加入使场面更加热闹。来之前，根生特意换上一双没牙底布鞋。鞋子旧了，鞋底防滑槽纹被磨平，我们称之为没牙底鞋。穿着没牙底鞋，根生稍一用力便一下子滑到冰道尽头，表情十分畅快而得意。我没穿没牙底鞋，滑得不远，只能到冰道的一半。我提出与根生换鞋，他答应了。我穿上根生的鞋，还没走到冰道起点，哧溜，摔了一跤。大家都笑我。其中一个叫乖娃的笑得最出色，他捧着肚子笑。当然，根生也笑了。可是在我眼里，根生的笑跟乖娃的笑是不同的。我恼怒起来，对着乖娃骂："你爹摔死了，你笑那么开心！"乖娃说："又不是我一个人笑，你爸才死了呢！"为了挣回面子，我过去揪住他，扭扯着想把他摔倒。脚下的没牙底鞋总让我控制不住自己的身体，因此，扭扯半天也没能把他摔倒。后来乖娃还是倒在地上了，是根生从后面把他绊倒的。

乖娃倒地之后，哭了。我们以为雪地上不会摔得很痛，把他拉起来，才看见下面有半截砖头。他哭着要回家。根生赶忙拦住他，从口袋里摸出几只爆竹,算是把事件平息下来。根生所做是对的。乖娃虽然好欺负,但乖娃的爸爸是不好惹的。我和根生都亲眼见过他曾把一个小偷绑起来,令其跪在地上,并用穿着皮鞋的脚踩他。那小偷企图偷他家院子里挂着的一只风干鸡,未能得手便被发现。小偷跪在地上,装出一副可怜相,不停地求饶。乖娃爸才不管他是否可怜,只是一个劲地往他身上踩,左踩一脚,右踩一脚,间或蹦起来踩一脚。看了那个场面,我和根生知道乖娃爸是个不能惹的人物。非但其父不能惹,就连其子也得三思而后惹,甚至干脆不惹。干吗要惹他呢,我和根生又不是傻子。

乖娃放了两个爆竹,哭声便渐渐止住。大家接着滑冰。我把鞋跟根生换过来,他穿上没牙底鞋,又开始在冰道上潇洒狂放起来,几乎变成他一个人的表演了。谁都没有他滑得好,没他造型奇特,没他速度迅捷。偶尔,他会摔一跤,不痛,跟没事似的,爬起来继续滑。他衣服上沾了地上的脏物,也不顾。有时候我不能容忍他不讲卫生的恶习,我觉得他至少应该掸去身上的雪,尽管他身上是一件过不多久就要换掉的脏衣。我想,他身上要是一件新衣的话,也会如此不知爱惜。想起新衣,我不禁又想起在澡堂里见到的那件崭新的军衣。穿那件新衣的人真是吕米吗?说来也巧,正这么想着,吕米却在大礼堂门口出现了。

吕米确实穿着那件新衣。

吕米手里还捧着一条半尺来长的鲤鱼。我有些吃惊,这么大一条鱼,就这样被他一个人吃?我打赌这条鱼一定是吕米从别人家偷来的。吕米有胆量偷东西,这点同样令我吃惊。我自己也弄不清了,到底他从哪弄的鱼呢?

鱼被炸得焦黄,鱼身上有几道裂痕,这是为了把鱼炸得更焦更透,炸之前用刀子把鱼身划破。鱼背上已经被吕米咬掉一口,皮里面嫩白的鱼肉往外冒着热气。许是被鱼烫到了舌头,吕米一个哆嗦,把嘴从鱼上拿开。他在咝咝地吸着凉气。似乎又不肯放弃,龇着牙,咬鱼背上的鳍。

吕米不是一个人来的,他身后跟着一个女孩。女孩身穿粉红色碎花儿小袄,没有外罩。她走路的时候,背后甩起一条细长的小辫儿。走近了,我们看到她眼睛大,睫毛长,鼻子小,嘴唇红,很漂亮,像商店橱窗里展示的洋娃娃。确实很漂亮,比我们班上最漂亮的女生还要漂亮。不仅漂亮,还洋气。这么洋气的女孩,似乎不属于我们这个小城,看上去像是大城市里出来的富家小姐。

大家都在看那女孩,似乎被她的容貌征服了。尤其根生,半张着嘴,涎着脸,一副无所适从的样子。对于我们的目光,她是不屑一顾的。她转过脸,把侧面留给我们,嘴里吧嗒吧嗒嚼着泡泡糖。她并没有用余光来扫我们一下,而是仰着头,目光落在大礼堂高高的尖顶。她头仰得也是极有分寸,神圣不可侵犯的架势,却不让人觉得孤高气傲。

吕米还在吃鱼。可能是上午澡堂里发生的事让他后悔,他从鱼身上掐下一块肉,去巴结根生。根生接过去,一口吃下。小心刺,吕米关切地提醒他。吕米也给我一块鱼肉,我摆摆手,没有接。我说:"我家有,不吃你的。"吕米坚持把鱼肉放我手上,我手一拨,鱼肉落在地上。吕米可惜他的鱼肉,弯腰捡起来,用嘴吹一下,吃了。

根生问吕米,女孩是谁?吕米说是他妹妹。我们不相信,吕米什么时候有个妹妹呢?妹妹可不是地里的麦苗,说冒出来就冒出来了。我和根生都没有妹妹。我很想有个妹妹,然而我就算有了妹妹,我妹妹也不可能像吕米妹妹这般漂亮,所以我有点庆幸,还是让我没有妹妹的好。吕米突然有了妹妹,像仙女一样的妹妹,这事实让人无法接受。

我看见根生朝女孩走过去了。我不知道根生想干什么。根生停在女孩面前,好像在问她是哪个学校的,上几年级等等一些无聊的话题。女孩白他一眼,又转过头去,不说话。根生很没趣地站着。根生朝我们这边回头出个怪相。"让她做你老婆吧!"人群里有人起哄。根生嘿嘿笑着,对女孩小声说了一句,不知说了什么,就见女孩把手从口袋里抽出来,照准根生的脸就是一个响亮的耳光。我不知道根生是不是很痛,有些耳光虽然很响,却不见得很痛。女孩的小手柔弱无骨,大概不会很痛吧。

根生被打之后愣怔了片刻,才对着女孩离去的背影叫道:"为什么打我,为什么打我?"看样子他还要追上女孩讨回公道。女孩的背影在门口一晃,消失了。

为了安慰根生,吕米又掰下一块鱼肉给他吃。根生要接吕米的鱼肉,把手从脸上挪开,于是我看见他脸上有四条粉红色的指印。没想到根生挪开脸上的手,不是去接吕米的鱼肉,他一把揪住吕米的胳膊,往冰道上拖。干什么呀?吕米叫道。滑冰!根生说。

我也上去拽住吕米的另一条胳膊,配合根生,把吕米拉上冰道。我和根生在冰道两侧跑动,吕米则在冰道上滑行,速度逐渐加快。"我的鱼,我的鱼!"吕米叫道。吕米的身子缩成一团,蹲着。越来越快了。根生朝我使个眼色,我立即会意,我们同时松手,失去依靠的吕米便在未知的冰途上毫无自我地漂流。冰道再长,也是有限度的。吕米就这么滑出了冰道,破浪之势却依然不减。他不能控制自己身体,用臀部和后背在雪地上无奈地盘旋。

吕米终于停下之后,根生跑过去,一下子扑在他身上,嘴里叫着,都来压,都来压,嗷!压人是我们经常玩的游戏,听根生这么叫,我们都扑了上去。通常,只要自己不是在最下面,都乐意玩这个游戏的。压别人的同时也被别人压着。下面被压的人总会挣扎后撤,抽出身来,再从上面压,像洗牌一样。但是那天,人堆散开以后,我们却受了一场大大的惊吓。

吕米趴在地上,好像死了。我不能接受死这个字眼,在心里想,也许他被压昏了。人没那么容易死的,昏迷却是常有的事。看吕米的样子,好像他真的死了。吕米就这么死了,那么谁是凶手呢?我们每个人都是凶手,都会被警察抓去,给吕米抵命。

吕米当然没有死。我们把他翻转过来,看见他紧闭的眼猛地睁开,并且一声大叫,把我们吓了个半死。"好哇,耍我们!"根生又扑在他身上。压,压死他!大家狂叫着,一窝蜂地压了上去。吕米在最下面,根生在吕米上面,我在根生上面。压了一会儿,我感觉根生抽身出去了,我身下紧贴着吕米。又压了一会儿,我也抽身出去了。我不知道在我身后替代我位置的是谁,我背上不可能长出眼睛。我提一下裤子,紧一紧皮带,压在最上面。我下面仍然是根生。我上面也有人压上来了,我仍然不知道是谁。一个一个地抽,一个一个地压。我感觉我又贴到吕米了。这次我没有往外抽身。我认为吕米已经死了。他一直在下面,那么久,肯定已经死了。我原来是贴在一个死人身上的,想一想不禁毛骨悚然。我身子往上拱,想让我的身体与吕米的身体之间有一些空间,我不能忍受和一个死人贴得如此紧密。然而我是徒劳的,上面压力太重。

终于散开了,吕米像上次那样,一动不动。

我对根生说,吕米死了,这次真的死了。根生无法抑制地笑着,两手放膝盖上,大口大口地喘气。他不像我那样惊慌。他过去用脚在吕米小而翘的屁股上跶,嘴里说:"装死,装死,让你装死!"吕米的身体在他脚下颤动着,像一块嫩豆腐。直觉告诉我,吕米是真的死了。他死了!我大声叫着。

生命是很脆弱的。吕米的生命以及我和根生的生命,都是脆弱的。世上任何人的生命都是脆弱的。

死亡让我们感到恐惧。

除了我和根生,杀死吕米的其他凶手们都逃跑了。根生本来也要逃,但是我制止他说,不能逃!我知道我们无处可逃。我对根生说:"你在这看着,我去叫吕米的母亲来。"根生不同意我去叫吕米的母亲,他说:"你在这看着,我去叫。"我们都不愿意独自陪着一具可怕的尸体。

大礼堂里到处都是白色的雪,白色的雪中,有我,有根生,还有吕米。如果吕米真的死了,那么这句话就应该说,大礼堂里到处都是白色的雪,白色的雪中,有我,有根生,还有吕米的尸体。

吕米并没有死,他被我们压得窒息,暂时昏迷。他醒了,睁开眼,从地上坐起来。看见吕米醒过来,我很惊奇,张大了嘴,呆立着。根生也很惊奇,原本坐着的身子跪起来,用膝盖往吕米身边爬。雪在根生膝盖的重压下发出咯吱咯吱声。

根生用手揉一下吕米的头,张张嘴,想说什么,但没说。吕米好像刚睡醒一样,迷糊着脸。"我的鱼呢?"他皱着眉头,像是问根生,又像是问自己。这时我也想起吕米的鱼,是啊,吕米的鱼呢?只顾疯闹,把吕米的鱼给忘了。我拿眼睛在白皑皑的雪地上搜寻。在吕米的提醒下,根生也开始搜寻吕米的鱼。我和根生,我们谁先发现吕米的鱼,是件说不清楚的事。也许我先发现,也许根生先发现,也许我们同时发现。我看见了那条鱼,我没有动,仍然在原地呆立。有一瞬间我产生了去捡鱼的念头,但我克制住了。我呆呆地看着根生跑过去捡鱼,那鱼就在不远处,只剩下一副光溜溜的骨头了。谁吃了吕米的鱼?

一阵鞭炮声打破了世界的冷清,紧接着,一阵又一阵的鞭炮声此起彼伏。鞭炮声告诉我们,晚饭时间到了,得赶快回家吃饺子。按我们风俗,除夕夜家家户户要吃饺子的。吕米在鞭炮声中显得有些慌乱,他站起来,不顾一切地往家跑,好像回去晚了就没饺子吃了。他跑得真快,像一只兔子。吕米一跑,我和根生也突然醒悟,也跟在吕米屁股后头往家跑。一路上只有我们三个奔跑的身影。

除夕夜降临了。

吃过除夕夜的饺子,我从屋里出来,会同根生一起放花炮。吕米也参加了,我们三个一起放的花炮。放完花炮,我们去了吕米家。我们看到吕米家有个男人,一个我们从没见过的男人。他穿着一件深蓝色毛呢中山装。中山装上有四个口袋,左上衣袋里别着两支钢笔,从笔帽上看,一支银白色,一支金黄色。说不清是中山装更笔挺些,还是人的模样更笔挺些。中山装上面的风纪扣敞开着,显出一个挂在瘦长脖颈上的喉结,好像脖子里藏着一枚核桃。按说这样一个男人,头顶通常会有一顶鸭舌帽的,深蓝色也好,灰白相间也好。根生说,他头上有一顶鸭舌帽。根生喝醉了。对往事的记忆不论出现多大偏差,都无法影响感情的真实存在。吕米家的男人,一个在自己家享受天伦之乐的男人,头顶上是不会戴着帽子的,不管是鸭舌帽,还是别的什么帽。他的发型是三七分。

除夕夜里,最有趣的是放花炮。叔叔早就给我买了许多花炮,浏阳花炮。根生的父亲也给他买的有,但他的花炮从数量和档次上,都比不上我的。我们先是去后面一排平房看别人放花炮。看过了小剑的,又看陈三的,还看了鲁杰的。看着别人的花炮,我和根生好几次都忍不住要回家放自己的花炮。我们克制着,要把最好的留在后头。

一支支花炮喷发着绚丽的光彩,照得人脸花花绿绿。一支完了,一支未放,我们就在这个间隙里往地上和墙上摔摔炮。

我们看见吕米也在人群里看花炮,他脸上一副不屑的神情,不时地摇摇头,好像那些花炮太差,不值得一看。我们知道吕米没有花炮,每年除夕夜放花炮时,他都引起我们无限同情。可是同情之中又有更多的气愤,他从不把我们的好东西放在眼里,尽管他心里羡慕得要死。他总是对我们抱有敌意,好像我们生下来就喜欢欺负他似的。这世上哪来那么多欺压啊?其实从内心讲我们是愿意把他当朋友的。很多情况下,是他自讨苦吃。

他甚至连一支旗火都没有,他只会放一些小蚂虾似的爆竹。我跟根生商量好了,我们每人送给他一支旗火。这个除夕夜是充满祥和的。吕米接过我们的旗火,神情有些受宠若惊。他面颊上的皮肉往上吊起来,一张扁平的大脸似乎在笑。根生手把手教他如何用大拇指和食指夹住旗火,既不能太紧,也不能太松。吕米的胆子很小,说什么也不肯用手拿住旗火放,最后他把旗火插在雪堆上,一支一支点燃放了。

我、根生和吕米,我们三个回到我家门口放我的花炮。叔叔嘱咐我,不能一次放完,要余下一部分留在元宵节放。我把八支花炮分成两批,一批五支,马上放,另一批三支,留给元宵节。可是后来实在忍不住,就多放了一支。那天我一共放了六支花炮。最先放的是一支比较小的,叫"小调皮"。嘀——嗖——啪!很快结束了。根生我们都呵呵笑了,很开心。问吕米,好看吗?吕米却说,什么呀,这么快就完了,不好玩。我也没说什么,因为这支的确太快,没劲。第二支放的是"5响信号弹"。咚!咚!咚!咚!咚!五枚火球依次从信号筒里喷出老高,有的落在房梁上,映得红瓦格外鲜亮,也有的打在树枝上,火星乱溅,甚是令人担忧树被点燃。放完之后问吕米,好看吗?见吕米脸上依然无动于衷,淡淡的不以为然的表情。不知为什么,我那么在意吕米的态度。见他这样,我有点生气。我又开始讨厌他了,他心里明明羡慕得要死,为何如此嘴硬。好吧好吧,我再放一支更好的,让他知道花炮的魅力。我相信绚丽的色彩一定会让他又臭又硬的嘴巴屈服。

第三支花炮是我所有花炮当中档次最高的,名叫"火树银花",花了六毛三买的。这支花炮与别的花炮最大不同点是有两条引信,如果一条熄灭,还有另一条备用,双保险。是啊,这么贵的花炮,不能燃放的话会把买家气晕的。

火花喷出来了,先是很矮,继而猛地上扬,刺刺啦啦,五彩缤纷,真的好像一棵树一样!那么小的一只盒子,变戏法似的往外喷出一棵树。足足持续了有一分多钟。放完之后,我把那只精美的空盒子捡起来,不舍得丢。大家都说,这六毛三花得值。我想起吕米,这下他不可能再嘴硬了吧。

这时候才发现吕米不见了。问根生,根生也不知道他什么时候不见的。一定是躲起来难过去了。我有点失望,没能看到吕米那张被花炮征服的脸。想起在我们最开心的时候吕米只有躲在一边难过,我不禁对他生出一丝同情,不过,接下来的花炮让我很快把吕米以及吕米的不幸丢在了一边。

放完我的花炮,该放根生的花炮了。根生的花炮当然要在根生家门口放。家人不允许我们拿着花炮去别人家放,放花炮似乎是一种脸面的象征,似乎谁家放的多,放的好,谁家的日子就好过一些。

路过吕米家,我们看见他家门紧闭着,没有半点节日的气氛。他家向来都是这样的。吕米呢,一定在家里闷闷不乐地看电视吧。

根生的花炮只有三支,受我的启发,他只放了两支,余下一支留给他父亲回来放。他先放了一支"手枪"。可能是买到了隔年陈货,那枪里的火花往外喷射得不怎么热情,断断续续,像是什么东西堵住了枪眼。根生骂一句卖炮的,把放过的手枪壳丢进门前的水沟里。接着他放了一支"信号弹"。他把手举得高高的,对准黑洞洞的天空。等了许久,仍不见火球出来,竟是一支哑炮。根生似乎是心有不甘,举着的手始终不肯放下。就在这时,我们身边猛然间一声闷响,从地面爆发出一束耀眼的光亮,直射天空,那光亮随着上升的高度,愈来愈亮,直到把整个天空都点亮了。

这就是吕米的花炮,这支花炮名叫"太空奇迹"。那晚吕米一共放了十几支花炮,我估计,每支花炮的价值都在一元钱以上。有一支"孔雀开屏",有一支"群蛇乱舞",有一支"富贵吉祥",有一支"全家福",还有许多叫不上名字的。

吕米家门口,吕米的母亲倚靠在门框上,看吕米放花炮。她身边还有下午见过的女孩,那个比洋娃娃还漂亮的吕米妹妹。吕米的母亲脸上是平静的表情,可我老觉得她始终在笑。

吕米放完花炮,邀请我们去他家里,他要送我们每人一支"降落伞"。我和根生也没有拒绝,忘记了拒绝。我们迈着机械的步子,跟在他身后,进了他家。

我们看见了一个陌生的男人,他正坐在吕米家的椅子上看电视。电视里播放着中央电视台春节联欢晚会。他面前的茶几上摆着两样小菜,一叠牛肉,一叠花生米。有一瓶酒,一块八毛七的宝丰酒。有一包香烟,大前门牌。他身上穿着一件深蓝色毛呢中山装。中山装上有四个口袋,左上衣袋里别着两只钢笔,从笔帽上看,一只银白色,一只金黄色。按说这样一个男人,头顶通常会有一顶鸭舌帽的,深蓝色也好,灰白相间也好。然而他头上没戴帽子,他的发型是三七分。于是我在屋里搜寻一下,果然发现衣架上有一顶鸭舌帽。鸭舌帽旁边挂着一条围巾,米黄色,上海货。屋里的光线柔和而明亮。我发现吕米身上的新衣比白天见到时更新了,下午在大礼堂弄上的污垢不复存在。我不禁迷惑起来,难道吕米有两身新衣?

吕米的母亲往我们口袋里塞糖果的时候,我们实在无法忍受,从吕米家仓皇逃出来。吕米家的门又闭上了。我们站在门口,望着他家沉寂的门,难以想象,这样一道门里面是那样一派温馨的情景。不知道根生心里怎么想,反正我心里有点难受,说不清怎么回事。我和根生什么话都没说,默默地分手。

回家的路上我把吕米送我的"降落伞"丢进下水沟里,我家人不许我拿别人东西,尤其是吕米的东西。我家人不止一次告诫我,吕米的东西说什么也不能拿。

回到家里我就睡了,一天的兴奋和开心就此结束。

第二天大年初一,当吕米一家人一路欢声笑语去逛公园的时候,根生家却传出幽幽不绝的哭声。根生父亲出车祸,再也不能回来了。由于根生的不幸,我不禁担心起自己的父亲。还好,父亲在中午吃团圆饭时总算是回来了。我没见到母亲,那时我还不知道他们已经离婚。

二十年来,我和根生每次提起那个大年三十,都是我们把酒对饮之后。记忆与事实出现偏差,时间把细节抹平。留在记忆里的往事越来越淡,却是越来越深,以至于我们不得不把往事一再提起,却又不得说个明白。而记忆中曾经深刻的东西,比如吕米一家人的过年新衣,如今也只能说个大概了。

俯　　瞰

一

  电话里,马老板告诉我一个坏消息,他说李经纶要跳楼。李经纶为什么要跳楼,跳楼的原因和动机是什么?这一切都来不及细说,要紧的是赶快去现场解决问题。马老板给我下达了两个任务,一是劝他不要跳楼,二是如果劝不住,我得去帮他收尸。

  从屋里出来,阳光亮得耀眼,空气冰冷,这是一个干巴巴、硬邦邦的冬季。临近春节,到处都是流动的人,我骑着电动车,拐进南关大街,再也不能往前挤进半寸。李经纶跳楼的位置,在时代购物中心大楼上。不知道是不是李经纶跳楼事件引起的,原本拥挤的路段更加水泄不通。在我小时候,这里是城市的郊区,宽阔的路面经常有骡车飙过,洒下一串哗啦啦的铃声和骡马的粪便,孩子们骑着自行车,在铃声和粪便后面追逐嬉戏。后来,时间改变了这里,楼房越耸越高,街道越扩越窄,学校、医院、银行、商场覆盖了麦田,城市侵吞了农村,终于,这里变成了全市最热闹、最繁华的购物、餐饮和娱乐中心。

  这里的路越来越不好走了。我换个方向,从北边的大同街拐到西边的胜利街,那里有学校和广场,路会好走一些。但是,当我到了西边的胜利街,正赶上学生上学,汹涌澎湃的人流把我挤在当中,我只有穿过小巷绕到南边的白庙街。白庙街是一个城中村,我凭借对地形的熟悉,在迷宫般的巷道里寻找出路,迂回曲折,总算到达了李经纶跳楼的位置。

  我看到李经纶高高地站在上面。我费了好大劲,数清楚那个位置在十七层之上。时代购物中心主楼一共有二十三层,观光电梯有十七层,李经纶就站在观光电梯的最顶端。观光电梯还在运行,它是玻璃做的,是一个方柱型的透明体,可以看到电梯里面的乘客或升或降,或进或出。在我周围,人们在议论。我听到有人打赌,赌上面的人会不会跳下来。很多人在拍照,发微信。有人在猜测跳楼的原因,是为钱,是为权,还是为女人?

我没有直接上去劝李经纶,而是先与马老板汇合。我在马老板的办公室里见到了他,他坐在茶几前,泡着一壶工夫茶。马老板看看表,埋怨我说:"你骑的蜗牛吧,骑蜗牛也不至于这么慢。"

我回答说:"我倒是想快,路都给堵死了。"

马老板说:"你先出面劝一劝,看他到底想要什么,只要不太离谱,我都能接受,你知道的,我不会让他轻易跳下去。"马老板给我斟了一盏茶。我点上一支烟,走到窗前,看下面的街道。马老板的办公室在九楼,他喜欢这个数字。马老板是万通集团的老板,旗下有运输公司,有房地产公司,有全市升学率最高的学校,还有这座颇具规模的时代购物中心。我站在马老板的办公室里,看到下面有几个交警在疏通道路,那些道路刚被扒开一个豁口,很快又给堵死,交警似乎也无能为力。

我对马老板说出了我的想法,我觉得李经纶不是要跳楼,他只是喜欢爬高,他喜欢在那种危险中来展示自己的勇气,就像那些极限运动者,有的喜欢飞翔,有的喜欢攀岩,有的喜欢冲浪,而李经纶则是喜欢爬高。对于我这观点,马老板不置可否,他给我讲了一件事情。

这几年,每到春节,李经纶都会去找马老板要钱。李经纶不是为自己要钱,而是为家属院里几户困难家庭要钱。这些困难户都曾经对李经纶有过帮助,现在他们日子难过,李经纶就想尽自己能力去照顾他们。李经纶是一名水暖工,普通的一份工资要养活自己,要供养儿子上学,没有多余的钱来照顾邻居,只有找财大气粗的马老板要钱。一开始,马老板十分爽快,要李经纶造个预算,公司发员工福利的时候多加几份进去。后来马老板就开始刁难李经纶,因为李经纶总是趁着要钱的机会提及那些陈年往事,说人不能忘本,不能贪心,不能坏了良心。李经纶没有文化,脑子比一般人迟钝,说话硬邦邦地噎人。马老板如今是有身家的人,习惯了别人对他毕恭毕敬的态度,再让他听李经纶这样唠叨,根本无法接受。马老板就想治治李经纶,故意找些理由刁难他,几番刁难和戏耍之后,才把购物卡、代金券、米面油之类的福利发给他。马老板不在乎这点钱,也愿意帮助困难户,他只是看不惯李经纶的态度。李经纶不通人情世故,不明白马老板的意图,误以为马老板已经变得为富不仁。几天前,李经纶又来要钱,跟马老板发生了口角,马老板一怒之下拍了桌子,外面保安跑进来,把李经纶从办公室里扔了出去。

马老板觉得,这是李经纶跳楼的主要原因,李经纶是想通过跳楼,逼迫他投降。

这是马老板的认识,我觉得不是这样,我说出了我的认识。

对于李经纶,我有个认识,我觉得他不是要跳楼,也不是要逼迫谁,他爬那么高,是为了俯瞰这个世界。这个认识,出于我对李经纶的了解。我和李经纶从小就认识,我们是邻居。我、马老板、李经纶我们三个都住在运输公司家属院。那时候我们不知道他叫李经纶,他的家人喊他"李四",我们则习惯喊他的绰号——"挠尼"。我不知道这两个字该怎么写,只能按读音,把它写成"挠尼"。

童年时期的挠尼,我无缘得知,我所记得的,是十四五岁游手好闲的挠尼。听别人说,挠尼曾经上过五年学,勉强上到了小学三年级。挠尼整日无所事事,在街上游逛。他经常爬上路边的水塔,朝下面丢掷土坷垃,攻击我们这些放学回家的孩子。有一次,我被突然飞来的土坷垃击中脖子,我捂住痛处,转过头,看到挠尼站在高高的水塔上。挠尼身后的背景是湛蓝的天空,他瘦高的身影遮挡着丝丝飘浮的白云。那座水塔有几层楼高,站在上面,一定能看到很大的风景,这使我不由得心生羡慕。我身边的同学们大声喊着"挠尼",以此来羞辱他,把他彻底激怒,然后一哄而散。我忘了奔逃,呆呆地站在原处。挠尼爬下水塔,冲到我身边,伸手一推,把我重重地摔在地上。挠尼撒开腿,又去追剿那些逃跑的孩子。挠尼长着两条罗圈腿，跑起来的样子十分滑稽。他还有抖的毛病，两只手拿东西的时候倒还正常，空手的时候，经常无缘无故地发抖。这些毛病为他带来了人们的歧视，没有人愿意接近他，一直以来他都是独来独往，没有一个朋友。也许是这些原因，使他变成了喜欢欺凌弱小的坏人。

挠尼经常爬到水塔上，有时伏击路过的孩子，有时神情木然地站在上面，有时却悠闲地坐在上面抽烟。每次经过那座水塔，我都禁不住抬头看看有没有挠尼的身影。我从小是有恐高症的，站在高处，双腿发紧，寸步难行，唯恐掉下去摔死。我从来没有上过那个水塔，我们家属院这帮伙伴们，没有人能爬上那个水塔，除了挠尼。挠尼天生不怕高，他一定觉得那个地方十分安全，所以才敢爬得那么高。

现在李经纶站的高度，比当年的水塔要高出几倍，我觉得他不是要跳楼，而是喜欢爬高。我把这个想法告诉马老板，我想让他放下心来，不要担心李经纶会从楼上跳下来。马老板说："这种人，耍起二杆子，谁也拿他没办法，你去跟他好好谈谈，看他究竟什么目的，一定要好言相劝，别真跳下去就麻烦大了。"

二

十八楼有一间杂物室，堆放着水暖材料和维修工具。我进去的时候，屋里守着一帮人，有购物中心副总汤，有行政部杨经理，还有南关派出所的所长和两个民警。杨经理向我简单介绍了情况。杂物间里有两扇窗，当初的设计和安装，按照安全规定，窗子只能打开一半，人无法从窗子里钻出去。杨经理说，李经纶对其中一扇窗进行了破坏，使窗子可以完全打开，李经纶就是从这扇窗子爬出去，跳到了十七层的观光电梯上。

窗子完全敞开着，透过窗子，可以看到李经纶的半个脑袋。李经纶仿佛是悬在空中，背对着窗子，正在用打火机点烟。我走近窗台,把头伸出去,看下面街道。只看一眼,我便懵了,两腿猛然发紧,要命的恐高症来了。仅仅是趴在窗台上,人还在坚实的房屋的庇护下,那种危险的感觉已经无可阻挡地袭遍全身。我缩回头,目光扯向远处,两手死死抠住窗台,差不多一分钟后,渐渐适应了这种高度。我嗓子里哼了两声,以引起李经纶的注意。李经纶转过头,看见是我,对我招了招手。我不知道他什么用意,难道是让我过去?

我问李经纶,今天天气不错,上面风大不大?

李经纶抽了口烟,烟从嘴里冒出来,随即在空中消散。从烟的消散程度判断,风不大,只是有一点点风。李经纶抽了一口烟,然后说:"你跟马富强走得太近没有什么好处。"李经纶始终是一个不会说话的人,他发音模糊,词不达意,听他的话只能听懂三成,另外部分要通过分析和猜测才能理解。他总是把"马"说成"模",把"富"说成"糊",把马富强说成"模糊墙"。

因为恐高,我想尽快结束这种置身于危险境地的谈话。我对李经纶说:"吕婶他们的福利我已经帮你领出来了,你赶快上来,跟我一起去办年货。今天腊月二十六,再不办年货就来不及了,逼近年关,东西一天比一天贵,贵得要死。"

李经纶说:"马富强有这么好心吗?他早就忘恩负义了。"

我说:"马老板不是那样的人,这些年他一直在照顾我们。"

李经纶说:"马老板,狗屁的马老板!吕国梁得癌症死了,刘耀民被人打瘫了,黄鑫吸毒也快完蛋了,你们这帮人,他照顾过谁?他人模狗样地当起老板了。"

李经纶说的这些人,都是我们家属院里的孩子,从小我们就在一起玩,后来长大了,各自有各自的经历,他们的不幸确实使人心痛,但这又能怨得了谁,自己的命运自己还把握不住,何况别人。路是自己走的,自己作死,老天也没有办法。李经纶不该把这些归罪于马老板。我知道他们之间是有矛盾的,这些矛盾不容易解决,但在这个要命的关口,不是讲道理、说大话的时候,我必须稳住他的情绪,免得他激动起来从电梯上飞出去。

看样子，李经纶没有上来的意思。我也抽支烟，趴在窗台上跟他闲聊。扯开话题，又说起年货。我问李经纶，打算给吕婶他们买些什么东西？李经纶说，羊肉已经送去了，每家一只羊腿，准备再买些鸡、猪肉、草鱼、豆腐、莲藕、菠菜，今年打算在家里过油，把东西炸好，饺子馅盘好，再给他们送去，他们一年比一年老，办年货是要下力气的，他们已经没有太多力气了。

我提醒他说："冯庄有一家卖土猪肉，价格也不贵，我可以带你去买。现在的东西怎么吃都没有以前的味道，猪肉更不用说。"

李经纶说，鱼也不行，喂的避孕药。

我说，就是。我呵呵笑了。李经纶没有笑，他不喜欢笑。在我印象中，他从未笑过。我觉得他的心情应该是有了一定的缓和，他喜欢聊这些轻松的话题。我们认识有近三十年，熟悉彼此的生活和经历，但我们称不上朋友，也从未有过亲切的交谈。我们这帮伙伴们，总是排斥他，孤立他，没人愿意做他的朋友。有些时候他找理由接近我，希望像朋友那样聊聊天，当我发现他的意图，立刻觉得很不自在，我既不愿接受他又不忍拒绝他，我总是板起生硬的脸孔，一副轻描淡写的样子，内心却紧张着，慌忙地躲开。有时候，我对他产生一些同情，看到他满怀爱心地对待儿子或是照顾老人，我还会生出一些赞赏，但这些都无法拉近我们之间的距离。

李经纶是孤独的，这是事实。他小时候的经历注定了他的孤独。

说起小时候，我更愿意用挠尼这个称呼。挠尼出生在一个工人家庭，他父亲做过运输队队长，是公司的标兵，曾经风光一时。挠尼出生那一年，父亲跟一个年轻女工钻进废弃的防空洞里偷情，被人抓了现行。挠尼的母亲一时想不开，抱着半岁的孩子跳井寻短见，人捞上来，大人已经救不活，孩子命大，倒是活了下来。那时候的女人总爱寻短见，好像这是对付男权社会唯一的制胜法宝。我们家属院寻短见的事情时有发生，有跳井的，有卧轨的，有喝农药的，但我印象中没有跳楼的，那时楼层低，跳下去怕摔不死，落个终身残疾就更加不值。

挠尼被人从井里捞上来，人是活下来了，却落下许多毛病。智力障碍、神经障碍、语言障碍、性格障碍，最要命的，是打摆子，手经常无缘无故地抖，有时脖子也会猛地一抽，给人一种僵化、迟钝、错位的感觉，像是机器缺少零件，运作中突然卡壳。挠尼这些毛病，其实都不算大的障碍，正常人能做的，他都能做，唯独打摆子的毛病，让人觉得十分怪异，甚至恐怖。挠尼慢慢地长大，他很孤独。有人欺负他，他就怒视别人，打得过就打，打不过就掂刀拼命，有时在夜晚砸人家窗玻璃。后来没人欺负他了，没人敢惹他了，他倒学会了欺负别人，欺负我们这些弱小的孩子。

有一年夏天，我们去霸陵桥游泳，没有发现挠尼在后面尾随。到了桥边，我们脱光衣服，扑扑通通跳下水。挠尼在岸边抱起我们的衣服，把口袋搜了个遍，吕国梁的两毛钱被他搜走了。吕国梁心疼他的钱，急得哭起来，又不敢上岸去讨要。这时候，马富强出了个主意。马富强说："挠尼尽管可怕，但他是个旱鸭子，咱们一起冲上去，把他推进河里，灌他个半死，给他个教训。"与挠尼进行正面对抗，这是我们从未想过的。他的可怕之处在于，一旦惹怒了他，他会对你穷追猛打，进行无休止地报复和纠缠。我们待在水里，没人敢爬上岸去。马富强说："既然不敢反抗，我们就骂他，好歹不能便宜了他。"于是我们开始喊"挠尼"，喊当时流行的一句顺口溜"挠尼挠尼不要脸，端着尿盆洗洗脸"。

挠尼果然生气了，往河里投石子。我们飞快地游到对岸，避开挠尼的攻击。挠尼并不罢休，绕着桥追过来，我们很快又游回这岸。挠尼追了两趟，累了，坐在河边嚼草根。我们在河里继续玩耍，把挠尼抛在了脑后。只有马富强，对挠尼念念不忘，决心要给他一点颜色瞧瞧。谁都没有想到，马富强做出了一件惊人之举，他悄悄绕到挠尼身后，猛地把他推进河里。

当挠尼发现危险时，已来不及做出任何防范，我们看到他企图抓住什么，他的手臂在马富强光溜溜的大腿上滑过，然后整个身子像皮球一样滚下河堤，扑通一声落进河里。我们知道挠尼不会游泳，担心他会淹死。事实上，我们的担心是多余的，我们发现，挠尼居然会游泳,他在落水之后,很快冒出头来,在水中连扒带刨,迅速接近岸边,爬上了岸。

挠尼趴在岸边,哭起来。他的嗓门很大,像驴叫一样,哭得很悲惨。挠尼从小就怕水,也许是落井的经历,使他对水有一种难以摆脱的恐惧。那天下午,挠尼没再对我们耍野,没有对马富强进行报复,他完全陷入恐惧、悲伤和委屈当中,从一个凶神恶煞变成了惊恐无助的婴儿。这个事件的发生,其结果是马富强成为我们当中的英雄,成为正义的化身,每当挠尼再来欺负我们,他便挺身而出,制止挠尼的恶行。在我们家属院里,挠尼唯一惧怕的就是马富强。三十年过去了,如今马富强成了马老板,挠尼成了他手下的水暖工。

在十七层楼高的电梯上,李经纶又点燃了一支烟。李经纶往窗台这边走了两步,给我递来一支烟。电梯的顶端是几平方米大小的平台,它是玻璃做成的,具有百分之百的透明度。李经纶的移动空间极其有限,每走一步都让我感到惊心动魄,担心他会一脚踏空。记得有一年去旅游,一个旅游景点在悬崖峭壁上搭建了一条玻璃栈道,人走在上面像是行走在空中。在玻璃栈道前,我退缩了,没有勇气走上去,也注定没有资格领略最美的风景。人都有自己的弱点和强项,李经纶怕水,却不怕高,如果他走上那条玻璃栈道,我想他一定会步履矫健,行走如飞。

我鼓足勇气,把身子往外探出一些,伸长胳膊接过李经纶递过来的烟。高空危机感引发我的生理反应,让我禁不住双腿发紧,有种小便失禁的感觉。撤回身子,我想我看到了什么。我看到了渺小而密集的人群,电梯下面,消防人员在周围布置救生气垫。

李经纶也看到了救生气垫。李经纶不解地问我:"他们在做什么?"

我告诉他:"那是救生气垫,如果你想不开,真跳下去,可能还死不了。"

李经纶说:"我为什么要跳下去,你以为我想自杀?"

我说:"如果不是自杀,就赶快上来,万一掉下去就活不成了。"

李经纶说:"等我心情好的时候,自然就上去了。"

我提醒他说:"你还有儿子,你死了儿子怎么办?"

提起儿子,李经纶的脸色有些难看,嘴里嘟囔了一句什么。我听不清他嘟囔些什么,从他的表情和语气里,我想他是在埋怨儿子,表达着对儿子的一种失望。发生这件事的原因,也许跟他儿子不无关系。

我问李经纶,儿子上高二了吧?

李经纶回答说,是的。

我说,真快,明年就该考大学了。我正要再问他儿子上学的情况,忽听外面一阵骚乱,进来几个警察。其中一个像是领导模样,手里拿着对讲机。我听到派出所的人喊他魏局。魏局来了之后,命令手下去跟李经纶谈判。我想向魏局解释一下,李经纶不是要跳楼,他是心情不好,在外面散散心,他自己会上来的。但是话没出口,我就被一名警察从窗台前拽到了一边。我只好站在旁边,看他们去跟李经纶交涉。

警方的做法,跟电影里看到的差不多。一位经验丰富的老民警对李经纶先是好言相劝,然后说了一通跳楼的利害关系。比如要过年了,正是一家人团聚的时刻,不能让儿子没了爸爸,不能让朋友们在过年的时候去给他送花圈。在说到利害关系的时候,老民警声色俱厉地说:"你知道吗,你的行为已经严重扰乱了社会治安,给社会造成了巨大损失,因为你一个人,让大家都过不好年,你想清楚,给你五分钟时间,现在回头还来得及,不要逼我们采取强制手段。"

老民警每一句话都让我听得心惊肉跳。我觉得他不了解李经纶,如果了解,他不会说出这样的话。在李经纶的概念里,没有对待社会的责任感,说这些对他都起不到作用,反而会引起他的逆反心理,尤其那些严厉的警告,很可能会激起他的反叛和暴动。

我看到李经纶背对着窗子,嘴里不知嘟囔些什么。我了解他这个毛病,他遇到不喜欢的人,总是不理不睬,如果非说话不可,也是背对着人,自言自语,不管对方能不能听懂。我听到他在跟老民警争吵,嗓门不高,却在表达自己的愤怒。从他模糊的声音里,我只听出"老子怎么怎么样"之类的话,我想他大概是说,老子哪里犯法了,老子在这里凉快,跟你们没有半毛钱关系。

老民警不卑不亢,沉着应战,但李经纶犯起倔脾气,丝毫不买他的账,第一轮交涉以警方失败告终。老民警冷静地撤下来,接过同事递上的水,咕咕咚咚喝几口。

趁警方休息并重新部署的空当,我凑近窗子,去看李经纶。刚到窗子边上,突然听到楼下人群一阵骚乱。我赶紧伸头去看,原来是李经纶朝下丢了一只空烟盒,把人们吓了一跳。我把自己的烟丢给李经纶,烟是稳定情绪的好东西,李经纶需要烟。李经纶接过烟,说了一声"回头还你"。我说:"这么多人看着你,好意思。"李经纶不吭声,盘腿坐下抽烟。

魏局的对讲机里传来话说,消防气垫铺设完毕,又传来话说,救护车无法进入现场,道路堵塞严重。魏局在对讲机里骂了人。眼看要过年,摊上这种事,谁的心情都好不到哪去。现在网络媒体发达,如果处理不当,真跳下去,传到网上,那些舆论是可以让人丢掉饭碗的。魏局慎重起来,问谁是商场的负责人。汤总站出来,魏局说:"你们马总呢,马富强呢,出这么大事,他还不到现场?"汤总说,马总不能出面,怕激化矛盾,暂时回避了。魏局说,躲起来也好,躲起来也好。

魏局召集相关人员开会,我作为万通物业公司副总,参加了会议。会议就在杂物间里举行,没有桌椅,都站着。会上,魏局提出要求,下午五点前必须妥善解决,过了五点,不论是人上来,还是人下去,都必须清场。随后,消防支队一名武警军官陈述了解救行动的方案,大致做法是,派两名勇敢的消防队员,腰里绑上安全绳索,到电梯上去把李经纶捆上来。对于这个做法,一部分人持反对意见,觉得还是以劝解为主,尽量避免危险发生。最后魏局做出决定,五点之前暂不采取强行措施,尽快通知当事人家属到现场劝解。

我看看时间,还有一个多小时。李经纶大概是两点时候上去的,在上面待了近两个小时,应该也很累了,说不定到不了五点,自己就会爬上来。李经纶在电梯上面,站累了就坐下休息,我们在杂物间里,连张椅子也没有,只能站着。时间久了,腿酸了,人乏了,有些人借故上卫生间,溜出去,找地方歇脚去了。屋里冷清下来,剩下杨经理和一个小民警,坐在杂物堆里玩手机。

就在这个时候,李经纶的儿子出现了。

三

李经纶没有别的亲人,只有一个儿子,叫李帅。我们知道,李帅不是他的亲生儿子,是他姐姐的孩子。李经纶收养了这个孩子,刚开始的时候,孩子喊他舅舅,后来孩子到了上学的年龄,才改口喊他爸爸。李经纶一直未娶,他是在邻居大婶们的帮助下,把孩子抚养长大的。

看到李帅的时候,我们经常会想起他的母亲李美仑,她是我们家属院出了名的美人,同时也是一个远近闻名的放荡女子。她长得漂亮,有一双勾魂摄魄的大眼睛,还烫了一头波浪似的披肩发。她总是跟社会上的不良青年混在一起,喝酒打牌,有时彻夜不归。不知什么原因,越是这样声名狼藉的女人,在我们这些少年心中越是具有不可抗拒的魅力。我们喜欢偷偷看她的背影,喜欢在她面前紧张而慎重地经过。我们在背地里偷偷谈论关于她的风流韵事,嘴里面说着猥亵的脏话,心里却把她当作高不可攀的圣女。

在我三十岁以前,李美仑是我梦中的主宰,三十岁以后有了老婆和孩子,人变得老气和迟钝,才渐渐摆脱了她在梦中的纠缠。我相信,我们家属院里其他人也有过类似的经历,至少马富强就跟我谈论过对李美仑的感觉和幻想。

对于童年记忆,有些片段十分模糊,却又十分顽固。我记得,除了马富强,还有吕国梁、刘耀民、黄鑫,都对我说过喜欢李美仑。他们说,和李美仑相比,其他女孩都不值一提。不仅如此,我还发现一个秘密,这个秘密藏在我心底,没有对任何人说出去。这是李美仑和李经纶这一对姐弟之间的秘密。

说到小时候,我又要称他为挠尼,这样方便我的叙述,也便于打开我的记忆。挠尼在家里排行老四,上面有两个哥哥和一个姐姐。那一年,挠尼的母亲自杀,他父亲从此一蹶不振,整日酗酒,一不高兴就对孩子们拳脚相加,致使他的两个哥哥相继离家出走,六口的家庭剩下了三口人。

我上初中那年,和挠尼做了邻居,住在同一排楼房里。楼房上下两层,东西排向,共有十六户,我家和挠尼家中间隔着两户。楼房前是一条青砖铺成的过道,家家户户都在门前种了泡桐,有的还垒了石桌。楼房上面是平台,可以晒衣服、酱豆,孩子们可以在上面打羽毛球、踢毽子。夏日的夜晚,年轻人在上面乘凉,枕着自己的手臂,数满天繁星。

白天,男人去车间里干活,女人在家里做饭。谁家做了好吃的,香气飘出来,整排邻居都闻得到,关系好的互相端一碗尝尝。谁家拉煤球、缝被套,总有人出来给搭把手。邻里之间有矛盾的,也不用撕破脸皮,就在自家门前,撒着怨气,大声嚷嚷着,给该听的人听。谁家里吵架、打孩子,邻居都过去劝,很容易就劝住了。一排楼房的人们,就在这种紧密的关系下,互相帮衬着过日子。

整排邻居,只有挠尼家不是这样的。挠尼家门前没有石桌,厨房里没有香味,他们不上平台,也没有可以互相走动的邻居。他们家门前的泡桐树没长多大就枯死了。有段时间挠尼喜欢扎飞刀,他跑去车间里,用锯条打了两根飞刀,拿自己家的泡桐树做靶子。挠尼的父亲喜欢喝酒,总见他搬条小板凳,坐在枯死的树下,怀里抱着一只盛满白酒的大茶缸。有邻居路过,他也会点点头,算是打个招呼。更多时候,他都是歪斜着身子,靠在枯死的树干上打盹。

有一年除夕,家家户户都在看电视、吃饺子,挠尼家里却传出一阵哀号。我的母亲出于好心,想过去劝解,她还提出,要不要给他们端去一碗饺子?我的祖母立刻制止了母亲,她让母亲不要多管闲事,大过年的,不要惹上一身晦气。李家的闲事,最好不要去管,这在邻居当中已经形成共识。母亲叹口气,只好作罢。

挠尼的哀号一声比一声高,我想看看挠尼挨打的样子。我匆匆吃下几口饺子,回到自己的房间。我的房间在二楼,从这里可以爬上平台。冬夜里,平台上空无一人。我悄悄来到挠尼家,趴在屋檐上,往屋里看。挠尼挨打的地方在楼下,我看不到挠尼,却看到了李美仑。李美仑在洗澡,坐在一只大木盆里,不停地撩起水,一下一下浇到自己的身体上。水是热烫的,在木盆周围氤氲着白色的雾气。缭绕间,我看到李美仑柔滑的颈、肩和背。我感到幸运,我所看到的,是马富强他们不曾看到的,是许多男人梦寐以求而无法看到的。这是一个秘密,我决心隐藏下去,当马富强他们再来谈论李美仑,我便会在心里偷偷地发笑。

从这以后,我经常光顾李美仑的闺房,我似乎染上了偷窥的癖好。李美仑的闺房,从建筑结构上,跟我的房间完全相同,但是里面的陈设却大为不同。她的房间里有一张床,挂了白色的蚊帐,挂钩把帐帘拉开,分起一个优美的弧度。床上铺着柔软的被褥,枕边经常摆放着一两本书。她的屋里还有一张梳妆台,上面镶嵌着圆圆的镜子。李美仑经常坐在梳妆台前,描眉化妆。夜晚的时候,我不知道她化妆是给谁看,我想她大概在孤芳自赏吧。睡觉前,她喜欢躺在床上读书,读着读着,感动得不行,用手去抹眼泪。

我终于又一次看到她在洗澡。这已经是春天,清明时节,天阴沉着,夜色浓重,更有利于我的隐蔽。我趴在屋檐上,探头去看。李美仑刚刚脱掉最后一件衣服,蹲下去,用手试试水温,然后轻轻地坐进木盆里。她的动作十分轻缓,像是把一只精巧的小纸船放进水里,她把自己放进了木盆里。她开始往身上撩水,用手揉搓自己的身体。

和第一次偷看她洗澡不同,这一次,我感觉自己身体起了变化,也许是季节不同,在这个春风沉醉的夜晚,一切都显得蠢蠢欲动。我看了一会儿,把头缩回来,潮热的脸贴在冰凉的屋檐上,感觉舒服了一些。附近有人进屋,屋门咣当一声响。我意识到自己是在偷窥,有些担心。我这样频繁地偷窥,总有一天会被人发觉。

我犹豫着要不要离开。就在这时,发生了令我惊讶的事。我听到李美仑说:"滚开,还敢偷看,要死了你!"

李美仑的声音不大,语气却是十分严厉。我吓了一跳,以为自己被发现,心提到了嗓子眼里。正要逃跑,又听见李美仑说:"赶紧走吧,这样不好,如果咱爸知道,你又要挨打了。"这次李美仑的声音显然柔和多了,完全是商量的语气。我发现,偷窥者不止我一个,在屋外暗黑的角落里,还隐藏着另外一双眼睛。我不敢露头,趴在屋檐上,动也不敢动。我听到下面有些响动,门吱呦一声,外面的人进了屋里。我不知道屋里情况如何,没有人说话,只有洗澡发出的哗哗声。过了一会儿,我听见李美仑说:"给我搓搓背。"

在我感觉安全一些的时候,我悄悄露出头,往李美仑的屋里看。我看到挠尼蹲在李美仑背后,扎着马步,手里裹着毛巾在李美仑的背上吃力地推。他的动作十分笨拙,毛巾突然打滑,他一个趔趄,险些栽倒。李美仑说,好了好了。

我有些担心,又有些期待,不知接下来会发生什么。但他们什么都没有发生,搓背以后,李美仑说,快走吧,以后不许这样了。挠尼丢下毛巾,转身出了屋子,猫一样蹑手蹑脚地下楼去了。

这是我所发现的,挠尼和他的姐姐李美仑之间的秘密。我从未对别人说起,真正的秘密,只有埋在心底才有意义。从这以后,我没有再去偷窥,我知道自己错了,自己做了一件毫无意义的傻事。我对自己说,悬崖勒马,还来得及。

很快到了夏天。那一年夏天,挠尼跟后街的孬蛋打了一架。那段时间有个传闻,说是孬蛋用一只烧鸡把李美仑骗进了防空洞。我们不知道传闻有几分真假,我们相信李美仑确实跟孬蛋好上了,她经常坐在孬蛋的摩托车后面,风一样从大街上刮过。她曾经睡在孬蛋家的床上,这也是有人亲眼看见的事实。挠尼肯定听到了这个传闻,一天中午,日头正烈,挠尼在路上拦住了孬蛋。挠尼比孬蛋小五六岁,远没有对方强壮。挠尼操起一块砖,跳起来,把砖摔碎在孬蛋的头上,顿时冒出一股鲜血。挠尼突袭成功,却并没有讨到便宜,对方不顾流血,疯狂反扑,把他按倒在地,噼噼啪啪一阵猛抽。挠尼的鼻子里也淌出了鲜血。搞到最后,两人浑身都是鲜血。

这件事发生之后没多久,李美仑也跟她的哥哥一样,离家出走了。据说,她跟孬蛋去了南方的深圳。人们都为李美仑感到惋惜,觉得这样一个大美人,生在这样的家庭,又做出这样伤风败俗的丑事,从内心讲都不愿接受。我却觉得,李美仑是被挠尼逼走的,如果他不去找孬蛋算账,如果他不去偷看洗澡,李美仑可能还坚持着在这里活下去。不管怎么说,李美仑从我们的生活中消失了,我们少了很多关于她的话题,少了很多不怀好意的乐趣。

那段时间,挠尼总是在傍晚时爬上水塔,坐在上面,头上缠着纱布,呆呆的样子,看上去像一只受伤的兀鹰。马富强对我们说,挠尼被施了魔法,中了邪。我们感到遗憾,我们宁愿看到一副怪相、发现猎物就穷追猛打的挠尼,也不愿看到一只死气沉沉、随时都有可能倒下的病鸡。

秋天的时候,挠尼参加了工作,接替病退的父亲,在车间里做一名学徒工。挠尼学会了车螺丝,车各种各样的零部件。挠尼又恢复了以前样子,他对汽车很感兴趣,曾擅自把一辆检修中的卡车开出去,撞倒了我们学校西边的围墙。

冬天的时候,迎来了征兵的季节,我们班里好几个学生都要去当兵。马富强也要去当兵了,他穿上新军装,身披大红花,走在当兵的队伍里。我们去送他,在车站拥抱着,流了泪。我发现马富强长大了,他体格健魄,完全可以做一名合格的战士。

送兵的场面十分热闹,车站广场上挤满了人。人群中,我发现了挠尼。我知道挠尼没有朋友,他只是来凑个热闹。我觉得挠尼也长大了,他比马富强大两岁,比我大三岁。我看到他站在台阶上,目光直愣愣地盯着人群,手里夹着点燃的香烟。我不知道他在看什么,他是一个不可捉摸的人。

四

马老板给李帅打电话,告知他的父亲要跳楼。李帅在万通中学上学,读高二。接到电话,他坚持把前两节课上完,第三节自习课,这才跟老师请假,来看他的父亲。他大概跟我一样,觉得李经纶不会跳楼,他比我更加了解李经纶。

李帅跟李经纶不同,这个小伙子长相英俊,身材挺拔,目光坚定而自信。他长得像李美仑,他常常使我想起李美仑。

李帅来了之后,趴窗台上跟他父亲说话。李帅喊了一声爸。李经纶本来在下面坐着,看到儿子,就站起来,走到窗子跟前。由于李帅的遮挡,我只能看见李经纶的半个脑袋。李经纶四十岁出头,却显得老相,头发掉了不少,脑门在日光下显得格外透亮。他们父子的对话,我听得清清楚楚,我听到他们在谈论一辆自行车,那是他们新买的一辆漂亮的山地车。李经纶一直在说山地车的性价比问题,在西大街买,可能要贵上一百多元,在思故台市场买比较便宜,但他们的售后和配套比较差。李帅倒不在乎价格问题,他一再表示对这辆车十分满意,他还谈论了如何对车子进行保养。谈过自行车,他们又谈起一支电动剃须刀,李帅准备在网上购买,送给父亲做生日礼物。

我在一旁听着,心里有些感动。他们父子关系融洽,有着深厚的感情,照这样聊天,不出几分钟,李经纶准会从下面爬上来。这是脱身的好机会,等那些警察回来,即使不对他进行处罚,起码也要进行一番训斥,说严重点,告他扰乱社会治安、危害公共安全也是完全成立的。

这一对父子还在聊天,算起来,他们在一起生活了十六年。十六年前——我们已经知道他叫李经纶,但背后还是习惯喊他挠尼——挠尼已经由学徒工转为正式工,他做学徒工并不安分守己,有时偷盗废弃的电瓶,砸烂了,把里面的铅拿到废品站去卖。有时擅自把车开到公路上,惹了不少祸事。他的师傅不喜欢他,经常训斥他,但师傅还算负责,教会他一些基本的工作技能,使他成为一名正式工。不管怎么说,挠尼工作了,不再游手好闲。

回想起来,应该是在冬天,离家出走的李美仑怀抱婴儿回到了家属院。多年不见,李美仑依然时髦靓丽,脸上涂脂抹粉,踩着更高更细的高跟鞋。起初我们以为她怀里抱着棉被,后来发现那是一只襁褓,里面裹着婴儿。我们跟随李美仑来到李家门口,出于好奇,伸头向屋里张望。李美仑的父亲出来,把门砰的一声关死。

李美仑的回归,在我们家里引起了一番争议。父亲说,看样子李美仑在外面混得不错,有句话说,人挪活树挪死,很有道理。母亲说,一个女孩子在外面闯,不知吃了多少苦头,还是回家好,金窝银窝都不如自己的狗窝。相比之下,奶奶的态度十分刻薄,她一直在怀疑婴儿的来历,奶奶说,不害臊的,大闺女生下野种,还有脸回自己娘家。

我们这边在争论,李家那边传来隐隐约约的哭声,是李美仑。这次,我们全家出动,离开饭桌,去李家门口探个究竟。从屋里出来,发现李家门口已经挤满了人,邻居们都在小声议论。我听了一会儿,知道大概意思,好像是李美仑要求父亲收养孩子,父亲不同意,李美仑无奈之下,急得哭了起来。

若在平时,邻居们对李家的事不闻不问,敬而远之,也许是因为婴儿,唤醒了人们的同情和恻隐之心。在李美仑的哭泣中,吕婶站了出来,砰砰地敲门。李美仑的哭声大了一些,门却依然紧闭。吕婶不停地擂门,嘴里喊着挠尼父亲的名字,李思维开门,李思维开门!

李思维终于打开了屋门。屋子小,站不下许多人,我硬是挤了进去。我看到李美仑坐在地上,两手捂住脸,在小声地抽泣。她的身子一下一下地耸动着,在哭泣中发出不紧不慢的节奏,似乎她已经哭得十分疲累。相比之下,我更关心李美仑的孩子,我想看一下,那个孩子究竟长得像谁。我对那个孩子有着担忧和疑虑,当我环顾屋内,没有发现孩子的时候,我甚至想,李美仑哭得那么伤心,她的孩子该不会是被李思维丢到了大街上吧?

令我欣喜的是,卧室里传出了婴儿的笑声。很明显,是笑声,在大人们紧张的冲突中,这笑声仍显得明亮、轻松和欢快。我被这笑声吸引着,走进卧室。卧室里亮着微弱的灯光,孩子躺在床上,盖着棉被,露出一张喜盈盈的小脸儿。挠尼蹲在床边,对他做鬼脸。

我凑近,去辨别孩子的长相。我觉得他的眼睛和嘴巴像李美仑,鼻子像后街的孬蛋。人们都说,外甥似舅,他却一点都不像挠尼。

我问挠尼:"他多大了,有没有一岁?"

"哪里有,才刚刚四个月。"

"他会喊你舅舅吗?"

"会的,刚才他喊了,你没听到。"

挠尼为了证明自己,就去逗孩子,嘴里说,喊舅舅,喊舅舅。孩子没有喊,却笑了,很高兴、很兴奋地咯咯笑了。挠尼说:"听到了吧,他在喊我舅舅。"

我想尝试去抱抱孩子,我还从没抱过这么小的孩子。我犹豫着,挠尼会不会准许我去抱一下?就在我犹豫的时候,外面的人们突然涌了进来。李思维跑在前头,拎起孩子,要往外冲。后面进来的人把李思维堵在门口,不放他出去。李思维扯着喉咙喊:"不要逼我,你们要养,你们拿去养!"

好多人都说:"李思维你疯了!"

吕婶指着李思维的鼻子说:"你要有点良心,不然死了都没人抬。"

李思维不管人们怎么说,他就一个态度:"你们要,拿去,不要,我扔大街上。"

孩子在李思维手中,终于哭了,哇哇地大声哭。这时候,挠尼从人群中窜出来,夺下孩子,抱在怀里。挠尼对李思维喊:"你不要,我要。"喊完,就护着孩子,从人群里挤出去,噔噔噔上了楼。在我印象中,挠尼从来没有反抗过他的父亲,他总是在父亲的训斥和殴打中隐忍,这次反叛对挠尼来说简直就是一场革命性的反击。另外,挠尼抱孩子的样子也十分滑稽,他不懂得正确抱法,把孩子端在胸口,架起膀子,竭力护着,像是搬运一件贵重而易碎的宝物。

挠尼上楼以后,吕婶拉起李美仑,也上了楼。邻居渐渐散了,留下两个人陪李思维抽烟,看管他,免他再去生事。留下的两个人中,有我的父亲。我也想留下,父亲说:"你回去,明天还要上班,不要影响工作。"那时我已经参加工作,我对父亲的话向来不敢违抗,只好离开了。

第二天,李美仑走了,再也没有回来。后来听说她去了美国。有一年李思维喝醉之后,栽进路边的坑里死了,开追悼会的时候,也没有看见李美仑回来,人们觉得,李美仑可能永远都不会回来了。但这不重要,对于我们家属院来说,多一个人少一个人都不会有太大影响,人们还是一如既往地生活。李美仑走的时候,挠尼问她,孩子叫什么名字?李美仑说,叫什么都行。于是挠尼给他起了个很帅的名字,叫李帅。

十六年过去了,我亲眼见证了挠尼是如何把李帅抚养长大。在这个过程中,以吕婶为代表的邻居大婶们,给挠尼带来了极大帮助。如果不是吕婶,李帅也许会长大,但绝不会长得这么健康,这么帅气。李帅上小学之前,是在吕婶家度过的。挠尼白天上班,晚上必定要去吕婶家,给孩子洗尿布,喂稀饭。每天早上,挠尼也是要先看一眼李帅,才放心地走进车间。

挠尼的性格彻底改变了,他变成了一个安分守己的人,再不爬高上梯,再不惹是生非,工作勤勤恳恳,默默无闻,任劳任怨。他甚至克服了发抖的毛病,走路姿势也变得协调。有一年他受到公司表扬,获得了令人羡慕的一笔奖金。没人再喊他挠尼,大家都记住了他的名字,李经纶。

挠尼变成了李经纶,成为一个正常的父亲、工人和邻居,他仍然没有朋友,他不善言谈,性格孤僻,始终活在自我封闭的世界里。他没有女人,有人给他介绍对象,他总是拒绝。吕婶劝他,应该给李帅找个妈妈,他这才答应见面,可见了之后,又十分后悔,他对吕姊说,他害怕失去。害怕失去什么呢?他拥有的,实在是少得可怜。他失去了亲人,只剩下一个李帅。如果说他有朋友,那么唯一的朋友就是他的儿子李帅,我们常常看到他和李帅走在放学的路上,爷俩不说话,却是配合默契,前一脚后一脚,走在风雨、泥泞或是阳光中。

五

李经纶和李帅之间是一种什么样的关系?我觉得他们是父子、亲人和朋友,他们还是一对冤家。马老板曾对我说,李帅说过,他的父亲不适合这个社会,他的父亲能在这个社会活下来,要付出超过常人数倍的代价。马老板的话,我向来是相信的,李帅已经上了高二,他会有自己的想法,对世界会有自己的看法。但我不赞同李帅这种说法,我觉得李经纶不但活得不困难,反而要比一般人活得更轻松。他没有常人那么复杂的想法,他唯一的心思,就是把儿子抚养成人。他从不对儿子有过多的要求,他只是为儿子提供了一把庇护伞,提供了一块生长的土壤。

李经纶站在十七层电梯上,李帅站在十八层窗台前,他们谈论起一辆自行车。李经纶担心儿子在学校没面子,攒钱为儿子买了一辆自行车。他们谈论了自行车,谈论了剃须刀,又谈论了一些令人愉快的话题。突然,他们的话题变了,我听到他们发生了争吵。李经纶突然提高嗓门说:"你是姓李,还是姓马?"

李帅沉默着,不说话。

李经纶又说:"你是姓李,还是姓马?"

李帅的背影在窗前亮光下形成一个瘦弱的轮廓,我看不到李帅的表情。我侧下身子,绕过李帅,看到了李经纶的表情。一向木讷的李经纶,居然也有如此复杂的表情,那表情里充满了伤痛、失望、愤慨、哀求和期盼,我从未见过这样的表情,实在难以形容这是一种什么样的表情。在这种表情下,李帅开始了反击,他的反击显得冷静而从容。李帅说:"你一直在嫉妒,一直在自卑。你需要躲避,因为你软弱,因为你无能。软弱,躲避,给自己披上孤独的外衣。可孤独是可耻的,你知道吗,孤独是可耻的!记得那件雨衣吗?你宁愿受淋,也不愿接受一件雨衣,宁愿我被雨淋,宁愿让我生病,也不愿卸下你自卑的面具。你去学校接我,招来同学们的嘲笑,可我还要照顾你的感受,我要听吕奶奶的话,去怜悯你这个世界上最最可怜的人。我为什么要可怜你,又有谁来可怜我?我在心里诅咒着,盼望你赶快生病,那样你就不必来学校接我,我可以好好喘一口气了。我心里说,下辈子再也不做你的儿子。我姓李还是姓马,由得我选吗?如果我选,我宁愿姓马!"

李帅从冷静和从容中逐步转变为激动,他一边说,一边做着手势,像是一名激情迸射的演说家。最后一个动作,他右手握拳,狠狠地砸下去,十分坚决而彻底地表态。

突然的变故让屋里的人都愣住了,不知道怎么去劝,一阵沉默,场面令人尴尬和担心。李帅转过身,在我们的惊愕中走出了杂物间。他眼里噙着泪水,绷紧嘴唇,一副不屈的样子。

我追出去,在走廊里喊住李帅。我跟李帅进行了短暂的交谈,我问李帅,李经纶为什么伤心?李帅靠在墙上,不停地抹眼泪。我失去了耐心,大声说:"快告诉我,他为什么伤心?"李帅哭着对我说出了事情的原因。

李帅走后,我担心李经纶会经受不住打击,这世上如果还有人能够伤害他,那一定就是他的儿子李帅。我回到杂物间,走近窗前,看到李经纶很沮丧,垂头在思索什么。我轻声安慰他说,小孩子,别跟他计较,慢慢他会长大的。

李经纶抬头说:"他是对的。"李经纶又垂下头,离开窗台,走到平台边缘,坐下来,腿耷拉在平台外面,仰头看天。我听到地面上的人群又发出一阵惊呼。我不知该说什么好,我知道劝不住他,如果他不想上来,谁也把他劝不上来。我看看表,已经四点二十分,看看天色,日头也快要下山了。

六

　　四点三十分，魏局率领人马，再次进驻杂物间。魏局问，家属来过吗？值班民警说，儿子来过，但这家伙又臭又硬，跟儿子吵起来，儿子丢下他不管，任他死活了。魏局没再说什么，皱了皱眉头，把大家召集起来，部署下一步行动。魏局说，看来劝说是行不通了，那么采取第二方案，强行解救？魏局的手下说，没别的办法，只好这样了。魏局指示，解救过程一定要保证安全，只许成功，不许失败。这时候武警军官提出一个问题，说目标过于靠近边缘，容易发生危险，解救成功的概率不大。他提出派一个人出面，想办法引诱目标靠近窗台，这样能增加成功的概率。武警军官这么一说，大家都把目光转向我。我说："好吧，我来引诱他。"

　　我没有走近窗台，而是返回马老板办公室，取一件引诱李经纶的道具。马老板仰躺在沙发里，双手枕着后脑勺，看样子十分疲惫。见我进来，他直起身子问，怎么样，上来没有？我没有说话。马老板递过来一支烟，我夹在手里，并没有点燃。我看着马老板用一只打火机点烟。马老板抬头问我，没火？把手里的打火机递给我。

　　我拿着打火机，转身就走。马老板在后面喊："上来没有？怎么不说话，你走什么？"我头也没回，出了马老板的办公室。我的确有点生马老板的气。我知道这事不怨他，但事情因他而起，现在变得不可收拾。在这里我要说一说马老板的事情。

　　过去没人喊他马老板，都喊他马富强。马富强当的是汽车兵，复员后，分配到运输公司当一名司机。他的父亲就是一名老司机。那一年公司实行承包制，马富强承包了一个车队，没日没夜地跑运输。他有一些优点，善于交际，懂得经营，没过几年，就把车队从十几台车发展到五十多台。后来，马富强又承包了一车队和九车队，渐渐成了规模。记得那一年，运输公司改制为万通集团，马富强摇身一变,成了集团的董事长。此后几年间,马富强带领万通集团逐步发展壮大,兼并了市里其他几家运输公司,成立房地产公司,盖了许多高楼大厦,还涉足零售业,开办了时代购物中心。马富强从一个普通工人,变成了企业大老板,成为颍川市家喻户晓的人物。

马富强把过去的运输公司子弟学校更名为万通中学,加大投资,引进人才,使学校成为全市升学率最高的一所中学。进万通中学,必须达到很高的分数,分数不够的学生,只有花钱去买,据说每差一分,就要多花一万元,差十分就要多花十万元。即便这样,也不是谁都能进,还需要有过硬的关系。

中考的时候,李帅差八分,没够着万通中学的分数线。李帅想进万通中学,他知道父亲不会去求马富强,就自己去找马富强。马富强一分钱没收,让李帅进了万通中学。马富强喜欢李帅,他经常感慨地说,这孩子,长得真像李美仑。马富强只有一个女儿,没有儿子,这也是他喜欢李帅的又一个原因。他经常说,李帅这孩子命苦,但他知道努力,将来准是个人才。他经常把李帅叫到家里,帮女儿补习功课,有时候马家的家宴,也请李帅参加。两人还经常下棋,李帅从小学围棋,比马富强水平高。

李帅和马家交往,李经纶一直不赞同,他始终认为马富强是坑害人民、为富不仁的大坏蛋,为这事父子俩产生了严重的分歧。孩子大了,有自己的想法,李经纶想管也管不了。有时候想想,为了儿子的前途,李经纶也默许了,毕竟马富强有钱有势,能给孩子提供不少帮助。

事情发生在前不久,李经纶得知,李帅认了马富强做干爸。这个事实,李经纶无论如何接受不了。李经纶跟儿子吵了一架,让李帅跟马富强断绝来往,李帅反倒劝李经纶,说马富强是好人,是一个值得尊敬的人。

这很可能是李经纶有生以来第一次进行反思,他觉得跟儿子之间产生了裂痕,他不知道该如何应对,完全失去了主张。一个人郁闷的时候,他便爬到了电梯上,俯瞰这个迷茫的、令人费解的世界。

这就是李经纶爬上电梯顶端的原因,他不是轻生,不会跳楼,但他非常危险,随时有失足丧命的可能。我必须解救李经纶,引诱他离开那个危险的地方,把他从悬崖边上捞回来。

我拿着打火机,走近窗台边。咔嚓,打火机发一声脆响,点燃了手里的烟。两名消防战士隐匿在窗台背后,等待着最佳时机。屋里的人们不动声色,装作若无其事,却都捏了一把汗。

"老李,你过来,我有话说。"这是我第一次喊他老李,以前我总是喊他的全名李经纶,或者什么也不喊,"你看看这个。"我晃了晃手里的打火机。

李经纶还沉浸在悲伤和失落之中,他缓缓地转过头,朝我厌倦地看了一眼。

"你看看,这是你做的打火机,现在它的砂轮坏了,需要更换砂轮。"其实,我撒了谎,这是一只十分耐用的打火机,功能如初,完好无损。两年前,它经李经纶设计,并纯手工制作而成。它薄薄的,金属质地,握在手中有种沉甸甸的分量。它上端有一只盖,打开,轻拨砂轮,立刻会腾起一道火苗,发出柔而持久的光亮。在打火机的屁股上,也有一个小盖,拔下来,里面是储存汽油的丝绵。整个打火机被打磨得十分光滑,看上去十分精美。

说起这只打火机的来历,让我有些小小的感触。那是李帅进入万通中学后,一天中午,李经纶跑来找我,他以为是我帮助李帅进的万通中学,来向我表示感谢。当初,考虑到李经纶的固执,为了避免事端,马富强我们商量好,由我出面,说我认识万通中学的校长,通过我的关系使李帅进了万通中学。这事李经纶一直被蒙在鼓里。

李经纶向我表示感谢,却是两手空空,并未见他带什么礼物。李经纶说:"我送你一只打火机。"我说,不用,都是街坊邻居,看着李帅长大的,这点事不算什么。李经纶从兜里摸出一只打火机,对我说,这是自制的,不是什么贵重东西。听他这么说,我就收下了打火机。我知道李经纶经济条件不好,如果是别的礼物,肯定就拒绝了,但一只小小的打火机,不费什么钱,我就欣然接受了。而且,我有一种好奇,我还从未见过自制的打火机。我惊叹李经纶有如此手艺,他在车间里工作多年,钳工、车工、铣工全不在话下,能做出如此精美的打火机,实在令人叹服。

我觉得李经纶是懂得感恩的人,做这样一只打火机,不知花费了多少心思。我把打火机在手里玩了两天,简直有些爱不释手。但我想到,这个礼物原本是送给帮助李帅的人,它真正的主人应该是马富强。我把打火机转送给马富强,马富强一到手便喜欢上了,夸赞说,好东西,有点意思。

这是李经纶的作品。我没想到,李经纶并不在乎这只打火机,他厌倦地看我一眼,又厌倦地转过了头。我想到一个计策,装作失手,把打火机掉在平台上,然后求他帮我捡起来。我伸头往下看了看,随即打消了这个念头。打火机是金属的,电梯平台是玻璃的,如果掉下去,肯定会弹起来,跌落地面,说不定会砸到什么人。看来,我只能再想别的办法。

正无计可施,就见李经纶掏出烟,示意我要不要来一支。我伸出手,意思是让他把烟递过来。李经纶说:"你过来拿。"我说:"别开玩笑,那地方不是谁都敢去的。"李经纶说:"我就知道,你没胆量。"

为了解救李经纶,我决定冒一次险。我对李经纶说:"如果我敢下去,你敢不敢上来?我没胆量,你还不是跟我一样,你不敢上来,你害怕面对现实,害怕失去儿子。不是吗?马富强要抢走你的儿子,你有胆量跟他争吗?"

我的激将法把李经纶激怒了,他恶狠狠地说:"不要给我提马富强,儿子是我的,谁也抢不走!"

我说:"我们打个赌,如果我敢下去,你就跟我上来,赌不赌?"

李经纶说:"你下来。"

我一定是吃错了药,或是脑子进水,或是被驴踢了,总之,我决定下去,我决定走近李经纶,坐在他身边,用那只精美的打火机点燃他递来的烟。下去之前,我想到了死。死是什么东西?很简单,它跟活差着一口气。有这口气,活着,人还在;没这口气,死了,人没了。我要争这口气,没这口气,即便人活着,也已经死了。

对我来说,这是一次挑战。我要摆脱恐惧,战胜懦弱,让自己在麻木中感到刺痛。麻木是摧毁生命的无形杀手,我要赶走它,让肉体和灵魂在刺痛中醒来。记得小时候父亲教导我说:"你一定要遵守规矩,不要学那些坏孩子,总有一天你会明白,只有在约束中,你才能找到相对的自由。"我的父亲就是这样教导我的,这是他的经验之谈。他是一名干部,从股级升到科级,从科级升到处级,从处级升到厅级的时候,突然就垮台了。他在监狱里结束了一生。父亲死的时候,我在接受调查,父亲的死保护了我,使我免除了牢狱之灾。我不知道我们是怎样一步步走向腐烂,我知道我们已经严重麻木,在麻木中腐烂自己的肉体,腐烂自己的灵魂。我希望开始新的生活,可是已经无能为力。在流离失所中,我接受了马富强的帮助,他把我安排在物业公司做一名副总,使我得以苟且偷生。我不该怕死,我所要怕的,应该是这种麻木而空洞的生活。

在窗台边,我跟李经纶打了一个赌,赌我的勇气和胆量。我的决定出乎所有人意料,身边的消防战士还没回过神来,我已经爬上窗台,不顾一切地跳了下去。我眼前一阵模糊,只有白花花的一片,当我双脚着地的时候,我听到砰的一声响。很快,我恢复了视觉,我看到脚下是一块厚厚的玻璃,透过玻璃,我看到了地面,地面上有拥挤的人群和火柴盒大小的车辆。我又感觉到那种小便失禁的感觉,两腿发紧,寸步难行。我甚至不敢直起身子,趴在地上,抬头去看李经纶。他离我只有几尺的距离,我看到他在向我招手。我朝他爬过去,我直不起腰,只有像狗那样爬过去。

爬了两步,我停下了。我听到李经纶说:"站起来,你一定要站起来,只有站起来,你才不会感到害怕。"

我想起童年,想起那个夕阳辉映的下午,挠尼爬到高高的水塔上,身后是湛蓝的天空和丝丝飘浮的白云。那是我一直向往的图景,我想我可以站起来,像挠尼那样融进湛蓝的天空里。

就在我站起来的一瞬,我感觉自己不再害怕,恐惧化为乌有,或者化为灰尘从我身上轻轻抖落。我走向李经纶,一步一步,脚下踩得十分踏实。我在李经纶身边坐下来,掏出打火机,点燃了李经纶递过来的烟。我听到世界是嘈杂的,身后的警察在喊话,下面的人群在惊呼。我看到人群拥挤,远处的人们迅速朝这边汇集,他们不愿错过一个离奇的故事。如果说一个人是一处风景,那么两个人就是一个故事,我和李经纶就是故事中的对手、伙伴和朋友。我想,李经纶已经有了一个朋友,就在我们并肩而坐的时候,我们已经成为朋友。作为朋友,我们该聊些什么呢?

我们聊起了往事。李经纶伸手指着一个地方,问我:"你知道那是什么地方吗?"

我知道,那是一个村庄,从那个村庄里,经常驶出骡车,洒下一路哗啦啦的铃声和骡马的粪便。

李经纶又指了一个方向,知道那是什么地方吗?

我知道,那是一处麦田,我们常去里面捉蚱蜢、蝈蝈,每到初夏时节,我们在田埂上烤麦穗,把麦粒放进嘴里,像嚼绵软、筋道的口香糖。

李经纶又指一个地方,像一名考官那样,问我是什么地方。

我思考了一下,或者说沉默了一下。我回答说:"那是我们曾经的家。"

李经纶站起来,走到平台的另一侧,他伸手指给我看,问我知不知道那是什么地方。

顺着他手指的方向,我看到那是一所学校,我们曾经在那里度过了童年。

李经纶又一指,不等他开口,我说:"那是车队,是你工作过的地方。"

最后,李经纶问我:"你知道我们站的这个位置,是什么地方吗?"

这一次,我竟答不上来。我说:"别急,允许我好好想想。"我绕着平台走了一遭,勘察地形,辨别方位,进行推测和判断。我终于看清楚了,我猜到了,我惊喜地发现,这就是那座水塔的位置。

我们又坐下来,一起抽烟。这时候,马富强出现在窗前。马富强朝我们吼着:"疯了,都疯了。"马富强对我说:"他疯了,难道你也疯了?"

看到马富强,我忽然有种冲动,我想揍他,真的很想揍他一顿。但我却对他招招手,笑着说,过来坐坐。

马富强伸头看了看地面,又抬头看了看天。马富强问我,上面风大不大?

我说,微风,吹起来很舒服。

马富强显得有些犹豫,我知道,他也曾经很想尝试一下,爬上那座高高的水塔。为了鼓励他,我想了一个办法,我对他说,打个赌,如果你敢下来,李经纶就同意你做李帅的干爹,赌不赌?

马富强看了看李经纶。"你赌吗?"他问李经纶。

李经纶说:"我赌。"

婚　　宴

白秋芳要去参加儿子的婚宴，出门前，做了一番梳洗打扮。洗脸，搽爽肤水，打底粉，涂眼影，画眼线，最后往唇上抹一层淡淡的口红。整个过程看上去繁复，花费了一些时间。最让她用心的，是颧骨下面一小粒痘坑，必须用遮瑕膏仔细抹平，再用少量蜜粉扑牢。其实这粒痘坑极其微小，即使卸了妆也不易察觉。白秋芳又将栗色短发稍加梳理，撩起一些弧度，使发型看上去自然顺畅。参加婚宴的服装也早已备好，玫红色短袖上衣配黑色套裙，脚底一双橘色带有水晶装饰的高跟鞋。

衣着打扮对女人来说尤为重要，三分长相七分打扮，这话说得有道理。看上去，白秋芳比实际年龄要小一些，除去打扮，天生也有几分姿色。她属于那种结实、饱满却不失妩媚的女人，举手投足轻、慢、柔、忸怩。上学时，她在同龄女孩中发育较早，曾一度成为白庙后街女孩们的骄傲。如今，岁月留下痕迹，使身体发胖，整个人散发着慵懒的气味，总是不经意间流露出疲惫的感觉。对，是疲惫，她觉得，化妆最重要的作用是掩盖疲惫。

从家里出来，薛晶已经在路口等她。薛晶是她的闺中密友，答应陪她参加婚宴。离老远，就听见薛晶在埋怨："你这新郎官的妈妈真够磨蹭了，客人都要到了，你还没出家门。"薛晶一边埋怨，一边发动车子。白秋芳忽然想起什么，说："糟糕，包忘记带了，都是你给催的。"薛晶说："不是我催的，是你太激动。"

车子拐上大道，往酒店去。薛晶在路上又提醒白秋芳："真佩服你，硬要去，不去不行吗？你考虑清楚，现在后悔还来得及。"

白秋芳说，不后悔。

按理说，白秋芳不该去，十年前离婚后，她就不再是李家的人。

儿子的婚宴是分开来办的,李家办一场,第二天再去白家办一场,两边的亲友不见面,避免尴尬。白秋芳答应参加李家的婚宴,这是应了儿子的要求。她理解儿子的心情,儿子希望在结婚仪式上家庭大团圆,对于父母离异的孩子来说,这是一个难得的补偿。

前不久,儿子向她提出这个要求,当时她还在犹豫,她对儿子说:"涛涛,妈不是不愿去,而是不能去,这不合适。我跟你爸分开这么多年,如果我去了,他会怎么想?你爷爷奶奶,那些亲戚朋友,会怎么想?"

儿子说:"这是你的老思想,你是我妈,有什么不能去的?"

白秋芳说:"你不懂,这是人情世故,不能坏规矩。"

儿子闷闷不乐地走了。白秋芳觉得对不起儿子,自己没有尽到一个好母亲的职责。当初离婚,是白秋芳主动提出的,离婚后儿子判给了李家。儿子倒不曾跟母亲生疏,经常来看望母亲和姥姥,他从小在姥姥家长大,那是根深蒂固的亲情。有时候,她会带儿子吃麦当劳,吃烤肉串,有时候,她买了衣服、鞋子给儿子送去。儿子渐渐长高了,他们走在一起,甚至像是一对姐弟。她十九岁那年生的儿子,现在儿子已经要结婚了。在她心里,儿子永远是长不大的,可是有一天,儿子突然对她说:"妈,同学们都说你年轻。"

她对儿子说:"傻孩子,当妈的总是会老的。"

儿子说:"你老了我养你。"

就是这句话,让白秋芳鼻子一酸,禁不住掉泪。她觉得,儿子长大了。她发现,自己最大的愿望就是儿子娶一个贤惠的媳妇,有一个温暖、幸福的家。

她见过几次儿媳妇,从内心讲,她是略带些嫉妒,然而更多的是喜欢。那是一个性格开朗、直来直去的女孩,喜欢梳一条马尾辫,看上去朴实,充满阳光。从她身上,她常常看到自己流逝的青春,她们有着几分相像。她不得不承认,自己年轻时任性、倔强,从性格上来比较,远没有眼前这个姑娘令人放心。

后来,李云峰来找她,同样是为了婚宴的事。李云峰说:"你过得怎样,还好吧?"

她当然过得很好,起码比过去要好。她挺直身子,露出细长的脖颈,虽有些发胖,那脖颈看上去还算年轻。她说:"李云峰,你觉得我是过得好,还是过得不好?"

李云峰嘿嘿一笑说:"肯定比跟着我要过得好,我知道的,其实吧,这些年,没少听涛涛说起你的情况。"

白秋芳已经有三年多没见过李云峰,刚离婚那段,倒还经常保持联系,后来儿子有了手机,就不再有直接的联系。他们同在一座小城生活,偶尔会在某个场合碰面,每次李云峰都非常热情,她却总是冰冷。他们最后一次相见是在车站接儿子,在出站口,他突然表白,说自己一直单身,为了涛涛,回来好吗?

白秋芳相信这是真的,她心里一阵难受,不敢去看面前这个熟悉又陌生的男人,她把目光停留在车站上方的一座钟表上面。她从来没有想过复婚,一直没有,离婚后她一直在寻找新的生活,她已经抓到了新的希望。现在李云峰居然还在想着复婚,这让她觉得好笑,这是一个没有出息的男人,她觉得跟他离婚是对的。

她对李云峰说:"我马上要结婚了。"

那是两人最后一次见面,后来她结婚,嫁给了现在的老公,李云峰发来祝福短信,她回复了两个字:谢谢!

为了儿子,李云峰又出现了,他来到白秋芳的服装店里,请求她为儿子考虑一下。他表明自己没有别的想法,纯粹是为了儿子,想让儿子在朋友面前多些颜面,在儿子一生中最重要的时刻,能有一份温情和感动。

白秋芳说:"让我考虑一下。"

白秋芳认真考虑了,想来想去,觉得还是不能去。可是有一天吃饭的时候,她却对老甘提出了去参加李家婚宴的想法。她观察着老甘的反应,小心翼翼地问,可以吗?老甘听了,表示坚决反对,老甘说:"你是谁家的女人,姓李,还是姓甘?"

白秋芳说:"我姓白。"

老甘是个脾气很好的人,他耐着性子说:"秋芳,我知道你是为儿子好,可是你也要为我想一想,你这样做,别人会怎么看,会怎么说？我知道你跟姓李的没有牵连，可是咱不能不避嫌，不能不守规矩。"

听他这么说，白秋芳有些生气。白秋芳说："老甘，你这是话里有话，我跟姓李的清清白白，避什么嫌？你说的规矩，是啥规矩，老天爷定的，还是你自己定的？"

老甘说："我不和你吵，我坚决不同意你这么去做。"

白秋芳说："我已经决定了，你理解也好，不理解也好，随便你了。"

因为这事，夫妻俩几天没有说话。晚上睡觉，背对着背。白秋芳在黑夜里睁着眼，睡不着。她觉得自己有些过分，但她并不想妥协。她不知道自己究竟怎么回事，每件事情都处理不好，本来不该去的，莫名其妙决定要去，甚至不惜伤害自己的老公。她觉得自己一直都是这样，自己都不清楚自己是什么样的女人。

其实，老甘对她一直不错，处处让着，疼着，遇上老甘，应该说是她的幸运。离婚后，她的日子并不顺畅。朋友介绍了几个，选来选去，选上一个小自己三岁的男人，经过短暂的同居，很快就分手了。她觉得自己命不好，自己条件不差，却总是与幸福无缘。那时候李云峰还来找她，在她最失意的时候，提出和她复婚。李云峰嘿嘿笑着说："这世上最爱你的人是谁？怎么样，还是被甩了吧。回家吧，别再幼稚，真正爱你的，还是我李云峰。"

他们在饭馆里喝酒，那时她已经学会了喝酒。她觉得反胃，差点没吐出来。她站起身就走，指着李云峰说："你不是男人，你不是人。"

她经历了生活的艰难，一直没有放弃，她知道自己会遇到一个命中的男人。三年前，她认识了老甘。老甘脾气好，有几分绅士风度，经济条件也不错。在老甘的帮助下，她开了服装店，有了安定的生活。她心存感激，决心跟老甘好好过日子，可是她弄不清自己是否爱着老甘，她不知道爱究竟是什么东西。有时候她耍点性子，老甘从不跟她计较，她反倒觉得这是一种缺憾。她不知道自己究竟想要什么。

这是一场考验,无论自己还是老甘,只要有一个经受不住,也就没有继续走下去的必要了。她决定去参加李家的婚宴。

　　按当地风俗,结婚是在早晨,天刚亮的时候,用轿车把新娘接回来,在自家门前完成仪式。整个过程简简单单、热热闹闹,进行到上午八九点钟,也就结束了。前些年,出现了婚庆公司,专业为新人操办婚礼,显得隆重而庄严,但是整个过程也不繁复,大约八九点钟也就结束了。真正热闹的,是中午的婚宴。

　　李家的婚宴设在天一阁大酒店,虽不是高档星级酒店,却有着不错的口碑,这符合李家的身份,既不显摆也不寒酸。李家没有出过达官显贵或成功商人,能邀请到的都是熟识的亲友,即便这样,算下来也有近三十桌。婚宴前,有一个精心安排的喜庆仪式,李家人贿赂婚庆公司的司仪,给人家包了一个红包,希望能把仪式办得热闹一些。司仪拒绝收取红包,他说:"这是我们的职业操守。"司仪颇为骄傲地说:"你们放心,不仅要热闹,而且还要能感动人,否则就是我的失职。"

　　十一点半,宾客陆续赶来赴宴。新郎、新娘在酒店门外迎宾,新郎的父母在酒店大厅内迎宾,门外电子屏滚动播放新郎、新娘喜结连理的内容,大厅内也有一个易拉宝,上面印着新人的结婚照。白秋芳和李云峰并排站着,胸前佩戴着漂亮的纽孔花,身后是儿子、儿媳的结婚照。宾客来了,他们热情招呼,寒暄着,问候着,引导客人登上旋梯至二楼和三楼赴宴。这期间偶尔有空闲,白秋芳想在楼梯扶手上靠一靠。她往楼梯那边走了两步,又打消了念头,她提醒自己不能放松,始终要保持一个亲和、优雅、高贵的母亲形象。离开李家十年,她要让李家人以及李家的亲友们看到,如今她过得很好,她仍是一朵盛开的鲜花。

　　她没有在意身边的李云峰,站在前夫面前,她的心情一直都很平静。她和薛晶来的时候,和儿子、儿媳打了招呼,也和李云峰打了招呼,然后她就开始应付来宾,进入到新郎母亲的角色。她和李云峰没有说过多的话,他们似乎无话可说,他们是新郎的父亲和母亲,彼此不是夫妻,也不是朋友,他们是两个不相干却又被联系在一起的人。

在宾客当中,有她熟悉的,也有她陌生的。那些熟悉的面孔,能叫上名字的又不多。离开十年,她的认识程度已锁定在十年之前。一个家庭的社会关系发生了变化,新陈代谢一样,沉淀了一些,淘汰了一些,又吸纳了一些。她迎来送往,扭动丰满的腰身在大厅里前后张罗,笑脸满盈,嘴里重复着温馨的祝福。她觉得自己是在做给别人看。她忽然觉得,自己这么忙来忙去,其实有些多余,自己确实不该出现在这样一个场合。这么一想,她心中又生起一种独孤感,她希望好友薛晶能在身边,给自己一些慰藉。

她觉得透不过气来,借故去洗手间,从那种孤独感中抽身出来。在洗手间门口,她碰见了薛晶,她对薛晶说:"太难受了,没想到会这么难受。"薛晶说:"早提醒过你,现在后悔了?"她说:"想走,待在这难受。"薛晶问为什么难受?白秋芳说:"说不上来,就是觉得挺无聊。"薛晶说:"你这人,小孩子脾气,想起什么就是什么,不该来的你偏来,来了你又想走。"

正说着,薛晶的手机响了,看号码是老甘的。白秋芳接过手机,听到老甘在埋怨,怎么不接电话?白秋芳说,包忘带了,手机在包里。老甘语气缓和了一些说:"回来吧,不要因为这事影响咱们的感情。"白秋芳说:"我会回去,但不是现在。"老甘说:"你不回来,我心里难受。"

老甘几乎是带着哭腔说:"你快回来吧。"

白秋芳说:"你是不是怀疑我?你怀疑吧,我无所谓。"

"就这样吧。"白秋芳挂断电话。

白秋芳重新回到新郎妈妈的位置上,迎接来宾。这时候大厅里进来一拨人,他们是李云峰的大哥、三弟,以及他们的妻子和儿女。隔十几步远,白秋芳就呼喊着迎上去,先是向大哥问好,接着跟妯娌们叽叽喳喳地聊天。老大媳妇感慨地说:"秋芳还是这么年轻,这皮肤,保养得多好,你是怎么保养的?"老三媳妇夸赞她会打扮,这身普通的套装,穿在她身上就显得光芒四射,进而得出结论,气质好的女人怎么穿都好看。在这些恭维话中,白秋芳也不示弱,把凡能想到的好听话都倒出去。大家有说有笑来到了楼梯口,白秋芳就让他们上去入席,白秋芳说:"等下我要好好敬你们两杯。"

接下来,她又看到一些老面孔,她尽量使自己表现得自然,好像过去发生的不快——比如离婚啊,争吵啊,背叛啊——都是不曾发生过的,大家眼里都只有喜庆和欢乐,只有层层剥离所剩无几而又无限放大的幸福。

背过身子,白秋芳想,他们一定在背后议论。在他们的眼里,她是什么样的女人?他们会不会认为她对李家情有不舍,对李云峰还旧情未断?他们会惋惜一个家庭的破裂,会指责她的背叛,会认为她不知羞耻居然还有胆量出席李家的婚宴?从他们的行为细节中,她还是发现了一些不易察觉的尴尬,她读出了这些内容。她觉得这些人们全错了,他们永远活在自以为是的臆想之中。他们装作若无其事,同她握手,寒暄,把内心的鄙视掩藏在深处。她有些得意,她用微笑对付他们,让他们充满疑惑,给他们心中埋下一个打破常规的疑团。你以为世界是这个样子吗?挺好笑的,对吗?其实,不是。

她适应了这种客套和虚假。

在一些熟识的人中,有一些年轻人,倒是让白秋芳感受到真诚。他们大多是儿子的朋友,他们毫不掩饰自己的意外和惊慌,显然,他们并没有放在心上,有礼貌地、诚恳地叫一声阿姨。在他们眼里,她是一位母亲,这让她又生出一些愧疚。

把年轻人送上去,刚转过身,她便看到了李云峰的妹妹李四妮。这是她几天来最为担心的时刻,她突然紧张起来。她认识四妮三十多年,比认识李云峰还要早,她们之间有着难以释怀的情谊和怨恨。在大厅里,她们四目相对,互相打量对方。非常巧合,她们的装束几乎雷同,同样的发型,同样的套裙和鞋子,甚至套裙的颜色也极为相近。她镇定地看着她,没有急着迎接,而是站在原地不动。她走过来,站在她跟前。旁边一位朋友说:"哈,瞧你们,像一对孪生姐妹。"

还是四妮先开口,四妮说:"听说你开了一家服装店?"

白秋芳说:"两三年了。"

"在步行街?"

"是的,步行街。"

"生意好吗?"

"还行。你呢,还在夏商?"

"一直在夏商,觉得挺累,去年转到零售了。"

"那会轻松一些。"

"大哥他们来了吧?"

"上去了。"

"爸妈还没来?"

"是啊,怎么还没来呢?"

两人停下来,都往门口张望。四妮拿出手机看了看时间,又把手机放回包里。她们似乎找不到进一步的话题,沉默着。四妮忽然笑了一声,笑得有些轻描淡写,笑得有些莫名其妙。四妮说:"你招呼客人,我先上去。"

白秋芳把四妮送到楼梯口,看着她上了台阶。她忽然叫住四妮,对四妮说:"有空到我店里来。"四妮说,有空就去。

她知道四妮不会去,时光不会倒退,谁都无法回到从前。她脑子有点乱,斜靠在楼梯扶手上。她呆愣着,想起一些往事,那是一些顽固的、琐碎的片段。她想起很久以前,那时候,她和四妮是最好的朋友,她们穿同样的衣服,骑同一牌子的自行车,梳同一个样式的马尾辫,连说话也带着同样的语气和腔调。有好多人误以为她们是一母同胞的孪生姐妹。她们喜欢的男生也是同一种类型,她们打赌,看谁能在那些男生的攻势下坚持到最后。后来,她投降了,她对四妮说:"我爱上你哥了,我要做你的嫂子。"

她和李云峰好,两边家长都反对。有天晚上,她去跟李云峰约会,悄悄从家里逃出去。四妮扮作她的样子打掩护,在她的闺房里故意闹出一些响声迷惑家人。第二天早上,白妈妈发觉中计,把四妮从被窝里揪出来。四妮谁都不怕,跳起来跟白妈妈吵,骂她是暴君,是王母娘娘,是女儿国国王……

后来,双方的家长同意她跟李云峰的婚事,这是他们努力争取的结果,这里面有四妮很大功劳。她又想起来,在他们离婚那段时间,四妮总是极力劝阻。离婚这事,她实在不愿多提,大家眼里看到的是她主动离婚,她承担着背叛婚姻的罪名,其实很多人不知道,她之所以离婚,是李云峰背叛在先。她发现李云峰在外面搞女人,一气之下就要跟他离婚。四妮来劝,她跟四妮争吵起来,她对四妮决然地说,没有用的,再劝也没有用。

她执意要离婚,她觉得自己没有错。有时候她也动摇,为了孩子,想忍一忍。她想到男人的背叛,想到男人背着她和另一个女人,一想起这些,她心里就一阵阵绞痛。她尤其不能忍受那种屈辱的感觉,她只有狠下心来,让自己变得坚硬。

她一直躲避四妮,她害怕四妮给她讲道理,害怕四妮用孩子、亲情等砝码勒令她投降。她害怕四妮的一张利嘴,有一次四妮居然用激将法,对她说:"你是在找借口,你早就想离开这个家,你过腻了这样的日子,你有野心,也有狠心,你想飞就飞吧,我不劝你了,就当我没认识过你这人。"

这话更是把她给刺痛了,她觉得四妮很过分。她不愿再见到四妮,一直躲着。离婚以后,她和四妮见了一面。四妮没再劝说什么,她们在一起喝酒,推心置腹地说了好多话。

十年后,她们再次见面了,竟是如此轻描淡写,跳脱了预先设想的种种结局。没有争执,没有碰撞,没有谅解和安慰,没有温情,也没有怨恨。唯一有的,是压在心头的那块石头愈加沉重,让她忍不住一阵难过。

宾客又上来了,一拨又一拨……

"秋芳,你看谁来了。"李云峰在边上提醒她。

她整理一下情绪,用手拢一拢发型,挺直腰,竖起脖颈,下巴稍稍仰起一个角度。她看到,从大门外进来了新郎的爷爷和奶奶——她曾经的公公和婆婆。他们已是老态龙钟,相互搀扶着,出现在酒店大厅里。他们一出现,便有年轻的晚辈上前围拢,给老人请安。他们却不理不睬,蹒跚着往白秋芳这边走来。白秋芳迎上去,开玩笑说:"两位老寿星亲自来了,早说一声,我好去接你们啊。"

婆婆耷拉着脸说:"你这丫头,长着一张巧嘴。"

白秋芳的手,被婆婆紧紧攥着。婆婆仰起头,眯缝着眼打量白秋芳。白秋芳俏皮地说:"不认识了,老了记性也不好了?"

婆婆说:"烧成灰也认得你白秋芳。"

白秋芳搀扶着老人上楼梯,走到一半,老人停下了。白秋芳觉得手里被硬塞进一个东西,低头一看,是一只玉镯。她认出来是当年结婚时婆婆送的礼物,离婚后,她把它还给了李云峰。这只玉镯,她在腕子上戴了十多年,算是一个久违的老朋友了。她不知道婆婆是何用意。她听见婆婆悄声说,快收起来,别让人看到。

白秋芳把玉镯推出去说:"我不能要。"

婆婆说:"本来就是你的东西,快收起来。"

白秋芳说:"我不能要,我没资格要。"

婆婆说:"当初,我知道你们过不好,不赞同你们的婚事……既然你们过上了,你就是李家的人。虽然你跟云峰分开了,你还是涛涛的妈,还算是李家的人。收着吧,我看这个东西和你缘分未尽呢。"

白秋芳想,难道老人盼着她跟儿子复婚?也许不是,老人只是把她当作女儿,念着一份未了的旧情。不管怎么说,她不能看着老人失望,不能当面拒绝。她把玉镯悄悄地收起来。

中午十二点整,婚宴隆重启幕。鞭炮声中,伴随着一首《好日子》,主持人登台甩出一套开场白,下面观众报以热烈掌声。

《婚礼进行曲》响起,金牌司仪热情洋溢的祝福声中,一对新人手捧鲜花,越过花门,步入红毯。新人出场引来阵阵掌声,年轻人打着口哨,人们的情绪被调动起来,彼此感染着,欢腾起来。

白秋芳眼里闪着泪花,她控制着情绪,不让自己过于激动。她坐在离舞台最近的位置,望着台上的一对新人。新人在司仪的指示下,互相表白,大声说着"我爱你",交换戒指,立下白头偕老的誓言。

她的眼有些模糊了。她想起自己的婚礼,那时,她的婚礼非常简单,她被李云峰用一辆面包车娶回了李家。参加他们婚礼的,是十几个要好的朋友。没有婚纱,没有婚礼录像,也没有金牌司仪。在朋友们的簇拥下,他们完成了拜天地、拜高堂、夫妻对拜的简单仪式,从此结为夫妻。他们还被朋友们变着法子戏耍了一番。那时候,幸福就是这么简单,却足以让人永生难忘。

她悄悄看身边的李云峰,他斜坐在她前面,能看到他背后的一个侧面。她曾经爱过这个男人,为了他不惜跟亲人争吵,让自己的父母伤心,为他生儿育女,为他付出了一个女人一生中最宝贵的青春。在他身上,她曾经得到过幸福,她想不明白,是什么夺走了他们的爱情和婚姻,历经坎坷、辛辛苦苦建立起来的幸福,就这么被轻易瓦解。

她坐在那里,想起了许多往事,想到了曾经有过的浪漫,又想起曾经逝去的青春,想起人生的种种曲折和坎坷。她忽然觉得委屈,有两滴泪水掉了下来。她克制着,不敢再掉泪,她害怕脸上的妆容弄花,那些悲伤将会一露无遗。

砰——砰——下面的年轻人往舞台上打礼花筒,新人被笼罩在一派五彩缤纷当中。白秋芳尽量不去想那些往事,尽量让自己摆脱那种伤感。她坐直身子,又把自己变得坚硬起来。

司仪不愧有一副好嗓子,他的声音具有某种穿透力:"天上四时春作首,人间百行孝为先,在这幸福神圣而又激动人心的时刻,新郎新娘不会忘记含辛茹苦养育自己的父母,下面,有请新郎的爸爸妈妈。"

在司仪的安排下,白秋芳和李云峰登上舞台,坐在孩子们面前。司仪让新郎的父母对新人做一番嘱咐。李云峰接过话筒,对儿子说:"从今天起,你有了责任,你要好好爱护自己的妻子,不要让她受任何委屈,将来你们有了孩子,要好好教育孩子,努力让全家人过好。"

这番话说得语重心长,儿子深受感动,噙着泪说:"爸,你放心,我能做到。"

司仪又让新郎的妈妈对儿媳说一些嘱咐的话。白秋芳接过话筒,却不知说些什么。大家都等她开口,场面十分安静。过了一会儿,她终于对儿媳说:"既然在一起了,就好好过。"她只说了一句,就再也说不下去。她觉得还应该再说些什么,可是她什么也说不出了,她觉得喉咙哽咽,有种想哭的感觉。

白秋芳控制不住情绪,从椅子里站起来,跟儿媳来了个拥抱,紧紧的拥抱。台上的两个女人,赢得了台下热烈的掌声。司仪抓住这个煽情的机会,满含深情地说:"多么感人的一幕,这就是我们的妈妈,这就是人类最伟大的母爱……"

如果白秋芳的拥抱就此结束,倒不失为出人意料又在情理之中的精彩一幕。然而,白秋芳似乎忘了这是一个喜庆的场合,忘了身处众目睽睽之下,她在儿媳的拥抱中竟无法抽身,伏在儿媳肩头,轻轻地抽泣。她哭了很久,轻声的,柔柔的,却是旁若无人般,久久不能平息。白秋芳和儿媳拥抱着,站在舞台中央,仪式进程被卡在那里,秩序被打乱,人们不知所措,默不作声。除了白秋芳的哭声,别的声音都渐渐退去,整个大厅极为安静,都在静静地听。

良久,白秋芳的哭声渐渐弱下来。她直起身子,用手背擦脸上的泪,儿媳也十分懂事,帮她一起擦泪。白秋芳向大家道歉说,对不起。这时候人们才缓过神来,纷纷鼓掌。司仪展开喉咙,很快把大家又带进了喜庆欢乐的氛围。

在洗手间,白秋芳用清水洗了洗脸。她在镜子中看到自己脸上的痘坑显露出来,她想起这粒痘坑跟随她已经二十多年了,那原是一粒小小的粉刺,李云峰帮她挤,挤啊挤,粉刺挤出来了,却留下一块小小的疤。

白秋芳觉得舒服多了,哭了一场,心中的压抑得以释放。她觉得自己心里很平静。她接过薛晶递过来的化妆品,熟练地补好了妆。

这时候,李云峰从大厅里跑出来,问她有事没事。白秋芳抱歉地说:"我失态了,对不起。"李云峰说:"没事就好,宴席马上开始了,进去吧。"白秋芳说:"不了,我该回去了。"

　　白秋芳取出玉镯,喃喃自语地说:"这个镯子,我已经戴不上了。"她把玉镯还给李云峰,转身离开了酒店。

末　　日

什么东西越多越看不见？

答案是黑暗。

牛燕在黑暗中打出一个清脆的响指，楼道里的灯亮起来，灯光赶走了黑暗。楼道里空荡荡，没有将要外出的人，也没有将要回家的人，在这个寒冷的冬夜，只有牛燕，一个不喜欢黑暗却偏偏在黑暗中守候的女人。

声音过后，楼道里又暗下来，灯光偷懒似的收回去了。

管伟从电梯上来，没有发现步梯过道里睡着的牛燕。开锁声惊醒了楼道里的灯，没有惊醒熟睡的人。他手里提着东西，进了屋，用脚把门一勾，关门的声音把牛燕惊醒了。

"老马，开门，你给我开门！"牛燕在外面喊。

管伟打开门，看到一个戴滑雪帽的女人。再过几天就是圣诞节，他有种恍惚的错觉，这个突如其来的女人，难道是从圣诞老人的雪橇里蹦出来的？

牛燕也觉得意外，明明是老马的家，开门的却不是老马。面前这个男人，大概四十岁左右，头发蓬乱，脸上的胡子也像是好多天没有刮过。牛燕对这个人没有什么好感，她喜欢干干净净的男人。她认识老马的时候，就是喜欢老马的干净。

"老马呢？让他出来！"她对管伟毫不客气地说。

"你是老马什么人？"管伟问她。

"老马，你给我出来！"牛燕伸长脖子，朝屋里喊。她以为老马躲在屋里面，他一定是听到她的声音，让朋友出来应付，自己躲了起来。

"让我进去。"牛燕说着，往门里面挤。管伟硬邦邦地竖在门缝里,手臂撑在门框上拦起一道防线。管伟说:"老马不可能在屋里,老马去甘肃了,不会回来了,你再瞎胡闹,我可要喊保安了。"

牛燕不管他说什么,朝门上推了一把,没推开。她憋足一口气,抓住对方拦在门框上的手臂,把全身的重量都压上去……防线到底还是被她攻破了。牛燕闯进屋里,开始搜寻老马。她先是进了主卧,房间里的陈设使她有种温暖、舒适的感觉。这是多么似曾相识啊,几乎和她无数次设想的毫无出入。整个房间在粉红色基础上展开,带给人一种明亮、清新的视觉感受。一张一米八乘两米的大床,上面铺着粉红色棉被;靠墙一排五门大立柜,是淡淡的乳黄色,中间一扇柜门嵌着一面穿衣镜;窗帘是相对深一层的橘黄色,飘窗下面有一张贵妃榻,坐着一只胖胖的布熊和两只小抱枕;一面墙壁上用木板搭起两层储物台,摆放着可爱的小饰品,其中一层还放着一瓶酒和两只玻璃杯;靠近床头有一张梳妆台,上面摆满了琳琅满目的化妆品……她觉得房间布置非常合理,唯一不合理的,是床头婚纱照里面的女人。那个位置,原本是她的位置,现在被一个圆脸阔唇的女人占去了。

牛燕从主卧出来,又去次卧,然后又去厨房和卫生间,全部查看一遍,没有老马的影子,看来老马是真的不在。她有些沮丧,还有些彷徨,想离开又有点不甘心。

管伟一直在边上发牢骚,向这个擅闯民宅的女人表达愤懑。他甚至不知道女人和老马究竟是什么样的关系,他们之间肯定有一些纠葛,但事不关己,也犯不着与她大动干戈。他盼着女人赶紧离开,还自己一个安宁的夜晚。他感到手背疼痛,仔细一看,手背上有一条血痕,应该是刚才争执中被女人的指甲给掐破的。他有些委屈,有些恼怒,无缘无故招来这么一个煞星。他却不得不忍耐下来,以他的经验判断,这个缺乏修养刁蛮粗俗的女人,最好是敬而远之,惹都不要惹。

牛燕坐在客厅沙发里,望着卧室的门发呆。

管伟说:"我早告诉你,老马不在,他去甘肃不会再回来了,你还不走吗,难道要在这里过夜?"

牛燕慢慢转过头，看着管伟。女人眼神里透露出绝望，这让管伟心里有些发毛，他不敢再说什么，直愣愣地站着，气氛有些尴尬。牛燕的目光一直停留在管伟身上，那目光是空洞的，她显然不是在打量对方，而是随便停留在任何一个东西上面发呆。

牛燕比来的时候安静了许多，声调也低了下来。她问管伟，有老马的联系方式吗？管伟说，没有。牛燕说："你有他家的钥匙，怎么会没有他的联系方式？"管伟说，真的没有。牛燕说："我只是想和他说说话。"管伟说："不好意思，我帮不了你。"

两人都没有再说话，沉默了一会儿，牛燕站起身走了。管伟等她进了电梯，才轻轻关上门，生怕关门声再惊动了什么。关了门，管伟长出一口气，骂了声，真是倒霉！管伟来的时候买了许多吃的喝的，现在可以好好享受了。他取出酒啊肉的，打开电视，坐在沙发里边吃边看。

牛燕从老马家出来，走在冷风里。

她爱老马，和老马在一起了十年。他们分手是因为老马不愿再跟着她冒风险，想回家发展，可是她知道，回家甚至连谋生都很艰难，她想趁年轻再干几年，起码挣够回家买房子的钱。他们一直没有结婚，就是因为没有一套可以安家的房子。两个人意见不同，经过争执，一赌气就分开了，老马回颍川老家，她还留在浙江。老马走后，果真就出事了。牛燕因组织卖淫罪，被关了几年。第一年，老马去看她，说是等她出来，第二年，老马就杳无音讯了。

牛燕要跟老马清算两笔债。一笔是感情债，老马欠下的，今生难以偿还；另一笔是金钱债，她把辛苦挣来的钱，省吃俭用地攒起来，她把钱交给老马，让老马回家乡买房子，包括首付和房贷加起来有二十多万元。如今她已是走投无路，人不要，钱不能不要。

牛燕出狱后，回到颍川四处打探老马的消息。老马的一个朋友同情她，把老马给出卖了。朋友劝她："老马这人也不容易，活到四十岁才娶了一个离婚的女人，总算是成了家，你也坚强点，凡是要往前看，不要总想着过去……"朋友说到一半，牛燕沉下脸说："你少管，这是我跟老马的事。"牛燕是那种直来直去的女人，心眼不坏,朋友都知道她的脾气,也没跟她计较。牛燕走后,朋友怕出事,又给老马打电话,说:"牛燕回来了,正在去你家的路上,你可要小心了。"

牛燕没能见到老马,她在老马家门外蹲守十几天,知道老马不会再回家了。她又听说老马已经离开颍川,去了千里之外的甘肃。一个人如果有心躲开另一个人,在十几亿人口、960万平方公里的中国,应该是非常容易的。

牛燕的家在农村,家里有父母,有一个弟弟,那是唯一能让她暂时休憩的地方了。她在家里住了一段时间,很快到了2012年12月21日,这个日子比较特别,据说是地球人的世界末日。人们知道这是个谎言,但人们承认这是个特别的日子,特别的日子里,就有理由做些特别的事情。牛燕就想,在世界末日能见见老马就好了,即便见不到,也在老马家门前坐一夜,反正,不管怎么说,世界末日是交给老马了。

牛燕来到锦绣华城,坐电梯到21楼,站在老马家门前。这道门里面,大概有七十平方米左右,两居室,一厅一厨一卫,人们把这种住房称作"刚需首选精致紧凑小户型"。这套房子本该是属于她和老马的,他们曾无数次设想,房子如何装修,家具如何摆放,甚至哪个抽屉里放哪些东西,都考虑得面面俱到。

牛燕坐在楼道里,不知不觉睡着了。她被关门声惊醒,以为是老马,或者老马的女人,或者老马和他的女人,她没想到,开门的是一个陌生男人。她闯进屋里,看到老马不在,只好退了出来。

牛燕走在街头,感到形单影只,冬夜里冰冷的空气加重了身边的凄凉。她看看手机,已经是夜里九点半。她没有去处,不知该往哪个方向走。这里是颍川东区,社区配套尚有待成熟,宽阔的马路两边是新建的小区,白天有稀疏的车辆和行人,到了夜里,明亮的路灯下面空寂无人。小区里面的高楼里,透出微弱的亮光。牛燕隔着马路望去,寻找着老马家的灯光。

牛燕折回头,又去敲老马家的门。小区保安见她刚出去,也没多问就放她进去了。她进了大门左转,绕过一座人工湖,在一栋楼前停下。面前是一道单元智能防盗门,她试着拉了一下门,门紧闭着。第一次来的时候是在傍晚,邻居开门的时候,她跟着进去了,这次没有那么幸运了。她只好硬着头皮按门铃。

管伟在门铃里问:"谁?"

牛燕说:"我有件东西,麻烦你交给老马。"

管伟说:"怎么又是你? 我说过,我帮不了你。"

牛燕说:"我放下东西就走。"

牛燕没想到轻易就骗过管伟了,她感到有些庆幸。门锁咔嚓一声打开,她走进楼道,乘电梯上到21楼。老马家的门虚掩着,推门进去,房间里开着暖气,管伟正坐在沙发里,一只手抓块鸡腿,一只手端着酒杯。

"要不要喝一杯?"管伟晃晃手中的酒杯。

牛燕进到屋里,就开始脱衣服,先是摘了滑雪帽,露出一头长发;又除去羽绒服,脱下羊毛衫,最后连牛仔裤也褪掉了,只剩一身内衣。牛燕把管伟从沙发上拽起来,往门外推。

牛燕说:"我要睡觉了。"

管伟说:"我不赶你走,你倒赶我走?"

牛燕说:"我告诉你,这套房子本该属于我的,老马买房子的钱全是我给他的。"

管伟说:"房子是你的? 你有钥匙吗?"

牛燕说:"没有。"

管伟说:"你有房产证吗?"

牛燕说:"没有"

管伟说:"钥匙在我这里,这里我做主,要走的是你,不是我。"

牛燕放开管伟,两手揪住自己的衣襟向上一扬,把内衣脱了,露出粉红色胸罩。牛燕说:"再不走我要喊救命了。"管伟愣住了,一脸窘色。牛燕挺起胸,硬是把管伟逼到了门外。

牛燕关上门,从里面反锁。门外传来钥匙插进锁孔转动的声音,接着是敲门声。牛燕在心里说:"敲吧,敲到天亮,累死你。"牛燕把身上的衣服脱光,进卫生间冲了个热水澡。有一个舒适的家真好,她心想。

管伟在楼道里睡着了。他没想到自己会睡着,因为天冷,睡着容易得感冒。他想抽烟,发现烟忘在屋里,出门的时候,连外衣也没来得及穿。身上只有一件毛衣,阵阵寒意袭来,他担心自己能不能熬过这个冬夜。他甚至宿命地想,2012世界末日竟然在自己身上应验了?

如果不是世界末日,他不会来到这个地方,不会有这么离奇而不幸的遭遇。

管伟是第一次来老马家,他和老马是朋友,老马去甘肃之前把钥匙交给他,委托他把房子卖掉。卖掉房子有报酬,他就欣然接受了。他在一家房地产网站做编辑,对二手房原是一窍不通的,但老马认定他是行家,执意要他帮忙。一个月来,他找了几个买家,其中一家下周就能凑齐房款。他来老马家,一是查看房子,另外就是因为世界末日,他想安静地享受这个特殊的日子。

管伟没想到,这个特殊的日子,被一个陌生的女人给搅和了。在这个女人面前,他完全束手无策。他本不是省油的灯,他跟许多女人都上过床。有一次他搞女人,被老婆发现了,要跟他离婚。他一边安抚老婆,一边又去搞另外一个女人。直到有一天,他发现老婆在外面有了男人,这才惊慌起来。他找老婆谈话,表示可以原谅,以后安心过日子。但是老婆已经义无反顾:"以前你没发现,我们倒是可以平安过日子,现在你发现了,只能离婚了。"

管伟不愿离婚,他觉得家庭非常重要,如果离婚,伤害的不仅是夫妻双方,还会殃及亲人和孩子。他想尽办法挽留老婆,他开始变得低三下四,处处讨好,甚至容忍老婆和情人保持关系,只要老婆答应,不明目张胆地在外过夜。一系列的让步,加上有乖巧可爱的女儿做筹码,婚姻总算是保住了。

管伟觉得这一切都是报应,他玩女人是种下的因,老婆出轨是结出的果。世事沧桑,不可挽回,悲伤和悔恨都是徒劳的。经过这个打击,他从一个浪荡男人变成了落魄的丈夫,对任何事都提不起兴趣,越来越懒惰,越来越无聊。

他渐渐适应了,习惯了,每天上班下班,闲暇时去街头下下棋,喝点小酒。日子像白开水一样,没有兴奋和激情,也没有什么不开心。他和老婆之间出现了一种"客气",出现了类似"相敬如宾"的东西。世界末日这天,老婆跟他请假,说是要去外地出差,晚上不回家。他知道老婆要去会情人了,他不愿挑破,又不甘心,就对老婆说:"不回家可以,但是你要带上孩子。"老婆欣然应允,带着孩子走了。他知道老婆一定是把孩子放在姥姥家,然后去会情人。他心想,这是个什么日子呢?忽然想起,这是传说中的世界末日。

管伟不愿一个人守在空荡荡的家,便从家里出来闲逛。这个冬季较往年要冷,空气中仿佛隐藏着冰凌茬子,刺得脸疼。管伟买了酒菜,奔老马家而去。

管伟没有想到,即便这样一个独享清净的愿望,也被一个莫名其妙的女人给搅散了。他在楼道里坐下,发现手上抓着一只啃了一半的鸡腿。他想有一瓶酒,一包烟,最好再有一杯热茶。眼前的灯光因寂静而熄灭了。他想起卖火柴的小女孩,比起她来,自己毕竟还有半只幸运的鸡腿。他靠着墙,慢慢地睡着了。

管伟醒的时候,发现地上有一只鸡腿,他回忆着之前都发生了什么。一个女人的声音说:"你怎么在这里睡,会被冻死的。"他抬起头,看到牛燕。他想起来,自己是被这个女人给赶出来的。他看到牛燕穿一身睡袍,头发湿漉漉地披散在肩头,娇小的身子在宽大的袍子里有些楚楚动人的味道。

"来陪我喝两杯。"牛燕的语气有些恳求的意思。

管伟跟着牛燕进到屋里,立刻被一阵温暖的空气包围。他们坐在沙发里,屋里灯光明亮,电视机里播放着娱乐节目。牛燕找出杯子,倒了两杯酒。管伟说,快冻死了,等会再喝。牛燕说,喝酒暖和,喝了酒身上就像披着一件火龙袍。管伟接过杯子,放在茶几上。牛燕说:"你可以去冲个热水澡。"这倒是个不错的主意,但管伟没有去冲澡,而是抓起自己的羽绒服裹在身上。

管伟端起酒杯,一仰脖干了。牛燕说:"你这人没意思,让你喝你不喝,现在又自己喝。"牛燕也喝了一杯,喝完又把空杯子满上。

刚满上,管伟又端起杯子,一口喝干。牛燕说:"喝那么凶,哪有你这么喝酒的。"

牛燕话比较多,她是一个喜欢说话的人。管伟和她相反,不喜欢说话,一句话也没有说。牛燕就像《百家讲坛》里的教授,不管听众有什么样的反应,自己眉飞色舞滔滔不绝。说和听是两码事,有时候,说话的人并不在乎是否有人去听。

"能不能安静一下。"管伟实在忍不住了,女人的唠叨对男人来说是一种折磨。

"不愿听就堵上耳朵,"牛燕说,"跟你说话都不理,你这人好没礼貌。"

管伟说:"你说那些全是废话,就不能说点有意思的?"

牛燕说:"你不知道,人的话百分之九十九都是废话。"

管伟说:"既然是废话就别再说了,看电视吧。"

牛燕说:"好吧,不说了。"

两人不再说话,专心看电视。

管伟抓起酒瓶倒酒,发现酒瓶已经见底。管伟对牛燕说:"我要睡觉了。"牛燕说:"还有一个多小时,过了十二点再睡。"管伟问:"为什么?"牛燕说:"你不知道吗?今天是世界末日,再过一个多小时,就可以平安度过了。"

管伟当然知道世界末日,这是人类给自己开的一个玩笑。有人拿这个玩笑做借口,去做一些反常的事情。比如他的老婆,选择世界末日去和情人幽会;比如他,因为世界末日,来到这个陌生的地方,遇到了一个陌生的女人;新闻里面,也有因为世界末日而引起的许多离奇的事件。对于落魄的人来说,希望能够否极泰来,度过世界末日,也许明天就开始走好运了。

可惜没有酒了,管伟还想再喝点。他知道老马也是喜欢喝酒的,家里也许放的有酒。他每个房间都查看一遍,在卧室里发现一只酒瓶,里面是空的,阳台上堆放着十几只酒瓶,也是空的,连卫生间都仔细搜查了,一滴酒也没找到。牛燕问他,找什么呢?管伟说,帮忙找一下,看有没有酒。牛燕就帮他找,两人一起翻箱倒柜。

牛燕忽然想起什么,跑到洗衣机前,掀开盖子,里面果然藏着一瓶酒。

这个意外的收获给两个人同时带来了喜悦。他们又回到客厅继续喝酒,气氛融洽了许多,连坐姿也显得惬意了。一个斜靠在沙发里,跷起二郎腿,一个去卧室里抱了棉被出来,脱了鞋横卧在被窝里。

管伟说:"你怎么能想到洗衣机里藏的有酒?"

牛燕说:"你想知道?"

管伟说:"说说看。"

牛燕说:"你喝三杯酒,我就告诉你。"

管伟抓起酒瓶,连喝了三杯酒。

牛燕忽然有些不高兴,她低头想了想,抬起头,端起酒杯,慢慢地喝了一小口酒。牛燕给管伟讲了自己为什么能找到洗衣机里的酒。那时候,她和老马带着几个姐妹刚到浙江不久,她和姐妹们在夜场工作,非常辛苦。老马是个内向的人,不喜欢抛头露面,就在家里负责做饭。老马渐渐醉心于烹饪技艺的学习和实践,做出的菜越来越有味道。她觉得这样挺好的。她怕老马在家闷着,劝老马没事出去逛逛。老马听她的话,没事就去街上逛。渐渐地,老马又养成一个爱好,每天中午吃过饭,去街边同邻居们打麻将。她觉得这也挺好的。她不图权势,不图钱财,只图老马这个人,能安安稳稳过一辈子。老马除了这些爱好,还有一个喝酒的爱好。来到浙江以后,老马的酒瘾越来越大,中午半斤,晚上半斤,到后来,早上不吃饭也要喝二两。她担心老马的身体,劝老马戒酒。

她和老马吵起来。她对老马说:"身体是你的,也是我的,归根结底是我们两个的,万一你喝出毛病,还不得我来伺候你。"

老马是个倔脾气,不说还好,越说就越不爱听。老马还要喝酒,她生气了,上去抢老马的酒瓶。老马恼火起来,把她给揍了一顿。她挨着揍,嘴里骂老马。

两人都累了,一个打累了,一个骂累了。折腾半天,也饿了,两人一起出去吃东西。吃着喝着,怨气消了,推心置腹起来,倒是比之前更加恩爱了。老马表面答应戒酒,背地里偷偷喝。就是那个时候,老马养成了藏酒的习惯。他把喝剩的酒藏起来,但是不论藏得多隐秘,都会被她发现。有一次,老马把酒藏在洗衣机里,居然躲过了搜查。老马觉得洗衣机是个安全的地方,每次都把酒藏在洗衣机里。其实,不是她没有发现,而是她知道老马戒不掉酒,睁只眼闭只眼,只要老马能够克制一下,少喝点就行了。后来她不再反对老马喝酒,老马却养成习惯,总是在洗衣机里放瓶酒以备不时之需。

牛燕说:"我们分开五年了,他还是没改掉藏酒的习惯。"

管伟说:"你对老马挺了解的。"

牛燕说:"我们在一起十年,能不了解吗?"

管伟说:"你们是怎么认识的?"

牛燕说:"你想听?"

管伟说:"闲着无聊,听听也无妨。"

牛燕说:"想听故事,就得喝三杯酒。"

管伟说:"好。"

管伟抓起酒瓶,又喝了三杯酒。

牛燕说:"那一年我二十岁,在帝豪歌厅坐台。老马在歌厅里打工,负责给客人们点歌,我们每天都能见面,但是从来没有说过话。有一次,一个老板要我出台,我不愿意。我虽然坐台,但是从不出台。为了摆脱老板纠缠,又不得罪老板,我就撒谎说老马是我的男朋友。这个老板盯我很久了,知道我没有男朋友,他让人把老马叫来对质。我以为谎话要被揭穿,没想到老马进来以后,把我从老板怀里拽起来就走。老板身边的人不乐意,上去把老马揍了一顿。老马挨了打,眉骨破了,流了不少血。老马把我救了,我陪他去医院包扎,请他吃饭。当天晚上,我就住到了老马家。我和老马就这样好上了。老马是大学生,毕业后进了一家工厂,后来工厂倒闭他就到亲戚开的歌厅里来打工。我喜欢老马的干净,瘦瘦的,戴副眼镜,像个文化人。我不喜欢老马的脾气,不喜欢老马喝酒。"

她问管伟:"听我讲这些是不是很无聊?"

管伟说:"挺有意思的,继续讲。"

牛燕说:"还想听什么?"

管伟说:"你和老马怎么分手的?"

牛燕说:"还是老规矩,三杯酒。"

管伟说:"那就算了,不喝了,也不听了。"

牛燕说:"说说你吧,我愿意喝三杯。"

牛燕一边说一边自己倒酒喝起来。

管伟说:"我没什么好讲的,我和老婆是同学,中学时开始恋爱,后来参加工作,结婚生子,平平淡淡没什么故事好讲。"

牛燕说:"就这么简单?"

管伟说:"简单到不能再简单了。"

牛燕说:"你怎么会有老马家的钥匙,为什么不在自己家里住,一个人住别人家?"

管伟说:"老马委托我照看房子,遇到合适的人想租房,就把房子租出去。这段时间一直忙,今天总算抽出空来看看,我家离这比较远,天气冷所以就不回去了。"

牛燕说:"房子要租出去吗?租给我吧。"

管伟说:"不能租给你,老马知道肯定要怪我。"

牛燕说:"其实,我找老马就是想要回房子,当初买房子的钱全是我挣的。"

管伟说:"那就更不能租给你了。"

牛燕说:"我和老马一直想有个家,为了这个家,我们在外漂泊……"牛燕说着站起来,欣赏起房间里的每一个细节,仿佛这是她值得骄傲的作品。"你觉得房间布置得怎么样?"牛燕问管伟。

管伟说:"整体来说还算不错,不过,有些细节处理得不好,比如卧室里的镜子。"

牛燕说:"你是说立柜上面的穿衣镜吗?"

管伟说:"镜子对着床,半夜醒来看到镜子里的反光,搞不好会受到惊吓,造成失眠,所以卧室最好不要放镜子。"

牛燕说:"我还是头次听说,卧室不能放镜子?"

管伟说:"你觉得我说的不对吗?"

牛燕说:"有点道理。但是老马跟你想的不一样,他喜欢看镜子。"

管伟往杯子里倒上酒,和牛燕碰了一杯。管伟说:"世界末日应该过了吧?"牛燕说:"几点了?"管伟看看表说:"快两点了。"牛燕说:"世界末日,不知道哪个缺德的编的瞎话。"管伟说:"世界末日过去了,可以安心睡个觉了。"牛燕说:"你困了吗?"管伟说:"有点困了,睡觉吧。"牛燕说:"再聊一会儿,我还不困。"

两人找不到合适的话题,把注意力放到电视上。调了几个频道,都是广告,这个时候已经没有什么可看的节目了。他们又喝了几杯酒。

喝着喝着,管伟发现牛燕在抹眼泪。管伟说:"怎么了,想起伤心事了?"牛燕说:"我想老马……为什么忘不掉……忘不掉……"牛燕抓起酒瓶,仰起脖子大口喝起来。管伟去夺酒瓶,牛燕放开酒瓶,大声哭起来。牛燕哭着,嘴里说好累……活着好累……好累……牛燕趴在管伟肩头哭,抽泣着。管伟伸手搂住她,用手在她背上轻轻拍,安慰她。管伟安慰她说:"谁都有过痛苦的经历,别太伤心,会好起来的。我和你一样,我老婆不要我了,要跟我离婚……"

牛燕哭声更大了,止不住地哭,她的哭声把管伟的情绪感染了,管伟也哭起来,和牛燕一起放声地哭。

他们毫无顾忌地哭,不知哭了多久,渐渐地哭声小了……管伟低头看怀里的女人,发现女人已经睡着。他把女人抱起来,走进卧室,把她放在床上,盖好被子。他躺在女人身边,看着女人。他觉得女人很美,细细的眉毛,小巧的嘴唇。

管伟迷迷糊糊地觉得自己回到了童年,和伙伴们在大院里推铁环。他的铁环又大又重,把伙伴们撞得人仰马翻,他哈哈笑着,开心极了。不幸的是,他把铁环推进了水沟里,费好大力气也没捞出来……他又梦到年轻时和女朋友看电影,黑暗中怎么也找不到自己的座位……他还做了一些稀奇古怪的梦。后来,他梦到自己变成一只蝴蝶,停在窗台。窗外的阳光刺得他睁不开眼,他回头看床上的牛燕。牛燕醒了,走过来对他说:"你怎么变成蝴蝶了呢?"他说:"不,我还是我,我不是蝴蝶。"牛燕说:"我明白了,你是觉得做人累,所以变成蝴蝶。"他争辩说:"我不累,我很开心,我倒是觉得你累,你的男人不要你了,你活着还有什么意义?"牛燕说:"你老婆不要你了,你和我是一样的,你有什么资格鄙视我呢?"他听了这话,有些恼怒,可是牛燕一直冲他笑,他也就不再恼怒。他对牛燕说:"你也变成蝴蝶吧,像我这样,你瞧我现在有多开心。"说着他在窗台上飞了两下,抖动着自己的翅膀。忽然,牛燕也变成了蝴蝶,牛燕两臂一张,砰的一声变成了蝴蝶。牛燕说:"我要飞了,你看着我怎么飞。"说着,牛燕爬上窗台,纵身跳了出去。他伸手去拉牛燕,没能拉住。他觉得牛燕是不能飞的,牛燕毕竟是人,不是蝴蝶,怎么能飞呢?他不知道牛燕究竟是飞了,还是在往下坠落。他眼前始终是模糊的,什么也看不清。他努力张开双眼,想看清眼前的世界,可是眼睛怎么都睁不开……

　　管伟终于从梦中醒来,天已经亮了,阳光从窗子里透进来。他发现自己一个人睡在床上,牛燕不知什么时候已经走了。他起床,在屋里查看了一下,牛燕确实已经走了。他回忆着梦中的情节,下意识地走到窗前,拉开窗户,向楼下看。楼下是一片草地。他向远处望,远处是一条河,河堤修建成游园,一派清新悦目的景色。

　　管伟有些自责,他觉得应该把实情告诉牛燕,房子很快要被卖掉,牛燕再也没机会要回属于自己的房子了。他忽然有点同情牛燕,他想,牛燕的未来会是什么样子呢?她靠什么去生活,她会不会又去做她的老本行?转念一想,他又自嘲起来,自己还不是一团糟,怎么还顾得上替别人担忧?

　　管伟离开了老马的家,他走在路上,想着自己的心事。他盘算着,该做点什么好呢?他觉得自己应该调整一下心态,首先让自己的内心平静下来。世界末日已经过去了,一切都会变好的。

手

一

如果不涉及手的问题,我跟普通人基本没什么区别。我指的是生活,吃喝拉撒什么的,不比普通人少任何一样。别人怎么做,我也怎么做,凭我的头脑,不见得比别人做得差。我的问题,主要就是手的问题。二十岁那年,一次意外的车祸使我失去了双手。我原本有一双灵巧的手,我曾用手写字,用手折纸飞机,用手打玻璃弹珠,用手挠痒以及挖耳屎等等。我从未有过感激,是谁给了我一双灵巧的手呢?如今没有手了,我也未曾悔恨,得失都是上苍的造化。好在手并不是生活中必不可缺的工具,好多事情,有手能做,没手照样能做,只是换了处理问题的方式而已。这些年,我学会用嘴写字,用脚尖开门,用桌椅的棱角蹭痒,我已经把手的功能在生活中化解掉了。不熟悉我的人们对我的生活细节总是感到好奇,这一点我能理解。大家对我的好奇,无非是如何穿衣,如何吃饭,如何解决没手给我造成的困难。心情好时我给他们讲如何克服没手的困难,他们听了后往往会说,就这么简单啊,就这么简单?我说,是啊,就这么简单。其实很多事即使不说你也能想象得到,你可以把自己的手捆起来,亲身体验一下嘛,你会发觉用其他东西替代手是一件简单而容易的事,人的生存本能使然。还有必要深究下去吗?如果有人坚持问我是如何处理大便之后的个人卫生问题的,那么,我会跟他划清界限。这样的提问让我感到恶心,持这种态度的人,其内心世界跟我大便之后的个人卫生状况同样糟糕。我没有手,不说明我没有尊严,手和尊严不能混为一谈。我有很多朋友,由于工作关系,我还在不停地结识一些新朋友,我不排斥善意的侵入,但交友原则却有一个,那就是互相尊重。

我的工作是给别人算命,最早我是在桥头蹲摊,风吹雨淋的,滋味很不好受。说实话,我算命的水平并不高明,总是弄得阴差阳错,因此生意格外冷清。那年夏天,我们这个城市掀起了一场创建卫生文明城市的热潮,为了配合城管部门的工作,我们这些算命先生不得不从桥头据点撤离,有一部分转移到郊区环城公路边,也有一部分回农村老家改行种地去了。失业给我带来的打击可想而知,家庭开支也因此顿显拮据,我和我年迈的母亲,每日只靠一些清汤挂面和小米稀饭度日,眼看形势十分严峻。那些日子我十分烦闷,没事就在家后面的铁道边仰首望天,期盼着从天上能掉下点什么,即使不掉元宝,掉下点零钞碎票也好。我们行业术语里有一个词叫"贵人",元宝钞票之类的不敢奢求,就叫老天给我掉个贵人帮我吧。不知道念叨了多少遍,贵人还真叫我给念出来了。贵人的意思并不是说他就是一个富贵之人,命学上说,贵人就是对我有帮助的人,且不管他是什么身份,只要能帮我渡过难关,就是我的贵人。后来,在贵人的引导下,我租下铁道边的一间小屋,开了这家算命馆,情况算是有了好转。现在我的生意基本还算稳定,每月都有千把块钱的收入,遇到旺季,收入更是平时的数倍。我和老母亲不必再为清汤挂面和小米稀饭发愁,每顿饭,我们的嘴边都能挂上些许零星的肉末。

我父亲死得早,就不必谈他了。谈谈我的母亲。我的母亲已经快七十岁了,她是在四十岁头上生的我。她现在身体还算健康,操持家务没有问题。在街坊邻居中,她是一个很有口碑的老人,是公认的命苦慈心之人。她脾气很好,遇事没什么主见,我想这是她健康长寿的主要原因之一吧。没事的时候,她在命馆前的空地上晒太阳,那里聚集着一些给子女们抱孩子的老年妇女。有时候我外出给顾客看阴阳宅子或给财神开光,她也会帮我看馆。也许是因为忙碌和清闲能有机结合吧,她的生活显得比较充实,对我们目前的生活状况也比较满意。前几天我去给一个客人看风水,不知哪句话说中了他的心事,我因此意外多得了一倍的卦金,当时我一高兴,归途中给母亲买了一双布鞋。就这事儿,母亲被感动得哭了,捧着布鞋掉了几滴老泪。她是如此一个容易满足的老人。我这不肖子孙啊!

我还想说说我的朋友们。我的朋友很多,但经常在我这里聚集的也就那么三五个人,他们都是我中学时的同学。他们的日子并不比我好过,有在工厂里闲磨岁月的,有下岗后靠小生意自谋生路的,但是他们都和我一样,在困苦和磨难中不乏乐观。早在我没开算命馆之前他们就喜欢来我家里玩,一起喝劣质的酒,抽劣质的烟。大多数时候我是欢迎他们的,他们来了,我的日子里便有了酒,有了游戏,有了笑谈和争执。当然,也有我不能容忍他们的地方,比如打扑克牌。我参与打扑克牌是有前提的,必须有人替我抓牌,然后按我的旨意出牌。可是呢,他们偏偏跟我作对,既然牌在他们手里,就由不得我来指挥。我承认自己的出牌技巧过于拙劣,但我不能容忍他们对我毫不在乎的态度,既然不听我的,我的参与就形同虚设,显得毫无价值。每次打牌,十有八九我都要生气,有时候矛盾激化,我会大袖一挥搅乱牌局。场面就十分尴尬,朋友中有性格柔和的,会把牌从地面上捡起,说些和气的话圆场,更多时候,大家就在不愉快中一哄而散。不过这些我从不担心,只要睡上一觉,所有的矛盾就像从未发生,第二天他们再来的时候,徒增调侃和言说不尽的话题。这就是我身边的朋友们,他们对我的宽容多少会伤我一点自尊,但更多的是我对他们发自内心的感激和信赖。

健康的身心,安宁的家庭,慈祥的母爱,善良的友情——这些构成了我生活的基本内容。还不够吗?拥有这些,于常人尚属难得,况且于我?我很知足了。但是我的一个朋友老莫却提醒我说,我的生活中还缺少一样最为重要的东西,没有这个东西,我目前所拥有的一切都将是美丽而短暂的泡影。老莫说的这个东西,是女人。

老莫提出要给我讨个女人的想法,他列举了女人的种种好处,什么传宗接代啦,什么洗衣做饭铺床叠被啦,等等。末了他还煞有介事地说:"对普通人来说,女人就是女人,对你来说,女人不仅是女人,还是你的一双手!老母亲一日日年迈,早晚有一天革命的重担会把她压垮,这个家,需要一双年轻有力的手来支撑啊。"

我何尝不想有个女人呢,但我对讨女人这件事持反对态度。我很清醒,以我的条件不会有哪个女人愿意嫁给我,没有谁喜欢去伺候别人。如果花点钱,讨女人倒不成什么问题,我的顾虑是不能保证女人永远在我身边陪伴,与其将来失去,不如趁早杜绝,免得人财两空鸡飞蛋打,我的生活处境是不允许我有任何浪费的。

母亲也为此找我谈心,一听话音就知道她跟老莫是串通好的。与老莫的旁敲侧击不同,她开门见山要求我尽快娶个女人,好传下她手中的接力棒。她说:"我要退休。"老母亲要退休,这是我始料不及的,我原本设想经济状况再上一个台阶就请保姆来操持家务,以减轻母亲的负担。母亲早就知道我有这样的想法,她反驳我说:"请保姆是一种浪费,不如娶媳妇来得实惠,而且,保姆也不能给我们传宗接代呀。"我被母亲逼得有点急,我说:"容我想想吧,一点心理准备都没有呢。"天气冷,我鼻子猛吸一下,以免鼻涕流进嘴里。母亲看到了,用纸帮我擤鼻涕。母亲老了,给我擤鼻涕的动作显得笨拙。我低垂眼睑,看到她的手也是苍老的,宽大的骨节撑起一张老皮,枯枝般的手筋在手背上盘根错节。我鼻子一酸,差点掉泪。母亲说:"有什么好准备的,这事就这么定了,已经跟人家说好,明天你莫婶就带姑娘来咱家见面。"母亲向来没什么主见,这次却是铁了心的。

我不得不答应,不能不答应。母亲说,三百块钱的见面礼已经给人家送去了。

二

那天下午我一个人在算命馆里背棋谱,莫婶带那姑娘来了。背棋谱是我打发无聊的一种方式,也借此锻炼自己的意志力,其实我根本不会下围棋。我正在交缠不清的数字中打转,就听门吱呀一声开了,露出莫婶笑吟吟的脸。莫婶的笑脸后面还跟着一张大而臃肿的脸,我想这应该是我未来妻子的脸吧。莫婶做了简单的介绍就离开了。

屋里只有我们两个,面对面坐着,一时间气氛有些尴尬。我坐在平时给人算命的位置上,与她中间隔着一张写字桌。桌上摆着一本棋谱,一本万年历,三枚算卦用的铜钱,一包香烟和一个茶壶形打火机。她低着头,目光死死地落在那些铜钱上,较之其他东西,这些神秘的铜钱更能吸引她的目光?

我说:"你属什么的?"她没有回答我。我又说:"属兔的吧,乙卯年,木命,我大你两岁,我是癸丑年,土命,木克土呢。"她仍然没有反应,大概我的专业术语让她感到迷惑。我马上转了话题,说:"你叫文丽?文章的文,美丽的丽?"她仍然无动于衷。这时我还没有发现问题所在,我以为她不说话是因为害羞。最初见到她的第一眼,我就觉得这次相亲会以失败告终,她是一个没有毛病的健全人,我的残疾跟她是不能匹配的。这么一想,我对她的沉默不能容忍了,她之所以仍然坐着不走,难道是受了家人的逼迫?既然这样,我有什么理由陪她浪费时间呢?于是我很不礼貌地把双臂从口袋里抽出来,伸到她面前,让她看我光秃秃的手腕。我的举动把她吓了一跳,她身子往后惊讶地退缩,同时张大了嘴巴茫然地望着我。这是我们第一次目光对视,我发现她眼里满是戒备和惊恐。我不无激昂地对她说:"看到了吧,我是一个没有手的人,难道你家人没告诉你吗?现在我来告诉你,你来我家的真正意义只有一个,那就是做我的一双手!你想象过那是一种什么样的日子吗?我们没必要浪费时间了是不是?很抱歉,我还得做生意,不能留你吃晚饭了。"说着这些话,我在心里痛惜地想,三百块钱打水漂儿了!我没好意思把这话说出口,虽然心疼钱,但面子也不能不顾。我的话终于使她有了一些反应,她居然笑了,这是出乎我意料的。她啊啊叫了两声,打着手势,这时候,我才知道她是一个聋哑人。

她听不到我说话,我也看不懂她的哑语,我们的交流面临巨大的困难。她打哑语时我注意到她的手是一双粗糙的手,手背上布满粗重的皱纹。这双手可以烧火做饭,甚至可以劈柴,可以搬移重物,因为干燥,想来抓什么东西都会牢靠。她的衣服显然是缩过水的,衣袖过于拮据,露出结实的手腕,长在这样手腕上的一双手,将成为我未来生活的支柱?

我用嘴咬着笔杆写了几个字:用字交谈。她看了看,也写了一个字:好。我们算是找到了一种可以交流的方式。但是我却没有再给她写字,我一向讨厌写字,我想,将来无论跟她说什么都得写字的话,我宁愿什么也不说。我忽然有说不出的厌烦。我们出现了很长一段时间的沉默。她用手把一张纸折来折去,那张纸上记着一个客人的生辰八字,我告诫她不要把纸弄烂,话出口才想起她原本是听不到的。在她折纸的时候,我也背起了棋谱,我眼里什么都没有了,满脑子都在想那些排列怪异的步骤。刺啦一声,她把纸撕成两片,又是刺啦一声,两片变成四片。不要撕!我大声呵斥她。她当然是听不到的,刺啦,刺啦,她似乎沉浸在撕纸的快乐当中。她站起来,把碎纸片往空中一抛,转身走了。

我知道她生气了,我承认我的过错、我的怠慢伤害了她的自尊。

我埋怨老莫隐瞒实情,为什么不告诉我文丽是聋哑人呢?老莫一脸冤枉地跟我解释说,女方的详细情况是跟我母亲说过的,经过她老人家同意才安排了见面,而且他也曾跟我说起,我当时不愿意听,他就没细说下去。我这才想起那次在澡堂里他帮我洗头时,确实向我介绍过女方的情况,只是我对这事压根就不重视,我对他说,只要是女人,只要能干活就行。

没过多久,老莫带来消息说,女方同意这门亲事,约好时间第二次见面。我对老莫说,既然同意还见什么面,选个日子把事办了嘛。老莫说,哪有这么便宜,得按人家的规矩办事。所谓规矩,其实是一套程序,第一次见面后,双方同意的话,还有第二次见面,第二次见面就是定亲,要给女方彩礼,还要送给女方衣服、戒指之类的礼物做定情物。我对老莫说:"什么规矩不规矩,不就是要钱嘛。"老莫说:"要钱也得讲究个方式啊,赤裸裸的多没面子,人家养这么大的黄花闺女岂能白白送你?不过你放心,我会跟他们讨价还价,争取把钱降到最低限度。"

事虽至此,我仍犹豫不决,我不知道这门亲事对我来说是不是真的很有必要。就在我犹豫不决的时候,我的贵人再次出现了。

三

我的贵人是一个陌生人,我只知道她属羊,小我六岁。她年轻漂亮,打扮入时,属于处处彰显青春活力的那种。如果你走在街上,在人群中找出一个最引人注目的女孩,那么这个女孩很有可能就是她。除此之外,我对她一无所知。

讲一讲我跟她是怎么认识的吧。那时候我还没开算命馆,被生活逼迫,心情十分郁闷。我来到铁道边溜达,实在是太寂寞了。城区的铁道是封闭的,我知道立交桥头有一个缺口,就从那里钻了进去。烈日蒸起地面的水气,像一群蝌蚪在铁道上乱窜,远处景物十分模糊。同样模糊的,还有我未来的生活。四周一片沉寂,空旷的铁道不着边际地延伸着我的悲怆,我盼望一辆火车驶来,好让我对着它大声呼喊。可是等了很久都没有火车,这个时候,似乎连火车都在午休。看,除了我,人人都在享受生活,火车也不例外。

终于一辆火车轰鸣而来,我随着火车一边奔跑,一边放声狂啸!火车就要把我甩掉了,我没了奔跑的力气,便停下来,面对火车,用两只光秃秃的手臂支撑着膝盖喘息。火车占据了我所有的视线,我眼里只有庞大的咆哮和重压下的剧烈颤抖。轰——火车驶过去了,一张帷幕在我眼前退去,我看到对面站着一个人。

我记不清谁先跟谁搭讪的,以性格推断,应该是她先跟我说话。也许她说:"你好?"也许她说:"你经常以这种方式发泄吗?"也许她说:"我们等下列火车来,一起叫喊好吗?"也许她说了别的什么,我记不清了。然而她说了什么并不重要,重要的是我认识了她，之后，我的命运出现了转机。这个转机指的是在她的建议下，我开了这家算命馆，我未来的生活由此充满希望。

我们叫了一个下午，嗓子都哑了。开始我们一起叫，后来累了，轮流着叫。她叫，我看，或者我叫，她看，反正我们是没有放过任何一辆火车。最后一次我们是一起叫的，声音呜咽，实在是没办法正常地发声。她形容我像饥饿的狼，我形容她像漏气的管道。我们都是笑着说的。

后来，我带她到桥头一家理发店里洗脸。那是我邻居开的理发店，生意不好，已经关闭了。邻居把钥匙给我，有人租房的话，我带人家来看房。

我坐在椅子里看她洗脸，我发现她身上最美的地方，是她的手。我没有能力用华丽的语言去赞美这双手，我只能说，这双手很小，在小里面显着成熟；很细腻，很光滑，也很白；白里面透着一层粉红，红得很淡，红得若有若无，若隐若现，而这红也不是随便就可以加重或减轻的；到了晚上，这双手就是透明的，像夜光表，越是在黑暗中越显得透明。

她洗完脸，倒在沙发上，像猫一样蜷缩着身体。不知怎的，一进屋里，我倒显得拘谨起来，人的心情总是受环境影响。我们聊了一会儿，她便起身告辞。临出门时，她对我说，何不把这间房子租下来，开一家算命馆呢？

这就是我们萍水相逢的前后经过。那天她走后，我再没见过她。半年后，没想到她会再次出现。

她是来找我算命的。令我难堪的是，她居然不认识我了。她一脸不耐烦地说："你这人，我来算命，你跟我套什么近乎啊？"她紧皱的眉头像一把簸箕，把我的热情撮起来丢进了垃圾桶。好吧，你要算命，我就给你算命。既然不认我，我更没必要涎着脸去讨好谁。毕竟萍水相逢，谈不上什么交情。于是我开始给她算命。

她的生辰八字没什么特别，八字中，四金二土一火一水，五行缺木。我把八字依次排列，写在纸上，然后套入六亲六兽、大运流年、长生沐浴等，这才开始给她断命。如果按老师教的套路来算，这是一个普通的命,自幼得父母之力,加上自身命旺,应该有无灾无难、安逸幸福的童年。成年后遭遇婚姻坎坷,三十二岁左右,大运行至休囚无力之时,官星受制,有丧夫离婚的可能。四十四岁疾病缠身,如避开东北方向不去,少土多水,也无大碍。老年幸福,子孙满堂,寿终八十七岁。

这样算是不能获得顾客满意的,来算命的人往往在生活中遇到了难题,希望通过算命得到解决的方法。要想获得顾客满意,就得学会察言观色,审时度势,顺着顾客的意思顺藤摸瓜。我给人算命的方法,一般是先撂出几句套话,看顾客的反应,跟着他的意思一点一点掏他心窝,最后,他把心里话向你倾诉了,对你没有了戒备,这时你不管说什么话都能得到他的认可,给人算命其实就是取得信任的过程。

然而说起来容易,做起来何其难啊!她的这个命,我该如何给她算呢,从何处入手?考虑再三,我决定从她的童年入手,我说了一通五行生克之类的套话,然后问她,一岁多的时候有没有生过病?她面无表情地说,不知道,也许有吧,不记得了。她当然不记得了,一岁多的事,谁能记得呢?如果她能记得,我倒是不敢问了。

我眼睛看着她的八字,实际上一直在用余光对她进行观察。她应该是有什么心事的,有点心不在焉,好像在等待什么。这时,她的手机响了,她看看号码,拒绝了。她对我笑笑说,没事,接着算。

我不想再算下去了,我算命只是为了骗钱,我不想骗她的钱,这就使得给她算命毫无意义。"冒昧地问你一个问题,"我对她说,"你信不信命?"她正要回答,手机又响了,这次她看也没看就拒绝了。她说,有时候信有时候不信,不能全信也不能不信。我觉得她很幼稚,而且单纯。我说:"实话告诉你吧,我算命只是为了骗钱,我只学过一些基础知识,对算命并没有深入的研究。我给那么多人算过命,却从未给自己算过命,算命是骗人钱财的把戏。"

听我这么说,她有些吃惊,瞪大眼睛用不可置信的口吻说:"不会吧,老大,你还想不想挣钱啊?"

我说:"挣钱谁不想啊?但你的钱我不能挣。"

"为什么?"她不解地问。

我心说,因为你是我的贵人,不是你,我也不会开这家算命馆,别人的钱能挣,唯独你的钱不能挣。我只是心里这么想着,嘴上却什么也没说。

这时她的手机又响了,她终于按了接听,却只是听,一言不发。她的小手在抖,嘴唇哆嗦着,紧绷着脸。看样子,给她打电话的应该是她男朋友,他们在为感情的事忍受折磨。忽然,她说话了,她只轻轻地说了一句,便关了手机。她说,一切都结束了。

她难过的表情让人甚是为她担忧。她要我给她说话,不管说什么都行,她不能忍受沉默。她这个样子,我是什么话都说不出的,这事让谁碰上谁都会觉得尴尬。"你给我算命,"她说,"我给你钱,你给我算命,你必须算,你得遵守职业道德。"我不知道该怎么拒绝,只好给她算命。我从没这么被动地给人算命,感觉实在别扭,说了几句就再也说不下去。"别停下来,"她说,"求求你不要让我安静。"我一时有些手足无措,不知道怎样去安慰她,这样的情况下,我只能沉默。她用一只美丽的小手支住额头,说了一句"天啊!"她说:"真受不了你们这些男人。"

对男女之间的感情我是一窍不通的,有手的时候我曾追过一个女孩,后来没手了,对女人就再没动过非分之想。我身边也很少有什么爱情故事,老莫他们倒是经常谈论女人,他们探讨各年龄段的女人、各类型的女人的魅力所在,但是一谈到爱情,他们就会说,扯淡!我的客人中有不少是问婚姻的,他们说起自己感情的时候,都很含蓄,很理智,显得轻描淡写,无足轻重。她是唯一一个在爱情面前失态又恰巧被我遇到的女人。

我们去铁道边喊火车去了。第一列火车过来的时候,她忽然变得沉静,她说:"你喊,我看着你喊。"我自己也不知道魔力来自何处,让我对她如此顺从。我的嗓子又一次哑了。

她走的时候,问我有没有妻子,我说没有,她说:"你该有个好妻子,你是个好心人。"好心人就必须要有好妻子吗?她的话不合逻辑,然而这无意中一句话,倒是让我在娶媳妇这件事上不再犹豫,我宿命地把她当作上苍派来给我指点迷津的贵人。

四

跟文丽的第二次见面十分重要,不出意外,这门亲事就算成了,所以见面之前,无论母亲还是我的朋友们都劝我慎重对待。很多事情我是弄不明白其重要性的,不管是否重要,既然这样做了,就尽量把它做好吧。老莫带我去洗澡,理发,刮了胡子。老莫把我推到镜子前,砸舌说,可惜,这么个帅哥,整个一情场杀手,有手多好啊!我看见镜子中的我露出憨态可掬的笑容,这么多年来我第一次喜欢自己的脸。浓眉大眼,阔颊厚唇,这就是我,一个沉默寡言的算命先生?我真的不像算命先生,我倒更像一个循规蹈矩的学生。

和上次不同,这次见面双方家长也要跟着,这让我感觉我和文丽的婚姻不单纯是我们两个人的事。见面这天,我和母亲早早就在馆里候着,老莫以及其他几个朋友也在门口支起桌子,一边打牌一边给我把关。

文丽家的家长代表是她大哥,他个子不高,留着小胡子,看上去谦恭而精明。我不大喜欢这个人。见面之前,老莫代表我去跟文丽家商谈婚事,就是这个大哥在中间屡屡作梗。主要是彩礼的问题。在他们当地,一般都是三千元彩礼,考虑到我没有手的特殊情况,我们打算给他们五千元彩礼,比别人几乎多出一倍。但是这位大哥却不同意:"咱不能跟一般人比啊,咱这种人家,哪能跟别人比呢?五千元是不少了,可是,可是……"他没往下说,老莫已经明白他的意思,老莫说:"咋不知道呢,小丽来咱家确实委屈了点,如果用钱来衡量,莫说五千元,就是五万元也不嫌多,不过呢,话又说回来,咱是看中人好才有这门亲事了,对不对?将来妹子过了门不会叫她吃苦的,这点你完全可以放心。"老莫又说了好大一通,大哥仍然没有吐口。老莫一筹莫展,终于,大哥说话了,他伸出一根指头说:"俺嘴笨,不会说那些好听的,就是这个数,同意不同意你说吧。"显然,这个数是一万元。老莫当即从椅子上弹起来,旋即又冷静地坐下。老莫刚下岗那段时间曾在保险公司干过推销,这下派了用场,他想尽一切办法跟大哥周旋,最终把彩礼数目定在七千五百元上。老莫确实尽了力,嘴皮磨破,来之不易啊。为了得到这个最低价位,老莫被迫接受了一些附加条件,比如婚后一年内要请保姆,比如定亲戒指的重量不能少于十克,比如送文丽的衣服档次不能太低,诸如此类。这些他们都用笔写在纸上,以免疏漏,并签字画押。老莫签字后把笔往桌上重重一拍,咧着嘴幽默地说,成交!老莫回来后对我说,签字那一刻他真为我感到高兴,同时他为自己的谈判技巧感到自豪。

我理解文丽的大哥,我知道他并不是看中钱财,他之所以那样刁难,是因为心有不甘。把妹妹嫁给我这样的人,眼看是去受苦的,他心疼啊。他一而再地为难我们,是给自己寻求一点心理安慰。尽管我不喜欢他,但从内心讲我还是敬重他的。

我请大哥去狮子楼吃饭,这也是老莫他们事先商谈好的,属于附加条件之一。由于没有提前预订,来到以后已经没有位置了,看样子只有另换一家。固执的大哥却不同意,他说一切都得按计划来,哪能随意改变呢?怎么办?等吧,等别人吃完腾出位置。耳听大家伙饥肠辘辘,来自胃部的控诉此起彼落。还是老莫有办法,他把大哥拉到一边,也不知说了什么,居然把大哥说服了,于是我们换到另一家酒楼。

几杯酒下肚,大哥的情绪上来了,跟我们称兄道弟,推心置腹。他说自己如何疼爱妹妹,妹妹从小没受过苦,也没见过世面,难免有受人欺负的时候。说着说着,竟哭起来,泣不成声。我们都很受感动,劝他不要担心,我们绝不会让文丽吃苦的。尤其是我,站起来,用光秃的前臂捣着自己胸脯向他保证。他看见我的手臂,哭得更伤心了。

吃过饭,他们回馆里歇着,我带文丽去买礼物。我给她买了一枚戒指,黄澄澄的,足足十克,一克都没有少她的,当然,也没多给她半克。然后我们去服装超市给她买衣服。她相中一件衣服,看看标价,二百八十元,又放下了。又相中一件,三百二十元,我对她摇摇头。后来,终于找到一件标价三百元整的衣服,我付了款,我们对这件衣服都很满意。

一切都很顺利,送走文丽兄妹,算是功德圆满了。我得好好感谢老莫,没有他就没有我们家的未来,我还佩服他出色的外交才能。老莫也很高兴,他跟文丽大哥道别时,居然来了一个拥抱。从车站回来,老莫从口袋里掏出一把车票要我报销,那是文丽兄妹的往返路费。我问老莫用什么方法说服大哥换了酒楼。老莫说:"说出来你可不要心痛哦。"我说,不心痛。老莫说:"其实很简单,我答应他多加两个菜,一荤一素。"老莫不无得意地说:"别看多加两个菜,比狮子楼还要省很多呢,狮子楼实在太贵了。"

五

熟悉我的人们都知道我嘴笨,不适合算命这行,当初去拜师,好多朋友都来劝阻,然而一个没有手的人,除了算命,再没别的职业可供选择。我花五百块钱学费从老师那里学会算命的基础知识,然后自立门户。实在想不到,如今我不但吃了算命这碗饭,而且比别人吃得更有滋有味。

我的算命馆地处立交桥西,背靠铁道,右边是连通桥下人行道的阶梯,地理位置还算便利。这个地方比较僻静,做别的生意不行,却恰恰适合算命。夏天那场争创卫生文明城市热潮中,城管部门把桥东头的算命据点给端了,使得我的算命馆成为独门生意。老莫帮我在桥东老据点写上"算命到桥东周泰算命馆"等字样,引得不少老客户来。天时地利人和,几样加在一起,想不兴旺都不行。

我算命一般比较谨慎,算命这碗饭并不好吃,说白了,是一个伺候人的差事，把顾客哄得高兴，和气生财。我的经营理念是，想客户之所想，急客户之所急。客户脸上通常带有表情，是焦虑是迷茫是兴奋是彷徨，所有这些都写在脸上。什么样人什么打扮，见的人多了，大眼一扫，便能对来客的身份猜个八九不离十。两句行话一撂，投石问路，摸清来意，女人多问家庭婚姻，男人多问工作财运，问老人多问健康，问孩子必问学业。一般来说，不很迷信的客户容易打发，而那些特别迷信的客户反倒难缠。不迷信的人反正是不信命的，只当游戏，说对说错都不介意，只要说点好听的哄他开心，就有卦金可拿。迷信的客户呢，他们对算命都有一定的经验，他们在披露自己内心之前，总要试探算命先生的能耐，取得他们的信任可不是一件容易的事。他们会面无表情，让你无法察言观色，会一言不发，让你不能投石问路，甚至还会制造假象，改变原来装束，让你无法判断他的真实身份。

　　这天上午刚开馆，一个男人来找我算命。他始终面无表情，一言不发。遇见这样的主我实在没辙，硬着头皮不着边际地乱说一通，到最后，不用人家反驳，自己便兄弟打架，骗人的伎俩眼看要不攻自破。那人脸上渐渐上来一股煞气，看样子，我再胡言乱语两句，他便要砸我招牌。谢天谢地，这时候电话铃响了，救命稻草啊！我急忙按下免提键接听，电话里传来一个女人的声音："我的房子有问题，你赶快过来给我看看风水。"我说："好的，我马上就到。"

　　我以外出为由把那人打发走，算是躲过一难。正庆幸着，电话又响了，还是那个女人，她说："你知道我是谁呀，你去哪给我看风水啊？"听声音有点熟悉，但听不出是谁，我有好多一面之交的客户。她帮我解了围，让我的心情格外轻松。我说："谢谢你！""谢我？谢我什么？"我嘿嘿笑了。我问她是谁，她说，她叫安蓝。

　　见了面才知道，原来我的贵人名叫安蓝。她并没有带我去看风水，而是把我带到一个取款机跟前。我问她不是看风水吗，来这干吗？她说临时改变主意，不看风水了。

　　她把自己所有的存款都取出来，打算把这些钱统统花光，她说，她要让自己拥有快乐的一天！既然不看风水，就没必要陪她，我得回去做我的营生。她却不放我走,说我小气鬼,不够朋友,就知道骗钱!她说:"我们是不是朋友?"我不知道该怎样回答,我没说是,也没说不是,我跟她仅仅在一起喊过两次火车而已。"到底是不是啊?"她大声逼问。我只好说是。她说:"既然是朋友,你就有义务分享我的快乐,你不能走,你得陪我整整一天,直到我们把快乐挥霍干净。你以为我很多快乐吗?告诉你吧,我没有一天是快乐的,没有一分钟是快乐的!自从失去爱情,我就失去了快乐的权利,现在我要重新赢得这个权利。孤单的人是不会快乐的,我需要有人陪我,除了你,我想不出有谁能够帮我。"

也许我的弱势让她感觉安全?不管怎么说,我都应该感激她对我的信任。牺牲我一天时间,换取她宝贵的快乐,未尝不是一件功德。

我答应陪她一天。我们去商场买衣服,她给自己买了许多衣服,大包小包,全挂在我光秃秃的手臂上。逛来逛去,眼看到了中午,她仍是兴致盎然。我手臂越来越酸,感觉像挂着两个千斤重的铁锤。我对自己说,再坚持一会儿。后来我改口说,坚持坚持再坚持,坚持就是胜利。再后来我背起了棋谱,转移自己的注意力,这么一来,感觉手臂居然不那么酸痛了。跟着她转悠了大半个城市,终于,她停下来说,OK,购物到此结束,找地方吃饭。她说 OK 的时候,扬手打出一个响指,一个清脆的声音在我们面前弹起,也只有她这样美丽的手才能发出如此美妙的声音。此时此刻我相信她是快乐的。

我们在狮子楼享用了一顿丰富的午餐。她要喂我,我说:"把食物放我面前的盘子里就行了,我自己吃。"我把脸贴在盘子上吃东西的时候,她居然说:"你好可爱。"我陪她去了保龄球馆,虽然我没手不能打球,可是我做了她快乐的见证人。我陪她看电影,陪她蹦迪,陪她把快乐从早晨延伸至午夜。她要我送她回家,我没有拒绝。

在楼下,她望着自己家的窗口呆呆出神,我知道她走进那个房间之后,就再也不会快乐。就在一整天快乐行将结束的时候,她突然转身问我:"你爱过吗?"她问得太突兀了。我回答说:"有手的时候追过一个女孩子,不过那不能算爱吧。"她说:"你很幸运,也很悲哀,幸运的是你避免了失恋的痛苦,悲哀的是你没有享受过爱情的滋味。"她又问我:"你认为人生什么是最重要的?"我不假思索地说:"生命最重要。"她说:"不对,最重要的是爱情,没有爱情,生命只是一个空壳。"爱情真的那么重要吗?我没有爱过,无权反驳。也许爱情对她来说真的比生命更重要呢。她是一个以爱情为生命动力的女人,她把爱情看得太重了。我忽然发觉,她这一天的快乐,其实是她不快乐的另一种表现。

"现在的我就是一具空壳。"她说了一句,转身上楼了。

回来的路上,我想起文丽。我跟文丽算什么关系呢?恋爱吗?显然不是。文丽需要爱情吗?我呢,我需要爱情吗?我跟文丽之间有可能发生爱情吗?忽然之间,我对爱情产生了前所未有的好奇。

六

正常的婚姻应该是建立在爱情的基础上,男女双方经历一个恋爱的过程,产生感情,如胶似漆难舍难分,这才共同组建一个新的家庭。我和文丽的婚姻却不是这样,我们始终无法达成和谐。起初我以为我们接触少,了解不够,后来发觉这不是问题所在。我们各自的身体缺陷使我们从未有过正常的思想交流,但这也不是问题所在。这些困难都是可以解决的,真正不能解决的,是我们之间那道无形的沟壑,有了这道沟壑,我们永远无法走近对方,更别说像恋人那样水乳交融。这是一道什么样的沟壑呢?是刻薄和鄙视吗?我解释不清。

我很清楚,文丽不喜欢我,就像我不喜欢她一样。我们一起去看电影,有两部影片,其中一部是我喜欢的,但为了尊重她意见,我让她选择。她指手画脚打了一通哑语,想起来我是不懂哑语的,这才掏出随身带的纸和笔,写了几个字:你喜欢哪部? 我伸臂指了自己喜欢的影片名字,她点头同意了。看电影的过程中,我发觉她是不喜欢这部影片的,她一会儿扭扭屁股,一会儿晃晃身子,一会儿用鞋底在地面上摩擦,发出烦躁的声响。既然不喜欢,为何要选这部影片呢,既然照顾我的兴趣,又何必这样不耐烦呢?

她喂我吃饭,明明知道我喜欢瘦肉,却偏偏给我肥肉,真不明白是一种什么样的心理在作怪。她对我的厌恶总是明目张胆地写在脸上,从不避讳什么,也不照顾我的情绪,这比恶毒的语言在我自尊上面剜得更深。每次我用她的笔写字,写过之后她都把我沾在笔杆上的口水擦掉,她用两根手指捏着笔杆,生怕口水把她弄脏,她在我的衣襟上擦我的口水。

认识这么久,她只给我洗过一次头。她倒是主动给我洗的,因为她不愿我脏兮兮的去给她父亲祝寿。她把我的头往水盆里摁,我激灵一下打个冷战,水太凉了。加点热水,我对她说。她听不见我的话,一个劲把凉水往我头上浇。我无力挣脱,她粗壮的双手十分有力。我也不能挣脱,洗头对我来说是很难得的,每次别人给我洗头,我在感谢这人的同时还得感谢上帝。我忍受着来自头部的冰凉,这时候我唯一能做的,是背棋谱。这些都还罢了,更让人生气的是她给我洗完头居然不泼脏水,一屁股坐在沙发里看电视去了。

有一次,我背上痒,求她给我挠痒。她对我如此要求感到十分生气,在纸上写道:欺负人! 我没有觉得我在欺负她,如果不能给我挠痒,我娶她有什么意义啊。我当然也十分生气。无奈之下我自己把背往椅子上蹭,天冷,穿得太厚,很不解决问题。我忍不住再次向她哀求,这次她答应了,然而她提出一个条件,要我去给他父亲祝寿时,多送一箱酒。不就是一箱酒吗! 我答应。我也提出一个条件,要她给我挠一百下。大概她觉得还划算,就开始给我挠痒。她不问我哪里痒,就在我背上乱抓一通,好不容易,我把痒处迎合她的手指,她却戛然而止。原来,一百下已经够了。

如此种种,简直叫我难以容忍。

一天下午,她带一个同伴来,要我给她同伴算命。她的同伴没什么毛病,只是长得有些丑。我问她:"合八字还是摇八卦?"她说:"都算一算吧。"我说:"好吧,先合八字。"我看了看她的八字,然后对她说:"你这是个好命啊!你将来会有个有钱的老公,他长得很帅,而且非常爱你。"她一听,脸上露出了烂柿子般的笑容。她说:"是吗,你算得准不准啊?"我说:"当然准了,不信你问文丽啊。"她跟文丽打了一通哑语,两人显得都很兴奋。我说:"还有更好的呢,你听不听?"她说:"你快说呀。"于是我把所能说出口的好听话一股脑批发给她,像处理变质的蔬菜,直把她说得再也合不拢嘴巴。"我实在没想到自己的命会这么好,"她说,"真不敢相信。"我说:"我能算出的就这么多了,你还有什么要问的吗?""够了,不错,真不错。"看样子她很满足。我说:"好了,命算完了,封礼吧。"她不明白什么是封礼,我告诉她,封礼就是掏钱。

我说:"卦不落空,这是我们行业的规矩,亲戚朋友也不能例外,掏钱吧!"

她脸上的表情僵硬了,虽然还保留着刚才的笑容,可那笑容仅限于脸的下半部分,上半部分给人感觉像哭。我对她是抱有一点同情心的,可是当我看见文丽脸上的愤怒,我立刻把这同情生生憋了回去。为了让她和文丽都感觉到我是严肃认真的,我索性绷起脸,一副铁石心肠的样子。文丽被我刺激得有些失去理智,她对我鄙夷地啊啊叫着,两手在我面前狂蛇般乱舞。忽然,她停止手势,从口袋里掏出十块钱,甩到我冷酷的脸上。她拉起同伴要走,我拦住她说,十块不够,再给二十!这时候,她的脸色已经是铁青的了。哈哈哈,我望着她离去的背影开怀大笑。

我把这事跟老莫说了,老莫将信将疑,似乎不认识我了,用陌生人的眼光不解地看我。老莫说我这件事做得太过分,把人家惹恼,来退亲就麻烦了。我说:"退亲?好啊,退亲吧,她不退我还要退呢,你现在就去把彩礼问她要回来。"老莫说:"你没发烧吧,尽说胡话。"

果然,文丽家派人捎信说,这门亲事告吹。而且,你算命不是有算命的规矩吗,我退亲也有退亲的规矩,彩礼一分钱不退!消息传到母亲那里,她老人家伤心地哭了。一整天没出门,也没做饭。哭一会儿,看一眼父亲的遗像,继续哭,谁也劝不住。哭出个三长两短可怎么办啊!我赶紧把老莫找来,让他去文丽家说情,看能不能和好。老莫埋怨说:"早知如此,何必当初!"我说:"为了老太太,你就辛苦一趟吧。"老莫说:"这倒不是辛苦不辛苦的问题,关键是你小子太刺儿了,你的事本身就很难办,再不理智,真要弄个鸡飞蛋打,后果你自己兜着吧。"

第二天,老莫到了文丽家。文丽大哥说,亲事还可以商量,这么多天,毕竟有了感情,谁也不愿做无情无义之人对不对,只是这口气很难咽得下去。聪明的老莫并没有对他们卑躬屈膝,而是以我稳定的经济收入为砝码,对他们晓之以理,动之以情,终于使亲事重现生机。最后,他们提出一个条件,要我亲自登门谢罪,亲事成否要看我认错的态度。老莫回来后,对我不无担心地说:"人家明摆着设了鸿门宴,这一关你能不能过?"也罢,不管鸿门宴还是万丈深渊,为了老母亲,我只好咬一咬牙。

七

去给文丽赔罪前,我又见了一次安蓝。她电话里说,有事请我帮忙。她带我进了一家发艺室,我进过理发店,进过发廊,但是从没进过发艺室。在摆弄头发的艺术家手下,我被改头换面,对镜子一照,呵,出乎意料的英俊。然后安蓝把我带到她家里,把我的衣服脱下,换上一身笔挺的西服。她给我打领带的时候,我有幸近距离地欣赏了她美丽的小手,我心里说不清是什么滋味,我真想在她灵巧的小手上咬那么一口。一切收拾停当,她叫我把手插裤兜里,走两步看看。照她吩咐,我在狭小的房间里来回走了两遍。停,安蓝说。她忽略了一样,她忘了给我买双皮鞋。她要我把鞋脱掉,打算擦点鞋油。我没有同意,因为我脚上的异味会把她熏晕。她大概对我的脚也有顾虑,就没坚持,随便在我污浊的鞋面上擦了几下。

"无论如何,你都不要把手伸出来。"她告诫我说。

我说:"我没手啊,伸不出来。"

她说:"我知道你没手,我又没瞎,当然知道你没手,我的意思是不管在任何情况下,都不要把你没手的情况让别人知道,出了这个门,你就是一个有手的人。"

我说:"为什么要冒充有手啊,没手就是没手,有什么好隐瞒的?"

她说:"你别打岔好不好,叫你怎么做你就怎么做,问那么多干吗?"

她葫芦里卖的什么药呢?我没再问,我知道谜底马上就会公布了。

我手臂插进裤兜,心想,如此一来我就有手了吗?好吧,就当自己是有手的,我插进裤兜的,是一双无形的手。安蓝挽起我的手臂来到一面穿衣镜前,我们都看到了镜中的影像,一对和谐般配的男女。安蓝咯咯笑起来,她对着镜中的我说:"看我们多般配啊,如果你有手,说不定我会爱上你呢。"我跟着她嘿嘿笑了两声,样子有点傻。

就这么,安蓝挽着我的手臂出了家门。我们来到一家咖啡厅,面对面坐着喝咖啡。第一次来这种地方喝咖啡,感觉很不自在。咖啡的香味实在不容人拒绝,我低头喝了一口。我觉得有人在观察我,四下里巡视,所有的人都在忙自己的事。我的手臂仍然在裤兜里,我觉得我不应该再喝咖啡,那样很容易被人看出破绽。

安蓝显然是这里的常客,她对这里的环境非常熟悉。"你需要上卫生间吗?"她问我。我说不用。她说我们可能还要在这里等一段时间,最好先把杂事处理好,免得影响我们的计划。既然她这么说,我只好从命。她说:"我观察过了,这会儿卫生间没人,你赶快去。"

卫生间确实没人,可是我没排泄的需要,来卫生间干什么呀。

也许我来卫生间只是为了消解安蓝的顾虑,她希望我别无杂念地帮她完成预定计划。在卫生间里待了一会儿,我才装作一身轻松地走出去。我看见安蓝在跟一个男人说话,我不知道该不该走过去,而事实上我是无从躲避的。我刚走过去,安蓝就往我身边偎过来,挽着我的手臂,表现出很亲密的样子。她向那人介绍说我是她男朋友。"哦,是吗?"那人很有风度地向我伸出一只手说,"你好!"看样子他要跟我握手。我拿什么跟他握手?十年前,我的双手已经作为医疗垃圾,被有关部门科学地处理掉了,我没办法跟他握手。"天啊!"我低低地一声惊呼,对他说,"你居然有这样特殊的手纹,你该是一个天才艺术家!"他被我的话弄得有些不知所措,收回自己的手,看了看,又伸到我面前。他问我:"哪里特殊呢,能不能说得详细点?"我叹口气说:"可惜这样的手纹一般都要经历许多感情挫折,多情的你最近一定为情所困吧。"这时候,安蓝突然一声惊叫:"哎呀,时间到了,再不走怕是来不及了。"安蓝对那人说声再见,拉着我匆匆离开了咖啡厅。

出了咖啡厅,我问安蓝接下来还有什么事情要做。安蓝说,没了,任务已经完成。我没想到会这么简单,费那么多工夫,就为了在那人面前假装我们是一对恋人?我问安蓝:"那人是不是你以前的男友?"安蓝情绪突然变得十分恶劣,没好声地说:"别问了,我需要安静。"

大概我们这个城市,最安静的地方就是东郊河边那一大片草坪了。我和安蓝在草坪上聊天,先是坐着,后来聊累了,便躺下看蓝天白云。她说,他背着她跟另一个女人勾搭,被她发现了。他向她承认错误,保证改过自新,她没有接受。她不是不愿接受,很多时候,她觉得他像个孩子,犯一次错是可以原谅的。他只是顽皮,他还在爱她,这一点她非常清楚。她不能接受,是因为她无法驱走留在心中的阴影,她没有能力弥补这个裂痕。她把爱情看得太神圣了,她要的是纯洁无瑕。她爱他,她为他忍受爱情的折磨,忍受分离的痛苦。

安蓝哭了,为她的爱情落泪。我静静地陪着她,我用那双无形的手,轻轻给她擦拭泪水。我不相信她的爱情,但我相信她的泪水。

八

我认为每个人心中都是藏有爱情的,哪怕这爱情微乎其微。我跟文丽之间的爱情,一定会在某个方面有所体现。努力搜索一下,我的爱情应该体现在对文丽说的一句话上。我对她说:"我保证今后对你好,不再让你受一点委屈。"我说这话的时候,显然她是听不到的,我用嘴说出来而不是用笔写出来,是因为我必须让文丽的家人听到。且不说这话是真心还是假意,这话从我口中说出来之前,便已在我思维中运转了一遍,而我对文丽的爱情,就在这一运转中。仅仅把"对你好"从思维中截取出来,孤立地看,我的爱情是纯粹的,真实的,不可颠覆的。

我脑子是不是进水了?我走火入魔了?呵呵,这都怪安蓝,她的爱情把我的脑子搞得晕晕乎乎。抛开安蓝不说了,她在我生活中无足轻重,我该把心思放在我跟文丽的亲事上。

我备了一份礼物,同老莫一起来到文丽家。文丽家在城西桂村,离城二十里。她家门前有一条狗,对着我们狂吠不止,大有随时扑上来撕咬的可能,是一条很好的看家狗。文丽大哥听见狗吠,出来把狗拉开,我们才得以走进他家的院子里。"叫什么叫,"文丽大哥在狗后腰上踹一脚,骂骂咧咧地说,"再叫,狗爪子给你剁喽!"

我跟老莫交换一下眼神,彼此心里明白,他这是指桑骂槐。若在平时我一定会生气的,我会一言不发,扭身就走。但是我忍住了,我不能像上次那样,求一时痛快,结果吃亏的还是自己。老莫也很生气,他嘟嘟囔囔地说:"狗叫是用嘴叫,堵住它的嘴就行了,干吗剁它爪子呀,你剁了它,它一痛,叫得不就更响了嘛。这狗不是哑巴,见了陌生人当然要叫了。""你说什么?"文丽大哥没听清老莫嘴里嘟囔些什么。老莫说:"没什么,我嗓子痒,哼唧哼唧舒坦。"

文丽在她自己的房间里坐着,我进去给向她道歉。我咬着笔,写了一句话:我错了,请你原谅,我不该六亲不认,收你朋友的卦金,我口袋有十块钱,你掏出来,还给你朋友吧。她看了我的字,把纸揉成一团,丢进垃圾桶里。她用手比画几下,我不懂什么意思,去看她表情时,见那表情十分夸张,却仍是看不出所要表达的意思。我装作很明白的样子,冲她点点头。

文丽及其家人对我都非常和善,并不是我们想象中的鸿门宴。我们远道而来,一路上风尘仆仆,文丽大嫂特意吩咐文丽给我洗脸。文丽打了一盆温度适中的水,当着很多人的面给我洗了脸。文丽大嫂为此颇为感动,感叹着说,没有手,唉,没有手!

吃饭的时候,文丽家人热情地为我布菜,我碟子里的食物堆积成山。文丽的大哥二哥三哥频频向我劝酒,不得以我只好用两只手腕夹住酒杯,一杯杯往下喝,不多一会儿,我被他们灌醉了。老莫也没能避免酒醉,他甚至比我更早地败下阵来,躺到里屋床上呼呼大睡。我实在不能喝了,如果有手,我定当举手投降。"举手投降就放你去睡!"文丽大哥表现出少有的豪爽。我不投降,我喝,我喝!一杯又一杯的酒水被我灌进嘴里,溢出嘴角,淌过下巴,滴落在我敞开的衣襟。"这样喝不行,都浪费了,这么好的酒都给你浪费了。"文丽大哥亲自端起酒杯说,"我来喂你!"文丽三哥过来扶住我的臂膀,文丽二哥摁住我的头,文丽大哥捏住我的鼻子,就这样,他们三人齐心合力把一杯烈酒灌进我嘴里。他们哈哈大笑,他们也喝醉了,酒精使他们无比亢奋。

我忽然安静下来,我看着他们在哈哈大笑。突然,一股酒箭从我嘴里射出,直击文丽大哥面门,在他脸上开出一朵绚烂的酒花。哈哈哈,这下轮到我放声狂笑。我跟文丽的哥哥们扭扯在一起,酒桌被我们撞翻,杯盘狼藉洒满一地。

九

我跟文丽结婚的日子很快定下来,亲戚朋友都为我感到高兴。

结婚前的准备全由朋友们帮忙办理,装修新房,买家具电器,定酒店,租轿车,忙得不亦乐乎。看着大家都在忙碌,我却显得异常冷静。我知道自己就要走进另一种生活,原有的秩序将被打破,一个新的秩序将要建立。很多人在这个时候会感到兴奋,而我只是惶惑和漠然。朋友当中最理解我的要数老莫了,他劝我说:"别想太多,你面前的路应该看得很清楚了,属于你的东西,你必须接受,不管这些东西是善是恶你都得无条件接受。"老莫所说正是我心所想,不然我不会跟文丽结婚。我需要一个女人,这是摆在面前的事实。除了文丽,再没有更适合我的女人了。

我又接到了安蓝的电话,她在电话里不停地重复一句话:"我好难受呀,我好难受呀,我好难受呀!"她吐字不清,好像是喝醉了。我在电话里劝她不要想太多,睡着了就会好的。我问她吐了吗,吐过就会好受了。我教她平躺,一动也不要动,因为你只要一动,你肚子里的魔鬼就跟着动。睡吧,睡一觉就会好的。

安蓝终于又说了一句,她说:"你来陪我。"安蓝说:"我好难受呀,你快来陪我。"

安蓝在此之前从没喝醉过,没有领教过酒精的威力。我去了她家,在门口我听见屋里稀里哗啦的声响,大概她走动时打翻了桌椅。好一会儿,门总算被打开了。她的身体软得像一根面条,必须有依靠才能站立。我用手臂搀扶她去卫生间吐了酒,然后用手臂把她搀扶到床上,用手臂把她的鞋从脚上撸掉。我用手臂夹住茶杯,用牙齿扳起饮水机开关,帮她接了一杯清水。她没有用手接杯子,而是支起身子,等我喂她。我把一杯水全喂进她的嘴里。我看到她神情有些不对,果然,她猛地把头伸出床外,哗——吐了一地。我用手臂给她捶背。我挑起一条毛巾,给她擦嘴边残留的秽物。她的头发乱蓬蓬地缠绕在脸上,我用另一条手臂给她轻轻撩起。我把拖把夹在腋下,把地拖干净了。我又给她接一杯清水,让她漱口。

她终于安静下来了,她说,好冷。我挑起被子,给她盖在身上。她一把拉住我说:"你不要走,你陪着我。"我说:"你睡吧,等你睡着我再走。"

安蓝吐过之后，神志清醒了，她问我为什么对她这么好。

我自己也搞不清为什么对她这么好，也许是出于感激，当初是她引导我开了算命馆，我还感激她对我的信任，我们是如此陌生，而那份信任是如此坚定。

安蓝说："你喜欢我吗，你在偷偷爱我？"

我心里一颤，我承认我是喜欢她的，但这种喜欢算不算爱情，我不知道。

安蓝叹口气说："你不该这样的，你不该爱我，我给不了你任何东西，甚至我不能像对待正常的朋友那样对你，以后我不会再见你了，你好好过你的日子吧，是我不好，打乱了你生活的平静。"

我心里一阵刺痛，一片惶然。

安蓝说："我这样对你，你会恨我吗？"

我摇摇头。

安蓝说："你躺下来。"

我在她身边躺下。她睡着了，一只柔若无骨的小手搭在我胸前。这只美丽的手进入我的思维，在我内心世界里不安地游走。如果我内心失去光明，这只手能像夜光表那样在黑暗中发光吗？我忽然感到危险，我闭起眼，让繁琐的棋谱占据了整个思想。空旷的棋盘上有了第一枚棋子，然后有了第二枚、第三枚。我的记忆出现了紊乱，我忘了第八十七枚棋子的位置。我想我必须集中精力，拿出最坚强的意志力与之抗衡。我重新回到空旷的棋盘上，一步一步往下进行。慢慢地，我找到了秩序，所有的棋子都回到了自己应在的位置。

我把记忆中的棋谱全部背了一遍，天就亮了。此时安蓝还在熟睡，她脸上的表情是如此安详，我不禁用无形之手在她脸上轻抚，然后心里默默对她说了一声，再见。

十

举行婚礼的前几天,文丽在我家住了一夜。她来城里买鞋,天色晚了,就在我家住下。睡觉前,她默默地坐在床边,似乎等待着我为她宽衣解带。我脱自己衣服都很困难,如何替她宽衣解带?我也一声不响地坐着。她抓起一本书装模作样地看起来。屋里很静,只有荧光灯在咝咝地发出响声。她要跟我比耐性就大错特错了,我端坐床沿,双目微闭,如老僧入定一般,我想她不会是我的对手。

果然她沉不住气了,啪!她合上书,带着一股怨气把书摔在桌上。她开始脱自己的衣服,脱得一件不剩,然后钻进被窝。她背对着我,好像已经睡着,我知道她在等我。

我不能再固执下去,今天我不拿出答卷的话,几天后的婚礼就不能正常进行。每次节外生枝都会给我带来损失,任何形式的浪费对我来说都是一种残忍。然而我痛恨的是,自己曾那么强烈渴望的女人,如今已经躺在我的床上,我却失去了男人的本能。

我必须集中精力,排除杂念,像背棋谱那样把思想全部放在身体的某一部位。我撩开被子,让视觉给自己带来冲击。我用光秃秃的手腕触摸。我学着狗样俯身嗅她的气味。这一切都不能奏效。我熄灭灯,以为这样会改变什么。黑暗中我倒是安静下来。我眼前忽然出现了这样一双手,温柔的手,光滑的手,小巧的手,性感的手,在黑暗中像夜光表一样发光的手。这双手在我身体上缓缓移动的时候,我发觉自己终于变成了一条钢筋。

我和文丽的婚礼办得十分体面,这让亲戚朋友以及邻居们都对我另眼相看。最高兴的应该是我母亲了,拜堂的时候,她让我看到了十年来她最为灿烂的笑容。

结婚后,文丽的家人对我改变了态度,不再像以前那样为难我。大年初二回娘家,文丽大哥替我喝了不少酒,他说,宁愿自己醉,也不让他的兄弟醉。

我没有再见过安蓝,不知道她生活得怎样。渐渐地,她在我记忆中淡忘。

现在我的生活基本上由这些东西组成:健康的身心,安宁的家庭,慈祥的母爱,善良的友情,一个可以替代手的女人,一双可以替代女人的手。

包　　围

一

　　最近一段时间，刘手的第一手棋总是下在右上角"小目"，如果执白棋的话，一定是下在黑棋的对角"小目"，几乎成了铁定的规律，没有一盘例外。棋手在不同时期会有不同的趣味，谈起趣味就没什么道理好讲，就像前阵子刘手的第一手总是下在"星位"。刘手一向不重视第一手棋，这是他对围棋理解上的一个误区。曾经一位大师说过，作为棋手没有理由忽视棋局中的任何一招，任何一招当然也包括第一手棋，况且，如果没有第一手棋任何一招也无从谈起。万物一为首，小说家绞尽脑汁编织故事的开头，生意人千方百计促成第一笔交易，美食家全神贯注调动所有味蕾去迎合第一口美味，正是说明了万物之始的重要性，而今一名棋手无端轻视作为棋局之根的第一手棋，无论他棋力如何，境界上先差了一截。

　　刘手轻视第一手棋，却重视第二手棋。他的理解是，第二手棋才是对局双方较量的开始。他会花很长时间去构思第二手棋，有时对手憋急了，很不耐烦了，心浮气躁了，他还在凝神贯注地盘算这枚棋子究竟该落在棋枰上哪个位置。对一手平凡的棋（前几手棋通常都是平凡的）这样夸张地慎重很有必要吗？算他棋艺上的又一个误区吧。

　　尽管有很多毛病，刘手的棋力还是挺高的，这次他来外地下棋，很轻松就把对手摆平了。每天一局，三天连赢了三局。看看时候尚早，他给儿子刘棋挂了个电话。赶上刘棋十三岁生日，正好借花献佛，把赢棋当作礼物送给儿子。刘手棋风剽悍，性格却恰恰相反，他长着优柔寡断的下巴，一双眼里透着三分忧郁、一分胆怯和六分与世无争的清高。出来几天,他一直惦记着儿子。自从他跟宁秀离婚后,儿子变得越来越懂事,几乎是个小大人了。儿子高兴地收下父亲的生日礼物,在电话里说:"爸,你快回来吧。"刘手说:"现在就是我脚下长出四只轮子,最快也要7点到家。"儿子说:"那我跟我妈7点半在'绿竹小院'等你,你下车后不用回家,直接与我们会合。"刘手兴奋得鼻子都冒泡了,鼻翼一收一张好像整个人要被扇动起来。他几乎是蹦跳着回到宾馆收拾行李。

刘手盼望着宁秀能够重新回来,他很清楚自己的感情。宁秀看在儿子的面子上答应一起吃饭,将是双边关系上的一次历史性突破。刘手像对待第二手棋那样,一边收拾行李,一边毫无节制地构思着未来。

收拾好行李,程火贵回来了。程火贵人精瘦,身上一股子"江湖"味,他到过很多地方,全国各地几乎踏遍了他38码的足迹。他与刘手之间的关系是搭档,具体的合作是这样的:首先由程火贵出去联系,比赛的规则、赌金的多少、对手的对局资料等,所有这些事务都由程火贵有计划地进行;刘手的主要工作是一门心思地赢棋,事成之后二一添作五。有人把他们这种人称为"彩棋杀手"。

程火贵告诉刘手,今天不能走,明天还要再下一局,他已经跟人约定了,是一笔大生意。

计划的改变令刘手非常恼火,他皱着眉说:"你怎么能这样呢,一向都是按计划来的,怎么能随随便便改变计划!"刘手的态度把程火贵搞糊涂了:"不就是儿子过生日吗,比挣钱还重要吗?你在为他工作,为他挣钱,还有什么比挣钱更能说明问题的?"刘手很想解释一下家庭的重要性,但他什么也没说,在程火贵这种不解风情的人面前他绝不会说儿女情长的话,况且提起前妻又要被他笑话。既然定下棋局,不下也不行,不下要被判输,输的是棋,也是钱。刘手问程火贵:"你到底跟人家赌了多少钱?"程火贵伸出一根食指说:"一千!"刘手没听清,问:"多少?"程火贵说:"一千。"刘手的眼里就开始闪火花了。他赢过最多的是一局五百块。他在天元棋社教孩子们下棋,每月工资是三百块。他在下岗之后,曾经有五年没能挣到一分钱。钱不算什么,但最近一段时间刘手总是把钱跟儿子联系在一起,儿子给他带来希望,而实现这个希望的第一步就是筹集一笔相当数目的钱。儿子会理解的,他在心里想。刘手稳定了一下情绪,问程大贵:"对手是什么样的人?"

对手是省业余界排前几把交椅的孟豪,老业余 5 段。这次回老家探亲,听说刘手与当地第一高手在下彩棋,便前来观战。一看刘手的棋并不怎么样,每局赢得都很侥幸。棋社老板愿意挂彩,请孟豪出马挽回面子。程火贵故作勉强地应战了,嘴上说:"兄弟们来就是学棋的,输给孟豪这样的高手是咱们的荣幸,钱算什么!"

其实来之前程火贵早把当地所有高手的情况都调查清楚了,这个孟豪名声虽大,但近两年来棋艺生疏不少,棋力锐减,根本不在状态。以彩棋为生,失手就意味着未来的一段日子里温饱没有着落,所以程火贵和刘手每场棋都很谨慎。程火贵不知从哪找来几张孟豪以往的对局棋谱,与刘手一起研究起来,一直到深夜,刘手才抬起头说:"没问题了。"

第二天的对局,刘手接连犯了好几个错误,当断的不断,该杀的不杀,连小官子也收得颠三倒四。不过最终他还是赢了这盘棋。他赢了之后,对方还以为他的棋并不怎样,赢得太侥幸了。其实这一切都是他故意留了一手,想多赢钱就必须低调。

上车之前,刘手往家打了几次电话都没有人接,想必儿子被宁秀接去了。这次出来四天一共挣了九百五十块钱,有一得必有一失,赢了钱,却失去了一次与前妻旧梦重圆的机会。车在高速公路上飞驰,刘手满载胜利成果,心里却感到一丝失落。

二

刘棋被宁秀接去玩了两天便回来了。刘棋本来打算多住几天,好好急一急刘手,但他受不了宁秀的男朋友。那人姓姚,是个医生,矮墩墩的,戴一副金丝眼镜。他们一起吃麦当劳,刘棋对着一块鸡腿耸耸鼻子说:"这是一只病鸡!"宁秀赶忙问:"你怎么知道?"刘棋就把眼光瞟向宁秀的男友,说:"他身上有一股福尔马林的味道。"

姚医生也会下围棋。刘棋让姚医生五个子,把他杀得丢盔卸甲。姚医生居然还悔棋,刘棋轻蔑地对他说:"你这个样子咋娶我妈?当年我爸和我妈下棋,我爸要悔棋的话就不会有我了。"刘棋就是这么讨厌姚医生。

刘棋对姚医生的态度令宁秀非常失望,一边是儿子,一边是情人,很为难。不管儿子什么态度,宁秀是说什么也不愿意和刘手和好。

当年刘手纯粹是把宁秀给气走的。家里都困难得揭不开锅了,他还每天花三块钱在棋社里泡。宁秀算把他看透了,一个棋奴,中毒之深已经无可救药。刘手自己也承认,除了下棋,他什么也干不了。这话听起来让人气愤。宁秀就是听了他这句话,从生活的泥潭中猛然醒悟,开始考虑是否有必要与这个相处十几年并共同拥有一个孩子的怪异男人说拜拜。宁秀有意无意地制造着一些摩擦,每次摩擦之后刘手都感到潜在的危机,长年在棋局中搏杀培养了他对危险的敏感度。那个时候刘手距离最后一次失业已有三年之久了,长期身处寄生状态下使他的心态产生了错位。他心里想:"宁秀你赶快走吧,离开我你就能找到新的幸福了。"

他甚至在行动上也主动配合着宁秀的摩擦。没过多久,家庭在双方的默契下顺利地破裂了。

刘手几近麻木,他一如既往地下棋,每天一觉醒来,在刺目到近乎冷酷的阳光下或在悲伤的细雨中慢慢吞吞地走向棋社,到了很晚,最后一个从棋社出来。

妻子离开了,刘手的寄生对象只好从宁秀那里转移到父亲老刘身上。每次十块八块的,令人牙根发酸。"爸,有没有十块钱,我给刘棋买个文具盒。""爸,我想带刘棋出去吃饭。"

每到这个时候,老头心里甭提多不是味儿。老头也就这么一个儿子,心痛啊!有一次,刘手被棋社董老板喊去喝酒,不小心醉了,晃晃悠悠像一枚陀螺那样转到老刘面前,要跟老刘谈心。已经很晚了,老刘刚刚洗完脚要睡。"爸,宁秀说我不像人样,她骗我,你不会骗我,你看我到底像不像个人样。"平时刘手在老刘面前还是很规矩的,但是那天喝酒了,喝酒之后他的精神就相对奔放自由,对肉体也有些放纵。老刘听话音知道刘手喝醉了,不愿多作纠缠,只说:"不要胡思乱想,快去睡吧。"

刘手坐在椅子上与旋转作了很长一段时间的抗争,竭力平息体内的动乱。之后,他突然站起来,噔噔跑到老刘床头,扑通一声跪下了:"爸,我以后再也不向你要钱了。"刘手只说了一句,就勾着头轻声啜泣。老刘睡意全无,披衣而起,命令说:"快起来,好端端的,喝些马尿就这熊样了。"刘手赖在地上不起,就像一个做错事深深自责的孩子。"起来,爸跟你好好谈谈。"老刘理解儿子心里的苦。

父子俩泡上浓茶。那晚的情景说出来让人很难为情,一个六十岁,一个三十多岁,两个老男人表现得很是女性化。老刘说:"人家走了,责任在你啊,谁让你不务正业去泡棋呢。"

刘手像一只温顺的猫一样点着头。老刘抠抠眼角,又说:"该找个活干呐,好赖挣俩钱儿,不能让人养你一辈子。"见刘手没哼声,怕话说重了,又补充一句:"也怪我,当初没把你安置个好单位,如今找工作难。"

这话说到刘手的心坎里了,自从参加工作,他在柜台前一站十几年。下岗之后,一无文凭二没技术,性格内向的刘手自然而然地被社会拒之门外。他到一家新单位应聘,人家问:"学过什么?""营业员。""干过什么?""站柜台。""有何特长?""下棋。"人家就笑,同他握握手,说:"谢谢你对我们的支持。"刘手见人家客气,还以为被录用了呢,其实人家是在赶他走。他恨死了握手,也恨死了"支持"这个字眼。刘手只能把无聊的时光都打发到棋社里。他下棋也是无奈的。有几次,刘手已经找到工作了,跟一个亲戚去装锅炉,一天十五块钱,没日没夜地干。几天下来,疯长的胡子迅速侵占了他缺乏个性的下巴,电焊光在他椭圆形的脸部进行了漂白,连宁秀都认不出来,问他是不是走错了家门。他沙哑着声音说:"宁秀,你别装蒜了,快给我下碗面条吧。"说着就栽倒在沙发上。

有一段日子刘手在夜市上摆地摊,卖酒菜。是宁秀的主意,她有一个乡下亲戚就干这种生意,挺能挣钱。他们投入家里仅有的一千块钱,结果连"老母鸡"都赔进去了。刘手连菜刀都没摸过,如何能卖酒菜?草草地收场之后,刘手就对一切都失去了信心。

除了棋,他再没有别的心情。生活在一步步去繁就简,朋友们隐退了,亲人们离开了,所有的社会关系简单到只用一个"棋"字就可以概括。还好,棋可以收留他。

也有刘手风光的时候,当然还是棋给他带来的。市棋协举办了一次棋赛,第一名奖金是五百块钱。颍川棋界坐头把交椅的是老叶,其次是大伟,再接下来还有几个争夺第三名的人选。谁都想不到这五百块钱的头奖居然被刘手给拿走了。那段时间刘手所有的精力都放在棋上,棋艺像雨后春笋一样猛长。

刘手拿了奖金,一家三口就在"绿竹小院"吃饭庆祝。看见钱,宁秀心情格外绽放。但是不识时务的刘手仍沉浸在获奖的虚荣里,滔滔不绝地描述着一个个棋局。宁秀的心情在他的"名局精解"中慢慢地闭合了,不动声色。"最后一局,关键在最后一局,"刘手兴奋到了高潮,"我执黑以二连星开局,布局阶段双方下得都很平稳,入局宜缓,先站稳脚跟嘛,后来,老叶忍不住前来打入,我这边都这么厚了,他还敢深深地打入,我发怒了,一路追杀……"刘手说着说着就发觉不对劲,宁秀紧绷着脸,呼吸有些急促。"好,好,不说了,吃饭。"刘手把嘴巴闭上。

晚上回到家里睡觉的时候,宁秀在床上把刘手紧紧抱住,问他:"你到底爱不爱我?"刘手觉得女人很烦,这样愚蠢的话她已经问过不知多少遍了,而他的回答也只能是一个字:爱。刘手不知道是被子焐得还是被宁秀箍得喘不过气来。宁秀却把他焐得更紧说:"如果爱我,你就不要再去下棋,为了我做一点牺牲好不好?"刘手把头从宁秀怀里露出来说:"为你做任何牺牲都行,关键是看有没有必要。我下棋错了吗?"宁秀说:"我说不出什么道理,我只觉得你不该去下棋,是选择我还是选择棋,你好好考虑一下。"刘手说:"你这是在逼我,我可以不下棋,可我不下棋待在家里干什么呢? 如果我有工作的话,说什么都不会去下棋。"宁秀说:"你天天去下棋,什么时候能找到工作?"刘手不耐烦地说:"不知道。"

非此即彼的选择对刘手来说实在是残酷,他认真地想了好久,理智告诉他应该同宁秀分手,不能让人家再跟着自己受苦。有宁秀没棋,日子并不能好转,有棋没宁秀,双方反而能得到解脱。

刘手平静地同宁秀离婚,最后一次在"绿竹小院"吃饭,没有带儿子,就他们俩。宁秀说:"我恨棋,是棋把你从我身边夺走的。"刘手说:"我始终想不通,你曾经也那么爱下棋,可现在为什么对它不能容忍呢?""因为……因为……我爱你。"宁秀已经泣不成声。

回想当初,他们是在一次棋赛上认识的,那时他们还是少男少女,在下棋中产生了爱情。那时下棋在他们心中是美好的,是陶冶情操、启迪心智的一项雅事。十几年后,一对因围棋结缘的夫妻终于又因围棋而分道扬镳。

"也许哪天我不再下棋,你愿意回来吗?"刘手说。

宁秀抬起幽怨的眼神,说:"你不觉得这话很蠢吗?"

刘手就很蠢地笑,说:"是呀,很蠢。"然后他听到宁秀一声绝望的叹息。

三

刘手始终认为下彩棋是一种违法行为,不仅是赌博,而且是一种欺骗,下彩棋赢钱的人是江湖骗子。他鄙视程火贵,鄙视两人之间的狼狈勾当,那段最困难的日子里,他拒绝着程火贵的拉拢。他一分钱收入都没有,要填饱自己的肚子,还要养活正在上学的儿子。程火贵在这个时候来拉他下水。

每次程火贵拉他去下彩棋,他都会对程火贵说:"不管我这个人怎样,至少在棋面前我是纯净的,棋给我的太多了,我能拥有的也只有棋了,我不会拿棋去干违法的勾当,不会把棋当作犯罪的工具。"

刘手在棋社的欠账同他对棋的理解一样一步步堆积成山,到了不得不清理的时候。程火贵被拒绝后有些冒火,说:"你这人饿死都不亏!你对棋这东西根本就不理解,你在棋上面得到什么了,你把棋当神一样供着,可棋却让你妻子离散,让你穷得在人前抬不起头,这个时代贫穷是可耻的,不要再执迷不悟,你可以为棋殉情,但是你的儿子呢,你的老父亲呢,你这样做对得起谁?"

程火贵以为激将法用得不错,谁知刘手根本不吃这一套,甚至对程火贵的话不屑一驳,只在鼻子里哼一下以示鄙夷。

有一天程火贵带了一个外地朋友来与刘手下棋。刘手前两局赢了,后一局给远道的朋友留个面子,故意输掉。程火贵埋怨刘手:"你一手软不要紧,该赢九百的只能赢三百了。"

程火贵把钱递到刘手跟前,刘手说什么也不接,说:"早知道你跟人赌博,我三盘棋都输掉。"程火贵说:"你承认也好不承认也好,行为上已经和我同流合污了,这些钱是你的劳动所得,必须收下。想想你的儿子吧,你有什么权利让孩子跟着你受罪?"

大概是为了儿子吧,刘手最终收下了那些钱。从那以后,刘手经常跟程火贵去下彩棋,慢慢地,他适应了这种生活。他喜欢下彩棋,彩棋是真正的比赛,对局总想着用最狠的招数把对手置于死地,不像平时下棋,输赢无所谓,没有拼搏精神就不会进步。

刘手下彩棋从来没有输过。刚开始程火贵联系的对手都是一些蚂虾,有十成把握赢。吃过几顿蚂虾,对手就变成小鱼。小鱼有刺,吃不好要卡喉。刘手甩开腮帮,连肉带刺都嚼嚼咽了。于是小鱼又换成大鱼,大鱼能吃小鱼,甚至都能吃人。刘手照吃,只不过吃的时候比较仔细,肉是肉刺是刺,剔得干干净净,一清二楚。程火贵对刘手由衷地佩服,刘手的棋是遇强则强,究竟有多深的水,程火贵真想探探他的底。

党大军无疑是他所吃的最大的一条鱼,党大军属于甲鱼,盖儿特别硬,难啃,但是一旦砸开盖儿,里面的肉很有营养。程火贵费了好大劲才促成这个局。党大军不屑于下这种彩棋,人家是洛市棋院的副院长,业余6段,得过全国晚报杯前六名,在省业余棋界排头把交椅。

刘手为人与为棋是两种截然不同的姿态,生活中的刘手谦虚、腼腆,总是想法多而行动少,棋中的刘手则完全是一副强盗作风,他喜欢把水搅浑,在乱战中与对手折腾。

与党大军的第一局棋,由于是第一次交手,双方都很客气,也很谨慎,一招一式斯斯文文,结果刘手以半目险胜。第二局,党大军一上来抱着必胜的信念,要给刘手一些颜色瞧瞧。战火从一个角部点燃,迅速漫延至中腹。刘手也撕掉虚伪的面纱,与对方展开肉搏,左砍右杀,上下撕咬。乱战是刘手的步调,这里是他的世界。无论攻还是守,追还是逃,一切都进行得贴切、自然,像流水一样顺畅,流水不争先,水到渠成。这几乎是刘手完胜的一局。第三局党大军就没再下,甘拜下风,他坚决邀请刘手在洛市多玩几天。盛情难却,刘手和程火贵就被党大军带着,把洛市的名胜古迹都游玩一遍,党大军这么厚道的朋友不可不交。

党大军在棋界交游十分广阔,他的朋友中有一位职业五段,刘手同他下过一局。当然不是彩棋,是职业对业余的指导棋。刘手对职业棋手向往已久,他发觉职业棋手都有几个特点:一是滑,滑不溜秋,有时候眼看要抓住,甚至已经抓到手,被他身子一挺,泥鳅一样脱手;二是大局观好,从不为一点蝇头小利斤斤计较,常常是指东打西,围魏救赵,所有的兵力都能有机地配合;还有就是他们的韧劲和冷静,这一点最著名的是号称世界第一的韩国棋手李昌镐,他绰号"石佛",佛已经没有什么感情了,况且还是石头做的佛,可想而知。刘手输给了职业五段,这是他棋史上少有的一次失败。这局棋输得有些莫名其妙,他感觉自己根本没用上力气,不知怎么回事,也许是没有挂彩,也许因为既然被人家职业棋手指导,就要摆出一副被指导的样子吧。

职业棋手是压在他心上的一块砖头,好几次他梦到自己做了职业棋手,与李昌镐、曹薰炫等世界一流棋手对局。他知道自己今生与职业棋手无缘,他想起儿子,儿子是完全有希望的。想起儿子他才觉得自己前半生的棋没有白下,儿子可以帮他圆梦,从某种意义上说儿子是他生命的延续。

刘手攒够五千块钱,带儿子刘棋搭上了进京的列车。他虽然经常到外地下彩棋,已经习惯了出行,但这次感觉不同,因为是带着希望去的。

当他得知儿子在下棋方面很有天赋时,就像黑暗里点亮了一盏灯,点亮了生活的全部希望。下棋也有出息的,像刘手这样,一局棋骗个几百块钱,缩头缩脑的很醒龊,下棋的另一种方式,可以名利双收。比如常昊、周鹤祥之类的国手,一局棋几万、几十万,如果拿下世界冠军挣的就是美元了。或者像棋圣聂卫平给爱好者签名,过很惬意的一生。即使在国内打打联赛,成绩平平,起码也能有安逸舒适的生活。

做一名职业棋手是刘手的梦想,几年前他拿到五百元奖金的时候闪过一个念头,原来人完全可以一边下棋一边拥有美好的生活。一种心情油然而生,挠他一下,骚动一回,剩下的就是很多遗憾了。不管自己棋力多高,都只能徘徊在围棋殿堂之外做一个业余爱好者,制度规定十七岁以后就失去进入职业队伍的资格,十七岁的时候,刘手还不知道围棋有多少颗子。围棋有多少颗子呢,黑、白两颗,又是非此即彼的较量,不会有第三种姿态让你出现,同样是下棋,得不到它的好,就只能承担它的恶。

刘手决定把刘棋送进围棋殿堂,儿子承载着历史进步的必然。

刘棋学棋是偷着学的,等刘手发现时,他已经有相当的水平了。刘棋每天放学都来棋社找刘手,在棋社写作业、吃饭,然后父子俩踏着夜色回家。刘棋经常趴在旁边看人下棋,托着腮,比对局者更投入的样子。"会下棋吗?"有人问他。他直起腰,满不在乎地摇摇头。人家问他:"不会下棋在看什么?"他就说:"好玩儿。"还有时候,他偷看围棋杂志上的棋谱,有人来的话,他把棋谱那页翻过去,让人误以为他在看杂志上的插图。种种迹象表明他对围棋有浓厚的兴趣,但是粗心的刘手始终没有发觉。

刘手离婚后不久,棋社举办少儿围棋班,聘请刘手当教练。每月三百块钱工资,也不是什么正儿八经的工作。刘手让儿子在下面听自己讲棋,第一课讲的是围棋的第一手棋,刘手对孩子们传授道:"第一手棋是最简单的一步棋,但也不能乱下,通常下在角部,金角银边草肚皮,比如星位、小目、三三,还有目外和高目,第一手棋下在这些位置上就可以打满分。也可以下天元,吴清源大师就曾经这么下过。"刘手感觉自己讲得不错,下课后问儿子:"怎么样?你爸神气不神气?"刘棋一脸迷茫地说:"讲的什么呀,都听不懂。"其实刘手应该警觉,别的孩子都听得懂,刘棋怎么能听不懂。刘手却忽视了,还高兴地说:"听不懂就对了,如果让你学会下棋,你妈非找我算账不可。"

从内心讲刘手不希望刘棋下棋,宁秀更是以刘手为反面教材告诫刘棋千万不要步他的后尘:"别人下棋可以,你就不行,你跟着一个被棋毒害的父亲,基因里缺乏对棋毒的免疫细胞。"

刘棋偷着学会下棋,就想找人试试。找到一个机会,他对一向疼爱他的程火贵说:"火贵叔,告诉你一个秘密,你不要告诉别人。"程火贵说:"我替你保密,说吧。"刘棋说:"我会下棋。"程火贵向来不认为下棋有什么不好,就替刘棋瞒着,私下里还同刘棋下棋。刚开始让四子,没几天四子关就过了,让三子。又过一个月,只能让两子。半年之后程火贵已经不是刘棋的对手了,反过来要被刘棋让子。这半年程火贵一直心惊肉跳地下棋,不是怕输而是兴奋,刘棋的棋一天一个新气象,在程火贵眼里他就是个天才。

程火贵再也忍不住,把刘棋下棋的事告诉了刘手,并且把刘手训斥了一顿,说:"你们扼杀天才,埋没天才!"刘手的心情非常复杂,乱七八糟说不清。他把刘棋叫来下了一局,刘棋确实很有天分,应该好好培养。他又想起宁秀,如果宁秀知道该怎么办?刘手一时没了主意。慢慢平静下来,他决定听从程火贵的建议,先瞒着宁秀,带孩子进京拜师,是不是这块料子要试一试再说。

出发前,老刘到车站送。老刘交代刘手说:"出去办事要看人家脸色,不要什么都不在乎,你身上最大的缺点就是对什么都不在乎。"刘手眼里透射着慎重的光芒,说:"爸,你总说我对什么都不在乎,这次我在乎了,这辈子也许只有这次我在乎了。"

四

北京有个著名的围棋道场,许多棋坛新秀都是在这里诞生的,刘棋如果能在道场学习,估计前途没有问题。坐了十几个小时的火车,他们终于来到北京。北京在刘手心目中非同一般,这源于他从小受的红色教育,怀揣着敬仰,脚踏在首都宽阔的马路上,刘手又激动又茫然,搂着儿子四周环顾。

费了很大周折,他们终于按广告上的地址把围棋道场给找到了。一进道场,刘手就觉得来对了地方,到处都是棋,院子里是古人对弈的雕塑,房前有石制的棋墩,墙上的装饰也是经过艺术处理的棋局,关于棋的名言名句挂在道场里每一个醒目的位置上,时刻启迪着棋手们参悟。

报名处在二楼西边最里面一间。上到楼上,刘手把方向搞反了,糊里糊涂敲开一个房间。一个人开门问:"什么事?"刘手一眼认出了王九段,电视里见他讲过几次棋。王九段无疑是道场里最尊贵的主人,道场就是以他的名字命名的。刘手想象不久的将来儿子刘棋同王九段一起在电视里向全国观众讲棋,不由得乐了。王九段指着走廊另一头说:"报名的吧,在那边。"

报名处有几个家长正在给孩子报名,刘手和刘棋坐在一边等。他们留意着报名的情况,大家都是来报初级班的,学费全部下来要七八千块。负责报名的一位中年妇女很有耐心地对每位家长重复:"住宿费一千八百元,伙食费两千元,学杂费两千元,名家对局费一千元……"账算得很细。

家长们给孩子报名,填好资料,她便拉出一份清单,说:"到隔壁财务室交钱。"

轮到刘手他们,刘手说:"我们报高级班。"

中年妇女抬头说:"谁推荐的,有没有介绍信?"

刘手说:"没有。"

中年妇女说:"那就报初级班吧,学得好将来再升高级。初级班的费用我给你说一下,住宿费一千八百元,伙食费两千元,学杂费……"

刘手慌忙打断,生怕她一旦报完价,拉出清单,事情就铁定改不了了。刘手说:"别慌别慌,我儿子不能上初级班,他的棋很厉害。"

中年妇女耸一下鼻梁上的眼镜,双臂交叉抱在胸前,说:"是吗?怎么个厉害法?你没有棋协的推荐信,又没有段位证,报不了高级班。"看到刘手一副老实相,又说:"好吧,你们大老远跑来一趟不容易,让一个高级班的同学来跟你儿子下一盘,赢的话就让你报名,怎么样?"

"太好了。"刘手说。

儿子刘棋就在一楼大厅里同一个比他稍大一些的男孩下棋。招来许多看棋的孩子,叽叽喳喳议论着。刘手挤在孩子们当中很受感动,这么多孩子在一起无忧无虑地下棋。

刘棋很快就赢了,对手轻敌,一上来就溃不成军,自始至终被刘棋追杀着。不服,还要再来一盘,刘棋说今后有机会。

下完棋回到报名处,中年妇女说:"行啊,你被破格录取了。"接着开始给刘手写清单,说:"住宿费三千元,伙食费三千六百元,学杂费三千元,名家对局费三千元,共计是一万两千三百元整。"

这个钱数把刘手给镇住了,他呆了,牢牢地钉在那里,半天回不过神儿。本以为高级班比初级班费用低些,因为孩子大了好管理嘛,现在看来那些侥幸全都错了。

"能不能优惠些?"刘手硬着头皮说。

"不行。"中年妇女很干脆地说,"破格录取我已经担责任了,学费一分不能少。"

刘手从内衣口袋掏出五千块钱,说:"就这五千元,先让孩子学着吧。"

中年妇女说:"这怎么能行,初级班还要七千五百元呢。"

没有办法。刘手领着刘棋从道场出来,在街上漫无目的地走着。刘棋问:"爸,怎么办?"

刘手没有回答,买了两份盒饭,坐在街边的长椅上没滋没味地吃了。树荫遮住了骄躁的阳光。

刘棋忽然想起刚才那局棋,说:"旁边观战的有个高手,对方如果听他的建议,我就赢不了。"

刘手说:"道场遍地都是高手。"

刘棋说:"他们为什么要收那么多钱呢?不收钱就好了。"

刘手进退两难,想起来时与老刘说的话,自己在乎了,可在乎有什么用?怪自己没本事。人穷啊,人穷就不能学棋,人穷了还要下棋,注定要妻离子散,而且永无出头之日。刘手越想越不是滋味儿,霍地站起来,拉着刘棋说:"走,非要他们收你不可。"

回到道场,刘手没有去报名处,而是直接叩响了王九段的门。王九段开门问:"什么事?"刘手怕他关门,把一只脚伸进屋里。刘手把来龙去脉简要说了,然后接着说自己下岗的事,离婚的事,说刘棋多么命苦,可他是个天才,今天收也得收,不收也得收,要是不收他们就赖着不走。

王九段几次关门都被刘手阻止了,后来王九段就冷冷地听着刘手的话,等到刘手说完,王九段说:"有你这样的父亲,你儿子永远都不可能成才,你素质太低下。好吧,好吧,我收下你儿子,看他到底能成什么才。"

刘手脸上火辣辣的,灵魂深处的屈辱侵蚀着他的身体。但他的目的达到了,他还是厚着脸皮,掏出五千块钱说:"剩下的钱我一定想办法补上。"王九段轻蔑地哼一声,说:"你能补得上吗?"

刘棋一直在旁边默不作声,这时他突然冲上前去把刘手递出去的钱夺回来。刘棋说:"我不在这里学棋,打死我都不在这里学棋。"他强拉着把刘手从道场里拽出来。

又回到街边的长椅上,刘手望着儿子说:"你爸没用,对不起你。"刘棋撇着嘴摇摇头。

刘手觉得脸上很紧,说了一句:"这辈子没这么丢人过。"两行泪立刻顺着脸颊淌下来。

火车上,刘手一直脸朝窗外,似睡非睡,双目半闭。刘棋说以后不下棋了,好好学习,将来上大学。刘手好像没听见,好像儿子下不下棋跟自己一点关系没有。不在乎,对什么都不在乎了。

车厢里弥漫着沉闷。刘棋去解手,看见隔壁车厢里有人在下围棋,聚着七八个人,棋具是专为旅行设计的,小巧玲珑,棋子都带着磁性,吸附在棋盘上不容易晃动。围棋的性质决定了它永远不会比象棋更普及,所以爱好者们善待每次下棋的机会,遇到棋事就凑过来了。

刘棋缩着身子从人们身下挤进去看棋。一局下完,刘棋忍不住对水平较高的一方说:"叔叔,我同你下一局吧?"

刘棋在对手面前坐下,用食指和中指夹起一粒棋子,下了一手"小目"。孩子的手小巧,下棋的动作很有趣。刘棋已经忘掉之前的挫折,全神贯注酿制摆在面前的棋局。棋手是工匠,每局棋都是一个"活儿",棋上可以看出每次下刀的痕迹,哪一刀手抖了,哪一刀急躁了,哪一刀软弱、怯懦了,哪一刀疯狂、不顾一切了……一直看到你内心深处。

下了许多局,对手换了好几个,刘棋始终没输。人越围越多,其他车厢会下棋的人和不会下棋喜欢热闹的人都跑来看。

刘棋终于想起父亲,推枰而起。人群的最外面,刘手正踮着脚尖往里瞅。刘棋挤出人群喊了一声"爸"。

看样子刘手恢复了正常,他蹲下去,搂住刘棋,说:"你要好好下棋,人家不收,咱们自己学。哪天不想下了,就想想我的样子,想想你爸是怎样去丢人的。你一定要争口气!"

刘棋懂事地点点头。

五

儿子下棋的事还是被宁秀知道了,刘手交代过儿子要保密,但孩子毕竟是孩子，在母亲面前就是一只玻璃杯，里面有什么样的汤汤水水都瞧得清清楚楚。

从北京回来后，刘手好像变了一个人，一改往日懒散的作风。他突然变得勤快，以往总是睡到中午，现在五点钟就起床，带儿子出去跑步，然后父子二人开始打谱。他买了许多书，有计划地把这些书一页一页都灌输进儿子的记忆里，有当今流行的棋谱，有古代名家留下的棋谱，有复杂的定式，有凶险激烈的对局……反正是一股脑地往刘棋脑子里硬塞，能理解最好，不能理解就死记硬背。刘棋累了，喊头痛，太阳穴发紧。刘手让儿子暂时休息一下，告诫儿子千万不能松懈，下棋要下出名堂，不要像自己这样业余不业余、专业不专业，永远都只能生活在社会最底层。

有时到外地下彩棋，刘手也带着儿子。为了培养刘棋的实战经验，程火贵给刘棋联系了一个对手，每局三百块，一共三局。看到刘棋是个孩子，为了公平，对手让刘棋两子。平时的努力通过这次实战得到了检验，第一局，刘棋以盘面十五目的优势获胜。第二局，刘棋与对手在中腹进行缠斗，刘棋忽然杀心大起，一口吃掉对方二十多子的大龙。第三局，对手说不能再让子，分先。刘棋猜到白棋。一开盘对手使出一个少见的骗招，企图一举奠定优势。刘棋正巧前几天从刘手那里学过这招，将计就计，占到不少便宜。弈至二百多手，对手已经无力翻盘。

赢了人家钱，程火贵向人家连连解释，说小孩子长棋快，不知道会这么厉害，又花钱请人家吃顿饭，算是消了怒气。回去路上两个大人就埋怨孩子，再三交代能赢就行，为什么出手那么重，差点惹出祸来。刘棋生气地说："你们是培养我下棋还是利用我骗钱？以后这种骗钱的事我说什么都不干了。"两个大人听了都很惭愧。商量好，骗钱的棋还是由刘手下，然后利用这些钱带刘棋去找高手讨教，宁可刘棋输，因为输了棋才能有所进步，失败是成功他妈。

刘棋的学习就被耽误了，经常请假，一请就是几天。刚刚担任刘棋班主任的孙老师对刘棋进行了一次家访。孙老师和刘手高中是在一个学校学习，挂面熟。孙老师的女儿在棋社跟刘手学棋，刘手的儿子跟孙老师在学校里读书。孙老师两年前也跟丈夫离婚了，至今独身。尽管这样，刘手和孙老师之间还是第一次进行有目的性的交谈，双方很有分寸地阐述了各自对孩子教育上的看法，小心地交换着意见，最终顺利达成共识。天色已晚，刘手提出一同共进晚餐，孙老师没有拒绝。

一个父亲、一个母亲和两个孩子，在华灯初上的时光里走进了"绿竹小院"。刘手说不清自己为什么喜欢这里，也许这里的饭菜经济实惠，也许名字中有"竹"字，而且院里也象征性地种着几棵绿竹。在这里，到处折射着他过去的影子。那时候日子还没有这样糟糕，稳定的工薪给复杂的生活提供了强有力的保障。更早一些，还没有刘棋，他和宁秀几乎每周都来两次，喝杯啤酒，要两碗烩面。他经常趁人不注意，偷偷拽宁秀的手，而宁秀也愿意把她柔软的小手奉献在他的掌里。在这里他看到了时间的力量是怎样转动人生的棋局的。

刘手没想到在这里会碰上宁秀，宁秀就坐在他们常坐的那个位置，旁边一个矮个子男人殷勤地为她布菜。前夫前妻四目相对，都有些做贼心虚，目光里防备着，生怕对方看出自己被往事击中的痕迹。刘手还尴尬地笑笑，刘棋跑过去同母亲说话。

过了一会儿，刘棋过来拉住刘手说："你出来，我妈要跟你说话。"他被儿子拽到院里的竹林下，宁秀也出来了。灯光下，用一个男人的眼光看，她仍是一个漂亮的女人，三十多岁，身段的流畅依然有所保持。

宁秀质问刘手为什么教孩子下棋。宁秀对刘手就这一个要求，如果孩子学会下棋，她就把孩子带走，让孩子远离荼毒自己的父亲。宁秀说："你已经被棋给毁了，忍心再看儿子重蹈覆辙？"

刘手对宁秀说儿子的前途就在棋里，分析了一下，自己下棋只是业余爱好，儿子不同，他是一块职业棋手的料子，可以拿国家工资，每场棋赛另有奖金，鲜花美女洋房轿车，都能在围棋这座宝山里挖掘。

宁秀以为刘手疯了，说："你真是不可救药，过去你在钱面前那么清高,现在堕落到这种地步。你利用儿子去骗钱,开始我不信,现在我相信了,说什么不能再让儿子跟你。"

双方就儿子下棋的问题争执不下,聪明的刘棋倒是说出一个双方都容易接受的办法:以学习成绩为衡量是非的标准,成绩保持在前五名,可以继续下棋,离开这个前提,下棋的事立即停止。刘手一听马上爽快地答应,因为儿子的成绩从来没有落过前五名。宁秀呢,觉得孩子大了,有主见,也没有办法,只好被迫应允。

吃着饭,刘手偷偷打量宁秀的男友。他有些喜欢这个白白净净的医生,觉得宁秀跟他挺般配的,至少比自己强得太多。但是刘手不服输,如果争,自己还是有希望的,希望就在儿子身上,儿子是他有力的武器。

有一次,宁秀到学校接刘棋没接着,来棋社找。刘手出来说:"儿子正跟人下棋呢,跟省业余棋界第一高手党大军下棋。你也过去看看吧,儿子现在的棋挺厉害的。"宁秀说:"不去,围那么多男人,我怎么看啊?"

正说着孙老师带着女儿从棋社门口进来。刘手跟孙老师打个招呼,说今天不讲课,让孙老师的女儿找个同学对局。谁知道孙老师没搭腔,一脸不高兴就过去了,搞得刘手很没趣。

宁秀在一边幸灾乐祸地说:"哟,你女朋友生气了,是因为我?"刘手赶忙解释自己跟孙老师没什么关系。宁秀说:"你们经常去'绿竹小院'吃饭,多浪漫啊,赶上我们年轻时候了。"刘手一听很高兴,以为她还在关心自己,还记着过去。刘手说:"我们吃饭都是AA制。"宁秀说:"那也要恭喜你,日久生情,她迟早要做你的女朋友。"这话说得有些醋意。刘手说:"你这么单纯都从我这个火坑里跳出去了,谁还傻着愿意进火坑?"说着话,看见孙老师从少儿班出来,往厕所方向去。宁秀说:"看看,她一定在暗中观察咱们呢。"孙老师回来的时候,宁秀故意把身子往刘手身上靠,还伸手掸掸他肩上的灰尘。这个动作让刘手受宠若惊,他忘情地抓住宁秀的手腕:"宁秀,你回来吧,我和儿子都需要你。"宁秀一甩手说:"别犯傻。"忽然,她用手背报着嘴低声笑着说:"等着吧。"刘手说:"等什么?"

宁秀说:"孙老师啊。"刘手不解地问:"孙老师怎么啦?"宁秀只说:"等着吧。"

果然,宁秀走后,刘手被孙老师叫住,问刘手是否对前妻旧情未断。刘手说自己始终盼着宁秀回来,当然是旧情未断。孙老师又问:"那我们之间的交往到底算怎么回事?"

刘手脸腾地红了,连说:"误会,误会。"孙老师说:"误会什么?"刘手自己也不知道误会什么,只说:"误会,误会。"孙老师居然抹把眼泪,说:"脚踩两只船,我算看透了!"

刘手觉得自己不是脚踩两只船,而是一只船都没踩。女人很奇怪,离婚的女人更奇怪。这几年刘手对男女之间的感觉非常迟钝,过去的灵敏都转移到棋上去了。

刘手总感觉宁秀的离开是暂时的,就像出门旅行,散一散心就会回来。每次回到家,都能看见家里到处有宁秀的影子,他不知道这是不是破镜重圆的预兆。

第二天,刘手以儿子赢了党大军为由,约宁秀出来吃饭。宁秀在电话里说:"吃饭可以,不许谈棋。"刘手做了保证。吃饭的时候,父子俩都忍着,不说一个棋字。说哪里又开了一家超市,生意很兴隆;说电影频道里放了一部片子,真是有趣;刘棋班里有人谈恋爱,初一的学生,不得了……饭桌上的气氛很融洽。吃过饭,送宁秀回家。宁秀跟父母住在一起,到家门口,刘棋进去跟姥姥说话,刘手在外面等。宁秀说:"你也进去坐会儿吧?"刘手说:"不用,我在这里等。"宁秀说:"也好。"刘手说:"你进去吧,外面风大。"宁秀说:"没事,我陪你等。"刘手觉得时机已经成熟,上前一把搂住宁秀,在她脸上乱亲。宁秀两手一撑,在两人之间撑起一段距离。刘手无法得逞,只好放弃,说:"还记得吧,十几年前我第一次亲你,你就是这样拒绝我的。"宁秀说:"你记性倒好。"刘手苦笑着说:"不同的是那次我得逞了,而这次却失败了。"宁秀说:"我已经上过一次当,不会再上第二次。"刘手说:"我以后不再下棋,你回来好不好?"宁秀怀疑地看着他。刘手说:"你不相信?"宁秀说:"我相信,你这人要么不答应,答应了就不会反悔。"刘手很感动,心想她还是这么了解自己。刘手说:"儿子的棋力已经达到职业水平,只是缺少比赛经验,下个月我带他去参加省业余段位赛,锻炼锻炼,回来我就不再下棋了,找份工作,咱们好好过日子。"宁秀的眼泪扑簌簌掉下来,她的男人终于回来了,被棋借去这么久总算还能归还。宁秀趴在刘手肩头轻声哭着。突然,宁秀一把推开刘手,抹着眼泪冷冷地说:"晚了,一切都晚了,下个月我要同姚医生结婚!"

六

职业棋手与业余棋手的基本区别在于职业棋手下棋是本职工作,业余棋手下棋则是出于爱好。因此,职业棋手下棋很累,他们轻易不在非正式比赛场合与别人下棋。刘手的所有对手里,只有一位是他所钦佩的。那是一位职业棋手,因为在严格地说,还不见得就是真的职业棋手,因为在网络上,谁也无法证实他的真实身份。

刘手相信他是职业棋手,从他的棋上可以看出职业棋手的风范。刘手经常替董老板在"联众"下棋,每到董老板要落5D,刘手就上去,连赢几盘,把分数拉上去。董老板在网上的名字叫"百战百胜输一回"。有一次,刘手代替"百战百胜输一回"与一位"华以刚"交手。连赢两盘之后,到第三盘,对方的棋猛然一变,每招每式极有章法,显然是换了另一个人。刘手在屏幕下面打上一行字:"你不是刚才的华以刚。"对手回答:"我是华以刚的哥哥,你也不是以前的百战百胜输一回。"刘手也回道:"我是百战百胜输一回的朋友。"

两人便不再答话,极小心地应对着。刘手执白,弈至第56手,突然放弃大场不占,对左边一块黑棋进行强攻,战斗由此打响。经过一番肉搏,刘手吃掉对方一块大棋,但细算下来并没占到多大便宜。接下来收官,收到最后,刘手以一目半输给对方。刘手很久没有输过了,他知道自己棋力强,但强到什么程度自己也不清楚,今天他算是遇到真正的高手了。

刘手提出执黑与对方再下一局,对方同意了。一上来,刘手下出当下非常流行的"小林流"布局,在下方形成一个模样。白棋只有打入,刘手向对方发起强有力的攻击,他把下彩棋练就的心狠手辣和诡异狡诈全用上了,搞得对手频频长考,一路苦战。到二百零几手,黑棋局面大优。但是一进入到收官阶段,刘手就发现自己要输,每进行一次形势判断,黑优白劣的差距就缩小一段,白棋的领地在一步一步往外漫延,而黑棋的空一步一步萎缩。盘面只剩下几目的小官子时,白棋在黑角"二一"的位置点,这着棋颇难应对。正常情况下,黑棋应该在此局部少收两目,得到一个宝贵的先手,抢收唯一一个六目大官子,这样的话,收到底黑棋盘面五目,负半目。刘手托着腮帮左看右看,最终投子认输。

认输之后,华以刚的哥哥告诉刘手,这局棋其实是黑棋赢了。对白棋的"点",黑棋可以做出一个"两手劫"与白棋顽强抗争。刘手说:"我不是没有看出来,我算过了,黑棋少一个劫材。"对方又提醒他,黑棋有一个本身劫材,白棋如想占便宜的话,必须被迫自补一目,这样,黑棋可以把劫看轻,"两手劫"变"单官劫",黑棋刚好多出一个劫材,演变下去将以半目获胜。

对方的官子技术让刘手佩服得五体投地。

对方问刘手:"你是职业的吧,你是谁?"

刘手说:"我是业余的,我的名字说出来你也不会知道。"反问:"你是职业的吗?"

对方说:"是。你是我遇到的最厉害的业余。"

刘手说:"你是我遇到的最厉害的职业。"

对方说:"你参加晚报杯,有希望拿冠军。"

刘手说:"我从不参加任何比赛。"

对方说:"为什么?"

刘手说:"我以下彩棋为生,参加比赛出了名,就骗不到钱了。"

对方说:"哈哈哈,我们交个朋友如何?"

刘手说:"好好好,我们已经是朋友了。"

从这以后，两人经常在网上下棋。他们通常在周末晚上相约，一战到天明。除了下棋，他们还谈一些关于棋的事情，谈各自对棋的理解，谈最近的棋赛，谈"韩国流"，谈棋界名宿。无论与对方下棋还是谈心，刘手都能彻底投入，忘掉身边所有的不快。刘手觉得自己下棋十几年，只有和他在一起的时候才真正进入到围棋里面，进入到围棋的世界。

临去洛市参加升段赛的头一天，刘手同华以刚的哥哥在"联众"下了一盘棋。刘手说今天不能玩太久，明天一早要去外地，有很重要的事。华以刚的哥哥说："有什么比下棋更重要？"刘手说："儿子的事，你说重要不重要？"对方说："下一代的事是最重要的事。"刘手与对方说了再见。刘手从来没有给对方说过自己的生活，也从来没有问过对方的生活，棋友就是棋友，棋友要有棋友的样子。他们之间只能有棋，下棋是一种需要淡然相对的生活。

有人问刘棋："你的老师是谁？"

刘棋说："我爸。"

"你爸是谁？"

"我爸是刘手。"

"刘手？没听说过。"

刘手是业余棋界一个无名小卒，当然不会有太多人知道。人们都很惊奇一个默默无闻的业余爱好者怎么能培养出刘棋这么优秀的棋手。

一年来刘手带着刘棋遍访各地高手，已经把刘棋训练成为一个骁勇善战的斗士。刘棋继承了父亲的棋风，中盘力量大，善于乱战，典型的业余豪强风格。少年棋手中的佼佼者都是师出名门，稳健、老成得很，他们最瞧不起刘棋这样的棋风，太露骨了，砍砍杀杀，把双方都逼到了绝路上，远远违背了围棋的辩证哲学思想。就胜负观念来讲，刘棋也不明智，乱放胜负手，有时局面挺均衡，完全没有必要走那些自己都没有把握的拼命招数。名家弟子从小受到的教育是怎样沉着冷静地把握局势，任何情况下都不会贸然行事。但是，刘手对刘棋说："那些名家子弟怕的就是我们这种棋风，他们总以为自己是穿着鞋的,遇上我们赤脚的,就很头痛,拼也不是,拼也不行,下棋有了棋以外的想法当然要输。"除了棋艺,刘棋连下棋姿势都和刘手很像,几乎就是少年刘手的翻版。刘手注意到刘棋每盘棋的第二手棋都跟自己一样极为慎重,问刘棋原因,刘棋说:"这手棋重要嘛,你不也常常花很多时间下第二手。"刘手嘿嘿笑着说:"我迟迟不落子是要对方着急,是一种心理战术。"心理也好技术也好,最终目的是赢棋。刘棋记住父亲的教诲,在这次段位赛上一路披荆斩棘,过关斩将,令那些名门弟子大为眼红,却又束手无策。

升段赛进行到第五天,正是如火如荼。这天上午进行第九轮比赛,目前刘棋八连胜,积16分,名次排在前茅,同样积16分的还有一个名叫孟思文的少年棋手,两人之间的争夺把比赛推向高潮,他们之间必将产生一个冠军。

扫兴的是,这局棋刘棋只能输,不能赢。

昨天晚上同党大军在一起吃饭。刘棋能参赛多亏党大军帮助,刘棋没有段位,只能参加无段位的比赛,身为洛市棋院副院长、大赛组委会成员的党大军利用职务之便给刘棋报了高段组,谎称刘棋是业余4段。这件事被孟思文的家长知道了,找到组委会要求取消刘棋的比赛资格。棋赛的精神是以棋会友,但是任何比赛都必须站在公正、公平的基础上,绝不允许弄虚作假。如果是一般人,党大军就给顶住了,偏偏是孟思文,孟思文的父亲担任着洛市副市长的职务,母亲在证券公司工作,这次"证券杯"业余围棋升段赛的所有赞助都是她拉来的。党大军只好退一步,跟孟思文的家长商量好,孟思文得冠军是肯定的,至于刘棋拿下亚军也就不错,这孩子是块料,给他留个机会,就不要取消比赛资格了。

所以刘棋不能赢,只能输。刘手心里觉得不是味儿,到底还是答应了。跟刘棋一说,刘棋也表示没问题,输给他就是,输棋总比赢棋容易吧,这次来比赛主要是锻炼,积累比赛经验,冠军、亚军都无所谓,将来职业升段赛上才见真章。

这天早上,刘棋吃过早饭,像模像样地去赛场比赛去了。

刘手没事干，到无段组赛场看自己的学生比赛。转来转去，每个赛场都有工作人员把守，不让进。无段组大部分都是孩子，最小的只有六七岁，怕作弊，家长、教练、领队统统不让观战。刘手闲逛一阵，回到宾馆。

这次升段赛是历届规模最大的一次，参赛棋手达两千多人，要经过六天十一轮的角逐。每人下十一盘棋，高段组、二段组和一段组的选手必须赢够七盘棋方能升段，无段组赢四盘定为一段，积分前六名直接升二段，高段组积分前八名颁发证书，第一名奖金一千元，第二名五百，第三名三百。比赛结束后，特邀棋界泰斗级人物陈九段和著名国手王九段亲临赛场，与爱好者们以车轮大战的形式进行面对面的交流。

这次颍川队来了五十多人，十几个孩子，二十几个棋迷，还有十几个孩子家长，由董老板带队，刘手担任教练。颍川队最重要的任务，也是此行的目的，就是让十几个孩子都顺利入段，现在看来任务已经圆满完成，孩子们在第八轮之后都赢够四盘，孙老师的女儿黄佳七胜一负，有希望进前六名，直接跳升二段。

不到中午，大家都陆续回来了。刘手盘腿坐在床上，给大家一个一个复盘，讲解每局棋的得失。按说刘棋应该很早回来，上去随便摆几子，认输就行，但反过来想，越弄假越要装得真，以免被别人怀疑。黄佳倒是回来得比较早，问她战绩如何，居然又赢了，孙老师脸上的笑容很彻底，看刘手的眼神又开始飘飘忽忽。刘手在她面前保持着警惕，不敢多说，低头给黄佳复盘。刘手就一个局部对黄佳进行教导："对方二路飞前来搜根，不用这么委屈地单关出逃，应该从上面飞压，不要怕断，断的话就顺势弃子，先把对方的头打缩进去，要他收气去吃，自己在外面做成厚势。现在你这么单方面出逃，是没有信心的表现，对方会一鼓作气地穷追猛打，等你终于脱离危险，回头看看已是血迹斑斑，不死也输了。所以下棋要有胆量，对方来打我，我拼了命也要给他来点硬的尝尝，不能软弱，不能从气势上输给他。下棋跟打仗一样，残酷到你死我活、不见胜负决不罢休的地步，不拼的话，永远没有出路。"

正说着刘棋回来了,要刘手给他复盘。刘棋每局棋下来都要刘手替他复盘,总结一下得失,已经成习惯。照着习惯,刘手给刘棋开始复盘。这是一局假棋,其实这局棋还是相当精彩的,布局、序盘都有板有眼,接触到中盘,刘棋执白猛然发力,两人在中腹展开针锋相对的搏斗,每招都是最强手,跟弦一样绷得很紧。有些棋看上去松松垮垮,好像脱离了主战场,但这正是指东打西、暗藏杀机的手段。斗到二百多手,棋盘上已经没有多少空地,局面仍然僵持不下。刘手忽然说:"黑棋输了。"刘棋说:"你怎么知道?"刘手说:"黑棋棋形有缺陷,是一个负担,中盘战斗比速度,比力量,就像赛跑,有负担的一方要输。"接着摆下去,黑白双方经过一番拼杀之后,都各自安然做活,清查各自战果,白方在攻击中获利较多,最终以半目获胜。刘棋执白战胜了执黑的孟思文,从而以一匹黑马的姿态取得冠军宝座。

这局棋原来是打算输给对方的,谁知道刘棋又把它赢下了。看看刘棋一脸高兴的样子,刘手有心吵他几句,想想算了。赶忙找党大军道歉,打通手机,刘手一时不知道该怎么检讨自己的过失。党大军说:"是刘棋赢棋的事吧,我都已经知道了,赢就赢了,别放在心上,我尽最大努力吧。别难为孩子,没有人下棋愿意去输,孩子做的是对的。"

刘手倒不是为儿子赢棋难过,而是觉得失信于人,对不起朋友。

刘棋告诉刘手,本来打算是去输的,但是见到对手之后,就改变主意了。"爸,你知道这个孟思文是谁吧?""不知道,谁?""去年我们去北京,在道场里下了盘棋,你还记得吗?""当然记得,那样丢人的事儿,一辈子都不会忘。""下棋的时候,观战的人群里有一个支招的高手,就是这个孟思文。不知怎的,我特别想赢他,特别想跟他好好较量一下。"

下午,赛场门前贴出通告,说刘棋因作弊被取消比赛资格,所有个人成绩全部作废。大家看了都不服气,程火贵不服,要到组委会讲理。刘手赶紧拦住,说这事怪自己,谁让咱好赢棋呢。

没事干了，别人都去比赛，刘手让儿子给宁秀打个电话，因为明天是宁秀结婚的日子。听见宁秀的声音，刘棋克制住感情，把被取消比赛资格的事说给宁秀，末了说："你结婚怎么不告诉我一声？"宁秀说："谁说我结婚了？"刘棋说："我爸说的。"宁秀说："那是我一时生气，骗他的，我真结婚的话能不跟你商量吗？"刘手一直在旁边听着，这个消息让他的心情突然明朗起来，甚至燃烧起来，他强盗似的夺下儿子手中的电话，用一种忘乎所以的腔调对着话筒喊："你为什么骗我？你还惦着这个家对不对？"宁秀在那边说："做梦呢你。"刘手觉得以前太傻，宁秀走自己居然没有挽留，现在明白过来，羊已经被狼叼走了。羊丢了，但愿还没有丢得太远。刘手预感自己又要回到"生活"中去，他看着儿子，是儿子唤醒了他，让他振作起来，儿子就是清晨叫醒他的一道马蹄表的铃声。

七

刘手一心想着回家，比赛结束后，又要进行车轮战，一个职业棋手同时指导九十九个业余爱好者，非常热闹。一同来的也有几个人参加了车轮战，只好等着圆满结束后大家一同返回。这次比赛除了刘棋基本上都达到了预期的目的，成功定段，黄佳顺利跳升二段，这些都是刘手的功劳。遗憾的是刘棋未能拿到冠军，一千元钱奖金付之东流。刘手也没放在心上，业余冠军不拿也罢，眼光要向职业看齐。

忽然想起"华以刚的哥哥"，刘手走进附近的一个网吧，点击"联众"，顺利地进入到他们常去的对局室。"华以刚"正人模人样坐在角落里等候。刘手坐到"华以刚"对面，一交手，知道这是货真价实的华以刚而非冒名顶替的华以刚的哥哥。刘手问华以刚，华以刚的哥哥在吗？屏幕下面华以刚说："哥不在，弟与你一斗。"

刘手不愿浪费时间，赶忙说："不必了，我要走了。"

从网上下来，刘手一路慢步踱回宾馆。门口遇到慌里慌张的程火贵,二话不说,把他硬往一辆出租车里塞。坐到车上才听程火贵说,刘棋现在正在棋院里跟陈九段下棋。

赶到棋院,棋局已经结束。陈九段等一行人出去吃饭,把刘棋也带了去,留下党大军在棋院等刘手,一见刘手,党大军语无伦次地说了一大串:"陈九段带着徒弟去吃饭了,你儿子有出息了,我老党先前对不起你,现在已经不欠你的了……"听来听去刘手终于听明白,原来陈九段有心收刘棋当徒弟。刘手脸上的表情随着明白的程度逐渐收紧,鼻翼又开始有节奏地扇动,话也有些结巴,一遍一遍地问是真的吗,到底是真的吗?刘手说,要去见一见陈九段,当面向他问清,看一个学期要交多少学费。

"什么学费!"党大军说,"人家看中刘棋是块料子。"

党大军说:"陈九段也正要找你谈谈。"

酒店的雅间里,刘手一眼把陈九段给认了出来,因为陈九段也经常在电视上出现。陈九段身边的人都叫他陈老。陈老五十多岁,带着一股长者的慈祥和一副书生气质。席间,陈老对刘棋的天赋给予肯定,又说,刘棋的棋像他的一个朋友,很能挣扎。陈老这个"挣扎"形容得非常到位。刘手也有同样的认识,下棋确实是一种挣扎,挣扎着守空,挣扎着突围,挣扎着弃和取,挣扎着吃掉别人还要挣扎着把吃到嘴的东西消化掉。这个词让刘手觉得陈老是一个真正懂得围棋的人,他情不自禁想起另一个真正懂得围棋的人——"华以刚的哥哥",这两个人都能使他感到自己的浅薄无知。

陈老对刘手说,愿意把刘棋送到日本去学棋,尽量给刘棋一个好的学棋环境。陈老说:"你已经把刘棋给教坏了,你再教他两年,一个天才就会被扼杀在摇篮之中。"刘手知道这话不是危言耸听,他相信对方,相信对方的伟大和自己的渺小。

吃过饭回到棋院,陈老提出与刘手手谈一局。摆上棋枰,刘手也没有要求陈老授子,抓起黑子不假思索地下在棋盘右上角的一个"小目"。陈老平时与业余棋手下棋要授三子以上,全国业余冠军也起码要授两子,刘手与陈老对子,旁观者都觉得刘手有些狂妄。陈老却处之泰然,每走几手棋,要停顿一下,仰头闭目,不像是思考,倒像在回忆。这样渐渐下到中盘,黑棋突然弃角不顾,反攻边上白棋。按说中盘战斗是最为消耗时间和精力,然而两人进入中盘之后反而越下越快,直至落子如飞。蓦然,白棋停下了,黑棋也停下。执白的陈老把手中折扇一甩,身子后仰靠上椅背,晃着折扇说:"果然是你,百战百胜输一回的朋友!"刘手也把惊讶和兴奋都咧到耳根说:"你是华以刚的哥哥!"

刘棋的出国手续很快办好了,快到来不及考虑是否需要躲闪就已经被事实击中。消息传到老刘那里,他第一个动作不是祝贺孙子而是一把抱住刘手说:"刘手啊刘手,你总算熬出头了。"

刘手也觉得自己熬出头了,送走刘棋,他仍然每天泡在棋社里。这时的刘手与以往完全是两个人,有时想想,觉得自己始终被棋包围着,围死了,而如今他已经从棋里面挣扎出来,变被动为主动,不再为棋所累,剩下的只是对棋的享受。

送刘棋那天,父子一同恳求宁秀回来,宁秀摇头说:"我不知道敢不敢走回头路。"刘手说:"什么回头路,你只当出门旅行,玩够了回家。"宁秀下不定决心,说:"给我一个月时间考虑。"

刘手就耐心地等待宁秀。经过升段赛,刘手父子已是颍川棋界的榜样,许多家长都带孩子来找刘手学棋,刘手的学生队伍迅速扩充至七八十人,同样是讲课,学生多就来劲儿。有这么多孩子,刘手想不下棋都不行。

这天刘手正在棋社辅导孩子,有人喊他:"刘老师,外面有人找。"刘手对"老师"这个称谓还不能适应,红着脸出门一看,是宁秀。

宁秀用一个月时间把姚医生给甩了,刘手非常同情姚医生,说:"你把人家甩了,让人家怎么过?"宁秀气得想揪他耳朵。

宁秀说:"你说过不再下棋的。"

刘手说:"我要教孩子啊,我不下棋,这些孩子怎么办?"

宁秀的脸忽然沉下来。孙老师在教室的窗前往这边看。刘手赶忙拥着宁秀往外走。看见宁秀噘着嘴,心想,今后又要回到宁秀的包围里,从棋的包围里挣扎出来,又要在宁秀的包围里重新挣扎。

棋　　人

一

　　服务员小崔帮老麻往杯子里添水，出于礼貌，老麻弹开厚厚的嘴唇，对人家笑了一下。棋友便冲老麻吼："轮到你走棋，还笑，跟剥狗似的。"棋友是说老麻笑得难看。大家都哄笑。小崔也被逗笑，抿着唇角。相比之下，小崔笑得含蓄、自然，人面桃花，让人觉得心里舒服。再看老麻，满脸尴尬，表情走向游移不定，笑与不笑都似乎不妥。

　　在镜子面前，老麻训练过自己的笑，左三下，右三下，锻炼自己的面部神经。其实这张脸倒不算难看，五官都还周正，只是一笑便不可避免地发生错位。年轻时候，老麻笑掉过一次下巴。那时他刚参加工作不久，在仓库值夜班。一天晚上，他把女朋友带进值班室，两人在床上看电视。看的是滑稽剧，老麻被逗得前仰后合，但他没有发出笑声，带女朋友留宿严重违反规定，他担心惊动别人。越是抑制，那笑就越是不可抑制，老麻的面部神经承受着越来越重的负荷。事情就发生了，由于嘴巴张得过大，下巴居然脱臼了。老麻的女朋友试图帮他合上下巴，然而那下巴就像开了胶的鞋底，无论如何都粘不上鞋帮。

　　脱落的下巴很容易被医生接上了，遗憾的是，老麻的笑从此变了模样。医生说，面部神经受到损伤，需要一段时间康复。医生的话真是不足为信，十几年了，那笑非但没有康复，反而变本加厉，愈发难看。老麻对自己的面部神经进行一段时间的训练后，只好徒劳无功地放弃。那段日子他整天板着一副老脸，不让自己笑，偏又是个爱笑之人，遇到可笑之事，实在忍得辛苦。有一次，棋社里很安静,大家都在专心下棋,不知谁突然崩出一个响屁,引得哄堂大笑。唯独老麻不笑,他的脸已经憋得发紫,两片超厚而又朝外翻卷的嘴唇,竭力往牙齿方向收拢,再收拢。老麻终于也忍不住,咧开嘴,一股嘹亮的笑声从胸腔里喷涌出来。老麻的笑声在众棋友的笑浪中显得格外响亮,把人们震惊了。人们都停住笑,只有老麻的笑还在空中回响。

"老麻,你终于会笑了。"棋友们说。

棋友们并不想看他愚蠢地拿一副阴森的面孔为自己遮丑。老麻的笑又恢复了正常。

老麻的笑有一部分是奉献给小崔的。小崔来自农村,不知有没有三十岁,据说已经结过婚,生过孩子。老麻对小崔笑,那笑里的内容也只有他自己最清楚。至于棋友们对待小崔的态度,老麻并不介意。老麻笑,棋友们也笑,笑与笑是有不同,但并无妨碍。老麻心存芥蒂的,是赵志强。

"无耻。"他这样评价赵志强。

"有啥不服的,放马过来。"赵志强不甘示弱,"你老麻能笑,我老赵就不能笑吗?"

"你来,看我不卸你的胯。"老麻捋起袖子。

"皮给你扒掉。"老赵真的过去了。

旁边有人撺掇:"押个宝,押个宝,赢钱的请客。"老麻摸摸口袋里的钱,凑一起刚好一百,便甩了出来。老赵也从皮夹子里抽出一张崭新的钞票。赌注交由小崔保管,两人便真刀真枪地干上了。

在棋社里,也只有赵志强能跟老麻递上几招,但他的水平跟老麻还是差一个档次的,为了公平,老麻让他二子。这一仗昏天黑地地杀将起来,把棋友们都吸引过来当观众了。天昏暗下来,扯起灯,继续杀。观众都不回家,等着吃请。有人尿急了,宁愿憋着。小崔在那边煮着方便面,谁饿得撑不住了垫两口。罗大头的老婆唤男人回家吃饭,被男人一阵臭骂,赶了出去。众人哄笑起来,气氛显然缓和许多,不那么紧张了。但是棋局仍然弦一样绷得很紧,黑的白的在一起搅混……

棋局进行到二百多手,赵志强推枰认输。老麻挺佩服他的,因为在一百七十几手的时候,赵志强走了一步明显的昏着。谁都看得出来,这步棋应该在中腹自补一手,老赵却莫名其妙地去抢收官子。老麻做好准备,只等老赵悔棋,自己便理直气壮地上去摁他的手。但老赵没有悔棋,他把身子往后一靠,非常沮丧。老麻倒不好意思了,说:"悔一步棋吧。"老赵直起身子说:"别得意太早,还有得下。"弹出一支烟,丢给老麻。因此,老麻对老赵挺佩服的。

那天晚上大家在一起喝酒,老麻还特意敬老赵一大杯。

一年三百六十五天,老麻天天泡在棋社。老麻生病那次,实在去不成,躺家里养病。一天没去,两天没去,到第三天,棋社老板警觉了。老板姓胡,胡一平,也就是前面提到的,说老麻笑得像剥狗的人。胡老板也是一个棋迷。过去,颍川市没有棋社,棋友们聚集在一个老茶馆里下棋,那里环境差,光线暗,人杂,有打扑克牌的,有下象棋的,还有喝小酒扯闲篇的,也有一些偷自行车的、贩毒的、拐卖人口的混杂在里面。棋友们一商量,支持胡一平开棋社,搞会员制,每人交些费用,维持棋社的正常运转。胡老板开棋社,每年都要倒贴一些进去,但他乐意。

胡老板就起了疑心,老麻该不是去别的棋社了吧。那段时间颍川新开了好几家棋社,竞争比较激烈。他越想越生气,平时挺照顾老麻,喝个小酒什么的,从不让他掏腰包,没想到老麻就这么厚颜无耻地背叛了。到晚上,胡老板闯进老麻家兴师问罪。敲开门,却见老麻面条似的,斜倚在门框上。老麻一句话不说,只是冲胡老板笑。胡老板心里一慌,他无数次见过老麻笑,但是这个笑,是多么的怪异啊。准备好的骂娘话,被这一笑也给冲散了。"麻虾!"胡老板喊了一声老麻的绰号。老麻眼睛一闭,顺着门框滑了下去。

老麻的病倒不是很严重,在医院住了几天就出院了。住院的费用是胡老板出的,老麻没钱。胡老板说:"你这麻虾,有病不去看医生,你不要命了。"

病好后,老麻照例每天去泡棋社。

午饭过后,棋社开始陆续上人。门外响起突突的摩托声,小尚来了。吱扭吱扭,熊哥的三轮车声。哧啦哧啦,这永远都是罗大头皮鞋擦地的刺耳声。还有赵志强的马自达6的引擎声,胡老板的飞鸽牌电动车声……棋友们不用抬头,就知道门外进来的是谁。经常泡棋社的,也就十几位,彼此都很熟悉。小崔坐在门口,每来一位,她便起身去泡一次茶。

"尚哥来了,沏上茶吧。"小崔招呼客人。

小尚点点头,笑一笑。

"熊哥来了,沏上茶吧。"

"罗哥来了,沏上茶吧。"

"赵哥来了,沏上茶吧。"

无论年龄大小,小崔一律以哥相称,只有老麻是个例外。老麻来了,小崔却不言不语,起身泡茶。刚开始,小崔叫过老麻一声"麻哥",这个叫法把大家逗笑了,大家跟着起哄,左一句"麻哥",右一句"麻哥",足足叫了半个月。老麻并不姓麻,这个称呼来自他的绰号麻虾。小崔明白以后,一抹彩霞飞上了脸蛋儿,从此再不叫他"麻哥",但又没别的称呼可喊,索性就什么也不喊。

如果从门外悄无声息地走进一个人来,身影遮住了明亮的光线,那么,这个人应该就是老麻。仍然无须抬头。

"老麻,病好了?"棋友用手背磕一下老麻。

老麻咧开嘴,剥一下狗。

"老麻,你来得正好,咱棋社的面子都丢尽了。"胡老板把老麻拉到一边说,"考验你的时候到了,这盘棋你一定要给我拿下来!"

胡老板要老麻跟一位陌生人下盘棋。几天前,棋社来了一位陌生人,声称要会一会棋社里的高手。他已经连赢八盘,一盘没输。每盘棋都要挂彩,赌注一百。问他是哪里的,不说。问他贵姓,仍然不说。所有与棋无关的话,他都拒绝回答,只将头缓缓抬起,用手指抵住鼻梁上的镜框往上耸,耸出一道傲慢的目光。"你怎么不说话呢?老子在问你话!"罗大头按捺不住,想一巴掌呼下去。胡老板赶紧制止,此人应该是有些来头的,很明显,人家是有备而来的。

有棋友认出来，此人正是近日来搅得颍川棋界天翻地覆的黄眼镜！这个黄眼镜是天元棋社从省城请来的围棋教师，曾做过几年职业棋手，退役后活跃于业余棋界，在国内业余大赛中拿过不少名次。一个月来，他把颍川市的几家棋社都给扫荡了，许多学棋的孩子都背叛师门，改投天元棋社门下。看样子他要秦灭六国，一统天下。胡老板的黑白棋社是一座小庙，仅十几名学生，即使这样也未能幸免于难。

黑白棋社的勇士们一个个倒下，只剩老麻。

"一盘八百元，可以吗？"老麻征求黄眼镜的意见。

黄眼镜耸耸镜框说："一千吧，来个整数。"

"我只赌八百，"老麻说，"你不是赢了八盘吗，八百块对不对？我只要这八百块，多了不要。"

黄眼镜望着老麻剥狗似的笑脸，点点头。

棋局开始，老麻执黑，走了"星·小目"，黄眼镜应以"二连星"。老麻挂角，黄眼镜守角后，老麻拆边，形成当时比较流行的"迷你中国流"布局。棋友们都知道，老麻对这个布局是相当有研究的，有段日子他整天抱着一本关于"迷你中国流"的围棋专著，一个人缩在角落里打谱。

棋局进行到中盘，黑白双方各有三块孤棋，在中腹扭作一团，轮老麻走棋。老麻举起手中棋子，迟迟未落，末了竟然又放回棋钵。再举起，再收回，如此三番。老麻抬起脸，棋友们吃了一惊，但见老麻一张蜡黄脸，好像睡眠不足的样子，昏昏欲睡！

"酒。"老麻有气无力地吐出一个字。

立刻有人喊小崔："拿酒来！"

"杯子。"老麻说。

胡老板递过杯子。

老麻喝一口酒，押口茶，这才往棋局中落一枚子。老麻在医院病床上躺得太久，人躺懒了，身体器官也跟主人一起偷懒，随时都想睡去一般。老麻喝一口酒，下几步棋，慢慢地，一瓶酒见底，棋局也结束了。

经数子,黑棋一百八十六。

"赢了,赢了! 老麻赢了!"有人激动地狂喊。

"今天什么日子? 应该定为棋社的纪念日。"有人提议。

有人笑骂道:"纪念你个头。"

"不要纪念我的头,要纪念老麻的头,老麻的头是世上最可爱的头。"

大家都没有喝酒,却都喝醉了一般,这帮棋友疯起来没个正经,把棋社搞得好像精神病院。

老麻却是真的喝醉了,他躺在椅子里,不吵不闹,只是毫无节制地一个劲傻笑。笑得不像剥狗,倒像白痴。他半眯着眼,目光迟滞,舌头僵硬,嘴角往上咧。老赵上去抱住老麻的头,对大家说:"这就是著名的老麻的头,大家来纪念吧。"一些人就上去骚扰老麻,弄他的头发,捏他的鼻子,还有人用手把老麻的两片厚嘴唇往外扒,仿佛扒开的不是一张嘴,而是一只神秘的洞穴。

大家闹作一团,那边小崔端一杯水,远远地站在人群以外,只等人群散开,便把开水给老麻送去。老麻大病初愈,又喝了那么多酒……果然,小崔担心的事情发生了,在众人的摆布下,老麻突然哇的一声,从嘴里喷出一支酒箭!

众人猝不及防,纷纷躲避。

"好了不要闹了,"胡老板说,"都跟我喝酒去!"

大家都起身去喝酒,只有老麻,还躺在椅子里不动。上前一看,竟是呼呼睡着了。

二

老麻醉得一塌糊涂,吐过几次才算消停。不知小崔怎么把他弄到床上,又脱去衣服,盖好被子。老麻睡觉不打呼噜,却说梦话,"甘静……甘静……"是他前女友的名字。干净? 什么干净? 小崔听不明白。有种说法,人在说梦话的时候,如果接着他的话题,他会在梦里跟你对话。小崔试探着问:"什么干净?"老麻果然在梦里回答说:"甘静,棋谱。"老麻的话含糊不清,听得小崔更加糊涂。再问,老麻什么也不说了,嘴里呲呲地响着,专心睡他的觉去了。

半夜里,老麻醒来,伸手去摸台灯。大概他还以为睡在自己家里,台灯在床头柜上,很容易就能摸到。老麻摸一下,又摸一下,再摸,便摸到小崔。

"你醒了。"黑暗里传来小崔的声音。

"灯,灯……"老麻慌不迭地爬起身。

一只荧光灯在跳闪几下后腾地亮起来,老麻的眼睛被亮光刺痛,赶忙闭上,又缓缓睁开。对面坐着小崔,两人盖着同一床棉被。老麻第一个反应,就是把脚从小崔那边蜷缩回来,他的脚几天没洗,有股异味。老麻呆愣一会儿,完全清醒了,然后找自己的衣服。外罩、毛衣、裤子都在床上,跟一些女人的衣服混在一起。老麻在扒拣自己衣服的时候,无可避免地碰到那些女人衣服,他的手犹豫着,在衣服堆里小心翼翼地躲闪。

老麻穿衣服,小崔静静地坐着。所幸小崔身上有件小薄棉袄,这大概能为老麻缓解一下慌张的情绪。

"袜子,我的袜子?"老麻找不到袜子。

"袜子洗了。"小崔说。

老麻跳下床,一对光脚踩在那双黑色皮鞋上,这才踏实一些。小崔也翻身下床,她下身穿着一条薄薄的秋裤。老麻想说什么,又什么都说不出来,嘴里支支吾吾:"我……你……这……那……"终于老麻说:"小心着凉!"

小崔说:"外面冷,等天亮再走吧。"

不知老麻脑子里想些什么,他没说走,也没说不走,一根棍儿似的戳在那里。外面对局室里有开水,小崔趿拉着拖鞋,出去端了一杯水进来。老麻接过杯子,不管烫不烫一口喝下去。小崔回到床上,用棉被盖着腿。屋里摆设很简陋,没别的地方可坐,老麻只能坐在床沿。头顶上荧光灯在吱吱地叫。

"你什么时候学会下棋的?"小崔问他。

"很早了。"老麻回答。

"很早是多早啊?"小崔说。

老麻仰起脸,回想一下说:"上中学的时候,快二十年了吧,那年上初三,到现在……"老麻掰起指头默默地数,"十八年。"

两人似乎无话可说,沉默起来。荧光灯在吱吱叫着。突然,灯光暗淡下来,随即便倏地熄灭,四周一团漆黑。

"怎么回事?"老麻问。

"没事,电压不稳定。"小崔说。

果然,没多大一会儿,启动器的红灯跳闪几下,荧光灯再度明亮起来。但没过多久,灯又灭了。寂静和黑暗把时间拉得细长。老麻在黑暗中一动不动,生怕弄出什么响声,直到灯又亮起,他才暗暗松口气,调整一下僵硬的坐姿。

这种沉默是尴尬的,于是小崔又问老麻:"你下棋干吗要喝酒呢?喝那么多酒脑子还能清醒吗?"

老麻说:"喝酒能让我兴奋。"

小崔大概想到对老麻还没有一个合适的称呼,便问老麻:"你姓啥?"

老麻说:"姓白。"

小崔问:"白啥?"

老麻正待回答,灯又灭了。灯一灭,两人都不说话,又沉默起来。这只破灯早该换成新的,小崔迟迟不换,大概已经习惯这种忽明忽暗的照明方式。老麻肯定不会习惯,要么是黑,要么是白,这样闪来闪去让人烦躁得很。灯光再亮的时候,老麻起身告辞了。小崔要送,老麻说:"不用送,我走时把门带上就行。"

棋社外面一片静谧,几颗星星稀落落挂在天空,夜色中凝聚着一股冷清,不远处一排公众健身器械影影绰绰,绝无白天喧闹的痕迹。老麻裹紧衣领,慢慢往家走。

老麻的住处离棋社不远,步行十分钟即到。住房不大,乃二十世纪九十年代初期单位集资修建的家属楼,当时老麻的父亲在世,凭资历分得一套房子。如今房子已经破旧不堪,墙壁上许多地方都在掉皮。由于线路老化,卫生间的灯泡三两天便烧一次,老麻换过几次灯泡,懒得再换。这么一来,就不能在卫生间里读棋谱。老麻想了一个办法,把卫生间门敞开,借客厅里的灯光读棋谱。试过几次之后,他取消了这种做法,因为敞开门解手总是感觉很怪。老麻只好改变自己的习惯,解手前先在客厅里读一段棋谱,然后蹲卫生间里琢磨。

老麻翻开一本围棋杂志,选了一局棋,背下七十来手,蹲卫生间开始琢磨。琢磨一会儿,大概想起什么,也不知有没有拉得干净,便提上裤子到客厅里打谱。黑一个白一个,反反复复摆来摆去,终于点点头。捧起杂志看专家点评,也许刚悟出的心得跟专家点评有些出入,就失望,把杂志顺手抛到一边。

"这棋下得没意思……"他嘟囔着。

他起身去卫生间洗手,打两遍香皂,洗好后用毛巾把手仔细擦干,然后他走进卧室,取出自己珍藏的那本棋谱。他没有书柜,棋谱放在梳妆台的抽屉里,这是他存放贵重物品的地方。实际上他也没什么贵重东西,除了钱和身份证,就这本棋谱。梳妆台原本是为结婚准备的,后来婚没结成,倒成了他的百宝箱。

棋谱是一本线装书,前面几页已经残缺,封面用牛皮纸包着,内页发黄,看上去颇有些年头。这是一本古谱,一共九局。老麻翻开一页,找出其中一局细细观看。

老麻曾拿棋谱给见多识广的老赵看,老赵看后摇摇头,说不出个所以然。原先老麻下棋并不如何高明,有了这本棋谱,才变得高深莫测。老赵想买下这本棋谱,出一千块,老麻不卖。一本破书而已,老麻实在是敝帚自珍。

不是老麻敝帚自珍,而是这本棋谱对他来说具有深刻的纪念意义,棋谱是甘静送给他的,那时他们还在谈恋爱。两人是高中时期的同学,有一年暑假,他去甘静家里玩,当时,这本棋谱就躺在甘家的书柜里,像一个乞儿似的缩在某个角落。大概这本棋谱已经忍受了多年寂寞,对于老麻的赏识,它激动得浑身发抖,脱了线的纸页抖落一地。老麻捡起散落的纸页,按顺序拼凑起来,然后小心翼翼地翻看,爱不释手。甘静见他喜欢,便把棋谱送给他。

老麻对棋谱格外珍惜,他用针线把脱线的地方缝补完好,又包上一层结实的书皮。那时他水平低,对棋谱里的内容无法理解,看着密密麻麻的路数无异于看一本讳莫如深的天书。

跟甘静分手后,老麻才对棋谱有了理解。甘静大学毕业后留在北京工作,她回家探亲时见了老麻一面,那是他们最后一次见面。两人在护城河边的林荫道上漫步,天色忽然暗下来,风雨欲来的样子,两人分了手。分手以后,天空就下起雨来,一道闪电,一阵狂风,比棋子还大的雨点往地上砸。就是这一场雨把老麻给浇醒了,他奔跑着穿越七条街道,回到家中,翻开棋谱。就在这一瞬,他对棋谱里的内容有了一点理解:为什么能断的不断,该打吃的不打吃,为什么可以做活的棋不去做活,明知是死也非去点角……许多过去不理解的,在这一刻他有了新的体会。

老麻每天抱着棋谱潜心钻研,棋艺得到突飞猛进的提高。

老麻的提高是有目共睹的,胡老板组织棋友去洛阳下棋,眼看全都败下阵来,唯有老麻一杆枪舞得惊心动魄,把洛阳人杀得人仰马翻。有人说老麻天生是块下棋的料,大家一样下棋,偏老麻的棋长得飞快。有人说老麻长棋快是因为他用功,他花在棋上的工夫比别人多出几倍。这话倒是事实,那段时间老麻对下棋几乎到了痴迷的程度。因为下棋,他把工作也丢了。那年去郑州找棋王郑一飞讨教棋艺,本是请了一天假的,然而棋一旦下得兴起,便不顾一切,一连三天跟郑一飞杀了足足九盘。合该老麻倒霉,在他旷工这些天里仓库被盗,丢失了一批贵重药品。老麻的饭碗就这么丢了,被公司除名不说,还被告上法庭。无奈之下,老麻的哥哥只得拿出六万元赔偿公司的经济损失,使老麻免去一次牢狱之灾。

棋不是这么下的,棋友们劝老麻。人要生存,要工作,不可玩物丧志。

老麻也意识到自己的确过分,动过改邪归正的念头。那天父亲忌辰,老麻去哥哥家吃饭。一进家门,只见哥哥白光耀一脸阴沉,坐在饭桌前,手里捧着父亲的遗像。嫂子招呼老麻坐下吃饭。

在这个场合下,老麻被一股无形的压力搞得有些胆怯,但他还是努力给哥嫂剥出一个灿烂的笑脸。

"嫂。"老麻喊一声。

"哥。"老麻故作轻松地喊一声。

老麻坐上饭桌,去掂筷子。筷子还没摸到,就被哥哥从座位上揪起来,劈头盖脸地吃了一记耳光!

"白光荣,今天当着爸的面说清楚,今后我没你这弟弟,你也没我这哥哥!"说完白光耀转过身,对着父亲的遗像扑通一声跪下。这边女人赶忙去拉,孩子也被吓坏,呜哇呜哇哭起来,场面闹作一团。

老麻用手揉揉脸,那几道红红的指印逐渐褪去,脸色很快恢复正常。他的生活也恢复了正常,每天照例去泡棋社。他打算跟棋干上了,这辈子死也要下棋,棋是他最忠实的朋友。失去工作和亲人,他有了更多时间去泡棋社,这使他的棋艺又突飞猛进一次。棋艺愈高,他对那本棋谱的理解也愈深刻,他发现自己每读一次棋谱,都有一次崭新的收获。夜已深,他还是睡意全无。面对棋谱回首往事,这成为他生活中一项重要内容。他回想许久,有些乏累,便躺下,打开电视机。这时候已经凌晨两点多,电视节目里只有一个频道还在播放广告。关上电视,又拿起棋谱。他忽然心血来潮,要给这本棋谱取个名字。叫什么好呢?他思忖着。就叫"牛皮谱"吧,这本书外面包着牛皮纸。最后老麻敲定,叫"牛谱"。

三

那段时间老麻既没工作,又没亲人照顾,真不知他怎么活过来的,也没见他缺吃少喝,也没见他有任何营养不良的迹象。人活着就是个奇迹。

"老麻,给我教学生吧。"胡老板找到老麻说。

"教什么学生?"老麻问。

"别管什么学生,让你教你就教。"胡老板说。

从此老麻做起围棋教师,教一群孩子下棋。老麻喜欢这份职业,不仅每月有四百多元收入,还被人称作老师,受人尊敬和爱戴。学生们一口一个麻老师,叫得老麻飘飘然。老麻对自己也尊敬起来,衣服勤换勤洗,头发每天早上都认真梳理一遍,尤为突出的表现是他每天晚上都能够坚持洗脚。给学生们一个好的表率,老麻对自己很有信心。

老麻俨然就是一位光荣的人民教师了,不光学生们喊他老师,许多棋友也都改口喊他老师。

"麻老师,给我上一课。"罗大头戏谑他。

"大头乖乖,好好下你的棋。"老麻用手掌摩挲他肉球一样的光头。

"麻老师,这步棋怎么下?"熊哥虚心向他请教。

"飞。"老麻用指头敲着棋盘说。

"长。"老麻仰起下巴说。

"盖他的帽!"老麻做了一个向下压的手势。

简单的几步,熊哥就在中腹拉起一道厚壁,形势颇为可观。这时候老麻亲自拈起一枚棋子,往角部走了一步"玉柱",然后手一摊:"看到了吧,这些地盘都是你的,谁进来谁送死!"

在老麻的指挥下,熊哥极为兴奋,脱了鞋子,蹲上座椅,把棋子摔得噼啪响。对面老赵早不耐烦,正待发作,忽听门外有人喊:"麻老师在吗?"

老麻抬头看,是一个不相识的女人,手里牵着一个十一二岁的男孩。女人是带孩子来拜师的。很少有人主动来拜师学棋,老麻自然要十足地端起老师的架子,把学生带进教室,问他:"叫什么名字?"

学生回答说:"杨浩然。"

老麻问:"学棋多久了?"

学生说:"三年。"

老麻有些意外,三年前颍川很少有孩子学棋。自从去年颍川籍棋手刘棋得了世界冠军,才掀起了送孩子学棋的一股热潮。

老麻跟学生下了一盘,摸一摸学生的水平。学生居然有相当高的棋力,棋走得有模有样。棋至半途,老麻忽然停下问:"这手棋为什么这么下?"

学生两手托腮,不抬头,说:"入腹争正面,制孤克敌验于斯。"

把老麻说愣了:"什么?再说一遍。"

学生重复说:"入腹争正面,制孤克敌验于斯。"

"入腹争正面"老麻是听说过的,但"制孤克敌验于斯"这么拗口的话,还是头回听说。其实这些口诀出自清代国手施襄夏的《凡遇要处总诀》,老麻没有读过。

接着下棋,下到一处,老麻又停住问:"为什么这样下?"

学生说:"互关兼镇必关,任择飞尖与托。"

老麻挠挠头。

继续下。

"这步棋有什么说辞吗?"老麻又问。

学生果然是有说辞的:"精华已竭多堪弃,劳逸攸关少亦图。"

老麻惊讶得张大嘴巴。

棋局进行到一百八十多手,学生突然放弃对一块孤棋的攻击,率先收官。老麻直起身子,正要发话,却被学生抢先说道:"局势已赢,专精求生。"

老麻的表情有些哭笑不得。老麻决定给学生一点颜色瞧瞧了,他拈起一枚棋子,轻飘飘地落在棋枰上。学生跟着走了几步,鼻尖上冒汗。老麻说:"局势已赢了吗?"学生不言语,抱头苦思。又走几步,学生的棋就崩溃了。

老麻问学生:"你以前跟谁学棋?"

学生说:"黄老师。"

老麻问:"哪个黄老师?"

学生说:"黄哲,黄眼镜。"

居然是黄眼镜的徒弟,老麻觉得意外。老麻是个大脑简单的人,除了下棋,别的事也不爱多想。这当然不是巧合,接下来的几天,棋社陆续收到几十名学生,其中一部分是黄眼镜的学生,还有一部分是听说老麻打败黄眼镜,慕名前来拜师。

最高兴的要数胡老板,学生多了,棋社有了盈利,月底,胡老板给老麻分了两千元钱,给小崔发了几百元的奖金,还请棋友们吃喝一顿,落得皆大欢喜。

老麻领了钱,心情格外开朗。

下午放学,老麻到学校门口去接侄子。远远看见侄子从学生堆里往外走,老麻哧溜从人群里窜出去,晃着手里的玩具枪,嘴里"哒哒哒"地怪叫着。"二叔!"侄子冲过来,跳进老麻怀里,扒着老麻的细脖子往上爬。老麻抓起侄子一甩,驮到肩头。

"瞧你们爷俩!"老麻的嫂子在旁边说。

老麻咧着嘴,规规矩矩地叫一声"嫂"。

一家人顺着马路往回走,走进花园小区,老麻在喷水池前停住脚步。嫂子说:"去家吧。"老麻说:"不了。"嫂子叹口气:"其实你哥也很想你,经常提到你。"老麻开心地咧嘴笑。嫂子说:"你就不能不下棋吗?"老麻似乎被揭了伤疤,低头不言语。对于棋,一家人是深恶痛绝了。老麻的哥哥经营着一家公司,只要老麻不下棋,哥哥完全可以接受他,安排他到公司里上班。有个正经工作,娶妻生子,这才是正确的人生道路。

"以后再也不下棋了,为了哥嫂,为了侄子!"老麻在回家的路上暗暗下着决心。

他想起哥哥,小时候他在哥哥的背上长大,哥哥的背是一块宝地,要什么有什么。想要糖,哥哥背上长出一颗糖;想要枪,哥哥背上长出一支枪;想要小人儿书,哥哥背上长出一本小人儿书……小时候他在哥哥的屁股后面长大,哥哥的屁股结实,吃得住父亲咆哮的鞋底;因为他,哥哥没少挨打,屁股经常开花。如今父母都不在了,只有这么一个哥哥。老麻在路上想哥哥,居然想得掉了泪。路人都看见老麻哭了,因为老麻一哭就必定要哭出声音,从小到大都是这个哭法,活了三十多年愣是没学会默默流泪。老麻抹着泪,到街头包子铺里买几个包子,啃着包子,哭着走着。进了家门,包子填饱肚子,老麻的泪才算止住。

老麻陷进破沙发里,做了世上最无聊的一件事——发呆。一直发呆到天黑,想喝水,找到暖水瓶晃一晃,估摸还有点开水,往外倒却只弄出几滴白乎乎的水锈。便出家门,买一瓶水边喝边在街上晃。晃来晃去,晃到体育场,晃进体育场大门,晃过露天舞场,晃过一群公众健身设施,晃过美术班、书法班、吉他班、小提琴班、古筝班、舞蹈班……老麻停下,再往前晃,就是黑白棋社少儿围棋培训班。天已经完全黑下来,棋社里透出些微灯光。老麻趔回来,找一个"太空漫步机"爬上去晃悠。晃几下,感觉不太安全,换一个锻炼腿部的,坐上去吭哧吭哧蹬起来。远处棋社的灯还亮着。夜色已深,人们渐渐散去,只剩老麻。似乎被一股神秘的力量推动,老麻终于走进棋社。

"怎么这时候来了?"小崔在打扫卫生。

"有水吗?我喝口水。"老麻说着坐下来。

小崔说:"喝水自己倒,没看我正忙吗?"

老麻站起身,自己倒一杯水。

"人都走了吗?"老麻说了一句废话。

小崔说:"都走了。"

老麻点上一支烟。小崔收拾好茶具,端进里屋刷洗。老麻斜靠在椅子里,仰起脸,翻开厚厚的嘴唇往头顶吐烟圈,吐得倒挺圆,浓浓的一团翻卷着扩散出去。

"我以后不下棋了。"老麻说。

里屋小崔不知听清没有,没做声。

老麻又吐出一口烟圈。

小崔忙完,从里屋出来,坐老麻对面织毛衣。老麻的烟圈喷过去,撞在小崔手里的毛衣上,小崔眉头一皱,用手去扇烟雾。"走开,烦人!"小崔皱着眉头。

老麻嘿嘿笑了。老麻说:"我以后不下棋了。"

小崔说:"你不下棋呀,那就出鬼了,除非太阳从西边出来,鬼才会信。"

老麻的心情变得疏朗起来,他挪挪椅子,往小崔身边靠。"给谁织的?"老麻的语调有些俏皮。

小崔低着头说:"想学我可以教你,你那么聪明,保准一学就会。"

老麻说:"给我织一件怎么样?"

小崔说:"你快找老婆吧,有老婆啥都不愁了。"

老麻说:"我老婆一定很笨,到时想穿毛衣还得求你。"

小崔说:"别没自信,你不笨,找个老婆也肯定聪明。"

不知是被小崔夸得不好意思了,还是小崔身上淡淡的女人味道让他呼吸局促,他站起身,在屋里来回踱步。他在背后偷看小崔的背影,玲珑的身段,柔顺的长发。小崔织得手累,停下来,抬手抚弄鬓角。老麻心里一慌,赶忙收回目光。"不早了,你休息吧。"老麻道个别,离开了棋社。

小崔有句话算是说对了,老麻不下棋,鬼才会相信。

四

老麻又回到棋社,下棋并不可耻,总有一天哥哥会谅解的。

刚来棋社的时候老麻棋艺低,连罗大头都下不过,棋友们给他起个绰号"麻虾",意思是大鱼吃小鱼,小鱼吃虾米,而老麻是虾中最小的那种麻虾。随着棋艺提高,老麻由麻虾变成老麻,现在又变成麻老师,看来事情在一步步往好的方向发展,实在没有不继续下棋的道理。

自从赢了黄眼镜,老麻在颖川棋界有了一点名气,但很多人对他赢黄眼镜那局棋不以为然,有说老麻服用了兴奋剂,超常发挥;有说老麻擅长盘外招,喷烟圈到棋盘上扰乱对手;有说老麻瞎猫碰上死耗子,侥幸赢一局,并不能说明任何问题。种种说法传到老麻这里,老麻剥狗一笑作罢。

这天下午老麻在棋社里打谱,忽听门外一阵嘈杂,一帮人拥进棋社。有人喊:"黄眼镜来了。"果然看见黄眼镜分开众人,朝这边走来。上次他一不留神着了老麻的道,这次卷土重来,铆足了劲要报一箭之仇。兵来将挡,水来土掩,老麻自是不肯示弱。双方约定,周日上午十点,黑白棋社,三番棋决胜负,赌注每局一千。

　　比赛这天许多棋友闻风而来,挤满了小小的黑白棋社。胡老板早有准备,借了几十把椅子,又买来两副大棋盘,供棋友们观棋。罗大头提醒胡老板收门票,趁机小赚一笔,胡老板摆摆手说:"一律免费。你想啊,这场比赛如果取胜,以后棋社生意想清淡都不行,会有很多学生来找老麻学棋,还在乎这点小钱吗?"胡老板是有一定战略眼光的。

　　人上一百,形形色色。棋友中各色人等混杂,有久经沙场的骁将,有入门不久的菜鸟,有文雅的知识分子,有粗鲁的贩夫走卒,有脾气暴躁的黑李逵,有心机洞明的小诸葛。有的手摇折扇,风度翩翩;有的嘴叼烟卷,抠着脚丫。比赛还没开始,人们就交头接耳,阐述各自观点,预测棋局胜负。谈得拢,互道一声知己,竖起大拇指;谈得不拢,先是争论,继而争吵。国手棋社的"小钢炮"倾向于黄眼镜,新星棋院的"子弹头"钟情于老麻,两人谈得不拢,争吵谩骂之后大打出手,你一巴掌我一拳,从屋里闹到屋外,引得院子里许多闲人围观。周围书法班、美术班、音乐班、舞蹈班的学生也有不少聚拢过来,有的拿画笔,有的抱吉他,有的脖子里夹着小提琴,还有人蹦嚓嚓嚓扭舞步……煞是热闹。

　　十点整,比赛准时开始。第一局黄眼镜执黑,老麻执白。黄眼镜从棋钵里掂出一枚黑子稳当当地下在右上角的星位,然后抱膀子靠在椅背上,待对方落子。老麻却不急于落子,转头问裁判:"可以吸烟吗?"裁判说:"当然可以。"老麻点起一支烟,深吸一口,狠狠地吐一个烟圈出来,随后长长一吁,将烟圈吹散。老麻下了对角的一个星位。黄眼镜再下一子,老麻也再下一子,黄眼镜又下一子,形成"小林流"对"二连星"布局。

　　这场比赛老麻很有信心,他研究过黄眼镜的对局,发现对手的棋虽然犀利,但有些棋下得随手。类似这样的随手应该是高手所忌讳的,"随手而下者,无谋之人也。"一局棋中屡次出现随手,只能说明这个棋手的没落。兵法曰:"多算胜,少算不胜,而况于无算乎?"

序盘阶段,双方每走一步都很慎重。第七十三手,黄眼镜在局部补强后,全局留下最后一个大场。

老赵解说道:"最后一个大场不能不占,打个比方说,二人同吃一个烧饼,你一口我一口,吃到最后,剩最后一口,现在轮到我吃,我是不是就多占一个便宜呢?如果我不吃,你们会说我脑子有病。所以老麻这步棋一定会下在这里。"

老赵的比喻还算形象,但他的判断有误。老麻并没有占这个最后的大场,而是在棋局上方落下一子。这步棋不但出乎老赵意料,更是出乎黄眼镜的意料。黄眼镜一双小眼睛从镜片后面翻起来,瞅老麻表情。老麻面无表情地说:"入腹争正面,制孤克敌验于斯。"

进入中盘,战斗异常激烈,这正是老麻所擅长的。老麻的"牛谱"中每局棋都是"乱杀乱砍",从一开始黑白双方就纠缠不清,尽量往复杂的变化上行棋,招招凶险,似乎都在拼命,置之死地而不顾。老麻得"牛谱"精髓,棋也是下得犹如"狂草"一般,到处是死子,却处处死而不僵,伺机而动,与其说是死子,倒不如说是隐藏幕后的"刀斧手"。

第八十七手,老麻下边五子被围,老赵说:"下步棋老麻一定会搭靠,救出五子,局面白棋领先,黑棋吃不掉五子实地不足。"老赵又猜错了,老麻居然弃掉下边五子,转身去救上边一个弱子。这步棋让黄眼镜陷入了长考。

"精华已竭多堪弃,劳逸攸关少亦图。"老麻背起口诀。口诀是黄眼镜教给徒弟,徒弟传给老麻,老麻再转而施于黄眼镜。

黄眼镜额头上渗出汗珠,对于老麻弃掉的五子,吃也不是,不吃又不行,一时难以落子。老麻兀自念着口诀:

"象眼尖穿忌两行,飞柔制劲。

"两打同情不打,推敲扳虎兼长。

"奇路压扳长胜退,顶断须防。
"静能制动劳输逸,实本攻虚柔克刚。"

棋局进行到第一百五十六手,老麻在天元附近看似无关紧要处落下一子,这步棋犹如神来之笔将几块孤棋巧妙地连在一起,数条孱弱的小溪汇聚成一条再也无法斩断的巨龙,反将黑棋两条小龙裹在中央,形成瓮中捉鳖之势。老麻下出这步棋以后,黄眼镜无计可施,接下来棋局便毫无悬念,黄眼镜挣扎几步,回天乏术,只好抓一把黑子撒进棋局,投子认输。

两人也不休息,紧接着下第二局。此时观战的棋友越来越少,余下的都是高手,是真正的棋迷。老赵也不讲棋了,在下面跟观众一起看棋。这局棋比第一局更为精彩,开局就走出一个大型定式,双方围绕着"引征"大做文章,看得观众眼花缭乱。到了后半盘,双方却都下得平稳,接下来收官,是个细棋局面。经数子,老麻以微弱的优势又赢一局。

三番棋,老麻连胜两局,无须再下。

黄眼镜从椅子上站起来,朝老麻深深鞠一躬,走了。

"老麻果真厉害!"观棋的人们议论着,相继散去。

棋友们跑过来祝贺,这个拍拍肩膀,那个摸摸头发,还有人搔老麻的胳肢窝,把老麻弄得合不拢嘴。大家都很高兴,胡老板又带大家去酒店里点两桌酒席,隆重地庆祝一番。

五

老麻的名声很快传出去,许多外地的棋友都来拜访。真正喜欢下棋的人,无论出差或旅游,每到一处不寻访高手切磋一下总是过意不去。

"请问,哪位是老麻?""您是?""郑州张三,想跟老麻下一盘。"
"请问,麻老师在吗?""您是?""洛阳李四,请麻老师指点。"
"请问,麻治孤在吗?""您是?""河北王五,向麻治孤讨教棋艺。"

"请问,颍川棋王在吗?""您是?""山东钱六,特来拜访棋王。"

老麻被人叫得不高兴,他不喜欢这些稀奇古怪的称呼。但也没什么值得生气,爱怎么叫就怎么叫吧,老麻照常下自己的棋,照常教自己的学生。拜访者来自五湖四海,中间不乏雄霸一方的绝顶高手,跟他们对局,老麻增添了许多实战经验,棋艺日益精进。他很少输,连他自己都不知道自己的棋艺究竟到了什么水平,有一次他赢了一位高手,赢过之后才知道人家居然是业余7段!

由于黑白棋社的兴旺,致使颍川许多小棋社都相继倒闭,许多学生改投黑白棋社学棋,而那些以教棋为生的围棋教师们,有的回老家种田,有的去外地另谋出路,有的则被胡老板纳入麾下,壮大师资力量。学生越来越多,到寒假时,已扩增至二百多名。胡老板租下棋社附近的几间空房,将少儿围棋培训班改称为"黑白围棋学校",分高级、中级、初级等三个级别、六个班级,自任校长,聘老麻为总教练,老赵、小尚、罗大头等也都做起教头。虽然老赵他们水平低,但教那些初入门的孩子还是绰绰有余的。

胡老板把众位教头召集起来训话:"咱都是老师了,为人师长要讲究德行,你们几个,以后都少说脏话,谁要是在孩子面前说脏话,别怪我老胡翻脸不认人。"

众教头纷纷点头称是。

罗大头说:"谁讲脏话,扣工资。"

胡老板说:"扣工资便宜你了,知道你们不在乎这点工资,假如你罗大头讲脏话,开除你,不让你做老师,不许你踏进棋社的门。"

老赵补充说:"叫小崔在门口贴上告示,写上罗大头与蠢猪不得入内。"

众人哄然笑作一团。

老麻跟在人堆里也笑,他是真心地笑,笑得非常开心。老麻的笑声总是比别人响亮一些,持久一些,常常是别人收住了笑,他的笑还在空中糅着颤音。老麻每月有三千多元收入,工作也清闲,除了礼拜天给孩子上课,其他事务一概不管不问。下棋之外,老麻热衷于请棋友们喝酒,有事无事总找理由请客,似乎要把过去十几年欠大家的酒都给补出来。受人点滴之酒,当以涌泉相报,老麻很够义气。

转眼到了春节。这一年的春节格外暖和,气象专家的预言得到证实,这是一个暖冬。老麻硬着头皮去哥哥家吃年夜饭,哥哥居然没赶他走,只对他冷哼一声,不予理睬。这一声冷哼其实就是给老麻的特赦令,把老麻喜得屁颠屁颠。

"贴对联喽。"

"放鞭炮喽。"

"下饺子喽。"

老麻跟侄子一起疯闹,把侄子扛在肩上耍来耍去,耍得侄子哭爹叫娘。老麻三十多岁,还跟孩子一样,永远长不大。疯够了,老麻坐下来,很安静,从怀里掏出一沓钞票轻轻放到桌上。"哥,这些你先收下,以前我不争气……"老麻没再说下去。哥还没吱声,嫂的泪就唰唰地往外流。

"一家人多好。"嫂不住手地抹眼泪。

老麻被嫂的情绪感染,掏出一番肺腑之言:"这些都是我下棋挣来的,其实下棋没什么不好,不偷不抢,光明正大,陶冶情操,还可以……"

老麻话没说完,便被白光耀从座位上拽起来。"去下你的棋。"他不容分说把老麻推出门外,砰的一声关上房门。

"下棋有什么不好?"老麻站在门外委屈地说。

屋里传出争吵声,嫂在哭,侄子在尖叫,还有碗碟掉在地上乒嚓的碎裂声。老麻垂手呆立,耳里听着这些声音。防盗门上的手柄似乎扭动了几下,老麻以为是嫂子给他开门,然而门终究未开。老麻一路哭着往家走,路上绝了行人,节日的喧闹被人们关在屋里,只有老麻孤苦伶仃的一个身影。

回到家里,老麻取出"牛谱"。除夕夜里,人们都在看央视春晚,老麻一个人在屋里抱着"牛谱"发呆。外面时而传来阵阵鞭炮声,有的遥远如儿时记忆,有的很近,就在脑壳里炸响。老麻坐在床头,于黑暗中默诵"牛谱",他更像是阅读着自己的孤独和落寞。

春节过后小崔从老家带来一个男孩,这孩子长得虎头虎脑,不怯生,没几天就跟棋友们混熟了。有人问小崔这是谁的孩子。小崔说是自己的。小崔这么年轻,怎么可能有这样大的儿子?问孩子的爸爸是做什么的,怎么没有一起来。"干什么,想做私家侦探吗?"小崔抢白一句。问的人一脸悻悻然。

老麻也对小崔的孩子感兴趣,带他去公园,好吃的好玩的买了一大堆。"你爸是做什么的?"老麻问孩子。孩子不作答,用舌头舔粘在手上的棉花糖。"你家都有什么人?"老麻又问。孩子不回答,要坐碰碰车。坐上碰碰车,老麻又问:"你觉得叔叔怎么样?"孩子不耐烦了:"我觉得你很烦,能不能闭上你的嘴?你的话太多了。"老麻气得直咧嘴,佯装要发怒的样子瞪孩子。孩子说:"你笑什么,受了批评还有脸笑?"老麻曾受过伤的面部神经使他的笑看上去像哭,反过来,他的哭倒有点像笑。

"你叫什么名字?"老麻心说这人小鬼大的东西,该不会对自己的名字也拒绝回答吧。

"崔刚。"孩子果然未加防范,脱口而出。

孩子跟的是母亲的姓,难道他没有父亲吗?老麻心中一阵窃喜。

有天晚上老麻把自己浇得满身酒气,来到棋社。"怎么这时候来了?"小崔正在辅导儿子写作业。老麻说:"刚跟朋友喝了酒,口渴。"小崔说:"喝水自己倒,我忙呢。"

老麻坐在椅子里,也不说话,瞪着眼看母子俩做作业。不知老麻有何企图,没滋没味的白开水喝了一杯又一杯,丝毫没有要走的意思。那边小崔母子的作业居然也是没完没了,时间一分一秒地过去,一边似乎坚决地要发生点什么,另一边也似乎坚决地不让他发生什么,两边就这样坚决地耗上了。

突然,老麻腰里新买的手机响了,是胡老板的电话。胡老板问老麻在哪,老麻说在棋社。胡老板说,这么晚在棋社做什么。老麻说,路过,来喝口水。胡老板叫老麻等着,他有事相商。

"形势不容乐观。"胡老板一进来就急慌慌地说。

老麻赶忙问:"怎么了?"

胡老板所说"形势不容乐观"指的是棋社有了竞争对手。颍川市新开了一家围棋学校,是北京一家很有名气的"冠军之星围棋学校"开来的分校,校长杨义先九段是棋界公认的德高望重的前辈,世界冠军刘棋便是他的得意门生。

"不是猛龙不过江。"胡老板忧心忡忡地说。

"他办他的学校,你开你的棋社,有什么过江不过江的。"老麻顶撞胡老板一句。他烦起胡老板,胡老板不该在这个关键时刻搅了他的好事。机会不是随时就有,勇气也不会说来就来,老麻叹口气。

六

老麻是个没有什么理想抱负的人,得过且过,随遇而安。几个包子能吃出幸福的味道,一盘棋便下出快乐的人生。

老麻已经很久没有输过,在颍川他注定是孤独的,没有对手。他去外地寻访高手,老天不给他输棋的机会,世间的高手不是徒有虚名便是深藏不露。他找职业棋手下棋,职业棋手是御林军,对他这样的绿林好汉根本不屑一顾。"你有什么资格跟我下棋?"他们说。职业棋手每场比赛都有相当丰厚的报酬,他们不愿跟老麻这样的业余棋手下棋,赢了不见光彩,输了又没面子,毫无名利可图。老麻没有资格跟职业棋手较量,又寻访不到真正的业余高手,日子过得寂寞。

"五一"期间,颍川市举办"首届棋王赛暨少儿围棋升段赛",老麻报了名。棋友们都说这个冠军非老麻莫属,这是给老麻这个无冕之王送桂冠来了。拿了这个冠军,老麻就是名副其实的颍川棋王。但了解内情的人却认为老麻拿这个冠军几乎没有可能,此项比赛由颍川日报社和"冠军之星围棋学校"联合举办,为筹办这场比赛,"冠军之星"大张旗鼓,广告做得铺天盖地,指望着通过比赛扩张知名度,招揽生源。费好大劲煮的一锅饭,能让别人张嘴去吃吗?老麻夺冠的呼声并不很高。

"这个冠军一定要争到手,最近棋社流失不少学生,都被冠军之星抢跑了。"胡老板说。

"两万元买你一局棋,只要你在决赛上手指轻轻一抖,这些钱就是你的了。"冠军之星派来的说客说。

对于这些,老麻全是龇牙一笑。老麻的笑是空泛的,从他的笑里看不出任何内容,一个纯属多余的笑。

比赛在颖川大酒店进行,参赛选手七百多名,分少儿组和成年组,赛程五天。比赛的头一天,由于参赛选手多是孩子,需家长带领,因此人数比预计的多出数倍,承办方一时措手不及,场面闹哄哄的有些失控。很多孩子跑错了赛场,耽误比赛时间,急得哇哇哭叫。楼梯被人塞得水泄不通,上面的人下不来,下面的人上不去,挤在中间的人推推搡搡,跌了眼镜,掉了鞋跟,还有女同志被人趁机吃了豆腐,谩骂声、尖叫声、哭娘声混作一团。眼看将近中午,局面仍然难以收拾,一个满头大汗的工作人员拿个大喇叭宣布:"上午的比赛延续至下午进行!"

中午回棋社休息,棋友们都很生气,破口大骂:"什么冠军之星,连个比赛都不会安排,一个个全是蠢材!"老麻也很生气,在楼道里卡了一个上午,衬衣纽扣被挤掉三颗,小崔要给他缝补,却发现不光是掉了纽扣,连衣襟都被扯破,即使缝上扣也对不上纽了。没有衬衫可换,到了下午,老麻索性敞着胸怀进了赛场。

第一场比赛,老麻的对手是"国手棋社"的"小钢炮"。"小钢炮"是业余5段,本想杀进前八名,展示一下老业余5段的雄风,但合该他时运不济,上来就遭遇老麻。啪!啪!啪!"小钢炮"一连中了老麻几记脆响的"耳光",被淘汰出局。

第二场比赛,老麻的对手是一位业余4段,赢得轻松。

第三场比赛,老麻的对手是新星棋社请来的"外援",业余6段。老麻先是马步扎稳,进入中盘后故意卖个破绽,诱使对方来攻。老麻有个绰号叫"麻治孤",是说他善于治理孤棋。随便你攻,待你战线拉长,气力不济时,老麻瞅准时机,一通组合拳耍起来,那些散落盘面的孤棋便游击队似的迅速收拢成一支正规军,死死叮在对手七寸之上。遇见老麻,"外援"也只有打道回府。

接下来几场老麻都顺利过关,一路杀到半决赛跟前。

坐在老麻对面的,是黄眼镜!

这已经是比赛的第四天下午,参赛选手只剩下四名,余下三场对局,挪至酒店十八层的高级会议室里进行。比赛进入高潮阶段,观棋大厅里竖起超大棋盘,请主持人进行棋局讲解,电视台也派人来架起摄像机,现场直播。

半决赛马上开始,观众排好队,在工作人员的指引下从大厅门口鱼贯而入,很有秩序。主持人上台吹一口麦克风,下面立马肃静,整个大厅谁放屁都听得清清楚楚。大棋盘两侧挂上棋手名字,一边是"黄哲",一边是"白光荣"。

"白光荣是谁?"有人问。

"白光荣就是老麻。"有人答。

主持人清清嗓子,开始进行棋局讲解。"经猜先,白光荣执黑,黄哲执白。"主持人拿一只碗大的黑棋,顺梯子爬到棋盘上,把棋子摆在老麻的名字一侧,又接过下面美女助手递上的白棋,摆在黄眼镜的名字一侧。主持人吊着一个肥硕的大屁股,爬上爬下仿佛一只狗熊憨态可掬,台下观众却无人取笑,大家都在关注棋局。

"白光荣第一手棋走了星位。"主持人摆上棋子。

大家都在等待第二手棋。

"没了,对局到此结束。"主持人跳下梯子,宣布了比赛结果,"黄哲弃权,白光荣获得决赛权!"

观众哗然!

不战而胜的结果出人意料,有人说黄眼镜被老麻杀怕,不敢应战。老麻心里却清楚,早在比赛之前黄眼镜找过他,说自己打算弃权,让他有更多的精力去对付"冠军之星"的佟彦,老麻感激得不知说什么才好。轻松获得决赛权,老麻却没有感到丝毫放松,接下来是一个更为可怕的对手,"冠军之星"早就织好一张网,等老麻这只虫子往上撞。

黄眼镜托朋友搜集了一批佟彦的对局谱,跟老麻一起研究。佟彦是杨义先的弟子,算起来该是刘棋的师兄,曾是职业棋手,升至职业七段,后因比赛成绩欠佳退出职业棋坛,做起专职围棋教练。佟彦的棋风属于稳扎稳打型,工于心计,老奸巨猾。老麻不敢有丝毫怠慢,他明白职业七段有多大威力。白天参加比赛,晚上老麻就跟黄眼镜在棋社里研究,一局一局,一步一步,把佟彦的棋路摸了个七七八八,老麻这才觉得有把握。

老麻从棋社出来,打算早点回家睡觉,养足精神第二天好迎战佟彦。走到体育场门口,听见有人喊他的名字。"光荣。"一个女人的声音。老麻没在意,以为听错了。"光荣!"这回听得真切,确实是自己的名字。老麻转回头,看见一个三十多岁的女人走过来,老麻的心随着女人临近的脚步一下一下踩紧。

"甘静!"老麻没想到会遇见多年未见的老情人。

甘静已经不是他记忆中的少女,但他还是从感觉的缝隙中,一下子把这个三十多岁风韵翩翩的女人给认了出来。老麻看到女人穿一身雅致的套裙,长发波浪似的卷在肩上,朝他盈盈浅笑。老麻有些措手不及,厚厚的嘴唇咧起来。

"好久不见,你还好吧。"女人说。

"还老样子。"老麻嘿嘿笑。

"结婚了吗?"女人问。

"没有。"老麻回答得很实在。

女人说:"我回来探亲,过几天就走。"

老麻说:"没想到还能再见到你,这些年……"

女人说:"有八年了。"

老麻不知说什么好了。既然没话,就该告别,老麻却是张不开口,挪不开步。与旧情人目光碰在一起,老麻眼神里闪过一丝惊慌,抖了一抖,又毅然决然地粘了上去。女人倒不好意思,羞涩地垂下头。

女人从包里取出一页纸递给老麻,是一张发黄的纸,老麻接过一看,是棋谱。女人说,她在整理书柜时,发现了这张棋谱。"我送你的那本棋谱还在吗?"女人问。老麻说:"一直保存着。"女人似乎很感动,眼圈湿湿的。

两人在路边聊了一会儿,有五分钟左右的时间,这个时间把握得比较有分寸,彼此之间的交谈也显得自然。这样的会面,既不能过于热情又不能过于冷淡,五分钟时间刚好。

分手后,老麻回到家里,翻开棋谱。这张棋谱应该是"牛谱"里面逸失的前半部分,原以为"牛谱"一共九局,现在看来应该在十局以上。老麻摆出棋盘,开始打谱。这局棋跟其他九局风格类似,简单的布局之后,很快进入激烈的中盘战斗。古人下围棋,棋局开始之前双方各在对角的星位摆上两子,称为势子,之后,才由执白者下第一个子。"起手六三,最佳侵角。"这局棋也不例外,第一手棋下在右上角的"六三"位置,然后,双方开始了平稳的布局。对于白七关,黑棋"五六"位飞攻。老麻抛开棋谱,就此局面在棋盘上摆出十几种变化,再对照棋谱,谱中解释说,此型有四十四变!老麻摇摇头,自叹不如。接下来,白九压,黑十扳,白十一断!"棋从断处生。"自此一断,引发一连串的精彩着法。黑棋第十八手,在角部尚未安定的情况下,抢先攻击,老麻不禁拍手叫好!黑四十扳,老麻琢磨许久,认为这步棋下得有些随手,有帮对方补棋的嫌疑。果然,接下来几个回合,黑棋吃了大亏。局势不利,黑五十八弃角部死活不顾,将上面一子关出,与中腹寻求联络。白当仁不让,果断地点死黑角!接下来的进程,更是让老麻看得惊心动魄……

棋局进行到第一百四十一手,正是精彩激烈之处,却戛然而止。这只是前半局棋谱,后半局棋谱应该在另一页上。后半局会是什么样子呢?老麻有心去找甘静,看能不能寻来下半盘棋谱,但一来没有甘静的联系方式,二来时隔多年,甘静家早已搬得不知去向。老麻觉得遗憾,仰起脖子对着天花板长长一吁。

老麻似乎忘了第二天的赛事,沉醉在棋谱中,时间滴答滴答地漫过去,已是深夜。他将棋谱在棋枰上复盘,从头至尾摆了数遍,仍是意犹未尽。第一百四十一手之后，会是什么变化呢？老麻反复思索着，在盘上摆出了许多种变化。老麻吃了一惊，他忽然发现，第一百四十一手很可能是此局的败招！这步棋应该在角部"小尖"，而实战却下出了"飞"，这让老麻大惑不解。"为什么不走小尖？"老麻自言自语地问。老麻勾着头，眼睛盯着棋局，右臂抬起，食指与中指之间夹着一枚棋子，似乎要落入棋局——这枚棋子却始终未落，老麻就这样定格，一动不动。时间滴滴答答从墙上的挂钟里往外流泻，老麻的影子仿佛一面剪影挂在窗帘上，屋里透出的光线很短，把窗前一小块空地照亮，远处屋檐和树梢上，是月亮的银白色，空气在咝咝地游动。夜色越深，这夜就显得越发白亮。

天亮时，老麻突然惊醒，不是从睡梦中惊醒，而是从棋局中惊醒。他猛然想起将要进行的比赛，赶忙收起棋谱，匆匆赶往赛场。

老麻昏昏沉沉地，不知怎么就坐在佟彦对面。

比赛开始了。老麻的第一手棋下在星位，佟彦也下在星位，老麻下对角星，佟彦也下对角星……

"千古无重局。"老麻和佟彦这局棋，会下成什么样子呢？

观棋大厅里，主持人一边向观众讲解，一边爬高上梯往大棋盘上摆谱。主持人也是围棋高手，他摆了几步，觉得这局棋下得古怪。按照现代围棋布局理论，黑棋小飞挂角，白棋一般应以"夹攻"或"守角"，而此局中白棋却下出"九三分投"，这种着法在古谱中经常出现，现代棋局中几乎没有。对于这局棋，主持人不知该如何解说。

黑棋关，白飞攻，黑压，白扳，断！"棋从断处生。"主持人一向伶俐的巧嘴，只说出这么一句寡味的话。随着棋局进程，主持人不禁生出疑窦，难道二人在模仿古人下棋？这可是一场重要的比赛啊！这是一场关乎名誉、地位、金钱的重要比赛！

棋局进行到三十多手，主持人确信了自己的看法，二人确实在模仿古棋。下面观众也看出端倪，纷纷交头接耳，终于有人惊呼一声：

"当湖十局！"

场内顿时一片哗然。

"确实是当湖十局,"主持人说,"这是当湖十局中的第一局。"

喜欢围棋的人都知道,"当湖十局"是清代国手施襄夏和范西屏于1739年在浙江平湖下出的精彩对局,堪称围棋史上的传世经典。老麻虽然听说过当湖十局,但他没有读过,不知道自己的"牛谱"其实就是当湖十局。

老麻被"牛谱"或者说是"当湖十局"牵引着,懵懵懂懂地下出了第一百四十一手的"飞"。佟彦怎么会知道自己的"牛谱"呢?老麻觉得很奇怪。对于想不明白的事,他无心多想,他只想知道第一百四十一手之后的结局。

事实证明老麻对棋局的见解是正确的,这步棋的确是一步败招。接下来数个回合,佟彦的一块死棋竟然奇迹般复活,反将老麻一块棋笼罩在"劫杀"的险境之中。老麻的棋像是被人锁住咽喉,上了活扣,越挣扎脖子就被勒得越紧。

老麻似乎中了魔,当他从"牛谱"中清醒过来时,局势已经无可挽回。

老麻败了。

七

老麻败得蹊跷。究竟什么原因?棋友们问老麻。老麻自己也说不出个所以然。有人说老麻比赛前没有休息好,状态不佳。有人反驳说,这不是状态的问题,而是老麻为什么会下出当湖十局?"这显然是局假棋,老麻收了冠军之星的贿赂!"大多数人都相信这个说法,只有少数了解老麻的棋友们知道,老麻还不至于那么龌龊,老麻的败一定另有其因。老麻唯一的解释是:"当时满脑子都是牛谱,忘了那是一场比赛。"棋友们无法理解,就连老麻自己都觉得这个解释比他下出的棋更为荒唐。

"老麻中了邪!"棋友们只能这么解释。

败就败了，不论什么原因，终归是败了，这是最有力的事实。

老麻败了之后，黑白棋社跟着要垮。学生纷纷退学，到了暑期，留下的学生已经所剩无几。暑期是各种特长班招揽生意的旺季，是个赚钱的好时机。颍川这个地方围棋之风甚胜，所有特长班中，围棋班更是独树一帜，各个棋社都办的有少儿围棋培训班，发传单，打广告，招揽生源，搞得红红火火十分热闹。

胡老板也做了不少努力，却收效甚微。有一些家长图便宜，愿意带孩子来学棋，但学了两天，又要退学。胡老板极力挽留，向家长们介绍黑白棋社的优势，讲述老麻曾有过的辉煌，说老麻棋力多高，打败过多少高手。不提老麻便罢，一提老麻，家长们笑了。

"谁是棋王？老麻能算棋王吗？佟彦才是真正的颍川棋王。"家长们说。

有的家长听说老麻下假棋，更是满脸不屑："棋下得好有什么用，难道我的孩子没学会下棋，倒先学会做假？"

有的家长有修养，退学后说几句客套话，毕竟师生一场；有的家长无所顾忌，当面说些难听话。胡老板是爱面子的人，被人说得颜面无存，也争吵几句，老麻却是木头疙瘩一般，不羞不臊，任由奚落。

"学校还能办下去吗？"胡老板问老麻。

老麻不哼声。

"你倒是说话啊！"胡老板脾气上来，心头冒火。

老麻像一团肉，不开口。

"是头猪也哼哼几声吧！"胡老板实在拿他没脾气。

学校办不下去，只好关门大吉。老麻老赵老罗等众教头也都恢复身份，又回到从前。棋友们还是像以前那样，每天泡在棋社里，该打闹就打闹，该说笑还说笑。有人抬起杠来，还是要靠棋来解决。有人放了响屁，照样是哄堂大笑的场面。当然还要喝酒。这一天，老赵和熊哥赌棋输了，请大家喝酒。咣咣当当，五十度的白酒下去几瓶。老麻端起一杯酒："我自罚一杯。"说着一仰脖儿咕咚灌下去。这杯酒大概有二两，老麻一口气喝下去，身子摇摇晃晃有些站不住。大家犯了迷糊,不明白老麻为什么自罚。"我也自罚一杯。"老赵端起一杯酒跟着喝了。"都自罚,我也自罚。"余下几位也都给自已倒上满满一杯。最后,胡老板说:"我也自罚。"一帮人喝得东倒西歪。

不知什么时候起,棋友们热衷于一种名叫"挑红四"的扑克牌游戏,每把输赢五块钱,用棋子做筹码,白子一粒顶十块,黑子一粒顶五块,从中午打到晚上,末了用棋子兑换现金。老麻不会打,只能站在旁边看。看了许久,对这种简单的玩法竟是没能学会。老麻从棋社里出来,在街上逛。天黑了,老麻逛到哥哥家。小区里很幽静,老麻坐在一个花池边,看哥哥家里泛出的灯光。不知道老麻心里什么滋味,他本来想拿了冠军,去哥哥面前炫耀,让哥哥接受他下棋的事实,但现在看来只能是无尽的遗憾。

棋社已经无法维持正常开支,胡老板只得辞退小崔。

"你送我好吗?"小崔对老麻说。

老麻也想出门散散心,跟着小崔来到乡下。小崔家在颍河边一个僻静乡村,河水绕过家门,打个弯,缓缓向东流去。小崔的父母都是本分农民,待人和善,把老麻当贵宾招待。老父亲除了种地,还打鱼,扎了"阵"下在河里,每天都能捞出不少小鱼儿。傍晚,老麻和小崔一起到河边看老人打鱼。老人用一支竹竿撑着"小鹰船",漂来荡去,夕阳映在河面上,泛起粼粼波光。小崔在河堤上坐下,抱着膝盖。老麻也跟着坐下。

"崔刚的爸爸呢?"老麻问小崔。

"你想知道?"小崔仰脸看着他。

"想。"老麻说。

"为什么?"小崔说。

老麻说不出为什么。

小崔盯着老麻看,老麻却不躲避,直愣愣地迎着小崔的目光。小崔垂下眼皮,去拨弄手上的一根狗尾巴草。"我是被人强奸的,不知道谁是孩子的父亲。"小崔坦然地说。

老麻僵直着脖子,不知道说什么好。

"是不是觉得很意外?"小崔抬眼看老麻。

老麻怕小崔看出自己的尴尬,赶紧说:"不是,我觉得你应该给孩子找个爸爸。"

小崔叹口气说:"谁会要我?"

老麻不知怎么回答。背后传来响声,回头一看,崔刚骑着一辆自行车飞驰而来,老麻趁机收住了话题。

乡村的夜晚才是真正的夜晚。老麻睡不着,一个人悄悄来到河边,露水很大,把老麻的头发染得湿漉漉,每根发丝都挂着几粒细小的水珠。草丛里有些虫子在轻声鸣唱……

棋社少了小崔,少了一道风景,如一块干涸的土地少了柔风细雨的滋润。棋友们喝茶要自己泡,开水要自己烧,饿了也不会有人给下方便面。每天散后,棋社里一片狼藉,第二天来玩,仍是狼藉一片。胡老板规定轮流值班,值班表排出来,却无人执行。胡老板气得直骂娘,想关了棋社,又于心不忍,这些年来大家朝夕相处,对棋社有着深厚的感情。胡老板配了几把钥匙散发给棋友们,谁来得早便由谁来开门,至于卫生,谁爱打扫谁打扫吧,爱扫不扫,只当是个猪窝。

老麻也分得一把钥匙,他几乎每天都是第一个来到棋社,拉开卷闸门,烧好开水等棋友们来。晚上,老麻最后一个走,把卫生打扫干净才离开棋社。棋友们也不在意,问胡老板是不是给老麻发工资了,胡老板说:"麻虾觉悟高,哪像你们这帮懒货!"

老麻是个沉默寡言的人,话越来越少,遇见什么事也不像以前那么爱笑。棋社很少有人来下棋,老麻也不急,来人便下,没人来自己打谱。那边棋友们甩着扑克牌,偶尔爆出一个笑料,老麻也跟着剥一下狗。老麻的笑有了节制,该笑时笑,不该笑时一脸平静如秋水无痕。

黑白棋社愈加冷清,颖川市的围棋环境却在不断发展,自刘棋获得世界冠军后,传出市政府有心要把颖川市建成一座"围棋文化之乡"。说不准消息是否可靠,但一年多来,颖川市确实因围棋发生了不少变化,市区西湖路更名为弈海路,弈海路与大学路口修建起一座围棋公园,街头风景带也树起历史名人对弈的系列塑像,而颍川市的一些小学则相继开设起围棋普及课程。

这年夏天,天元杯全国业余围棋锦标赛决赛最后一场,被邀请至颍川市举行,同时还邀请杨义先九段、世界冠军刘棋等国手前来助兴,由杨义先九段亲自为棋迷们挂盘讲解,刘棋也要在赛后同业余冠军下一盘让二子指导棋。消息传出,颍川棋界无不为之振奋,都迫不及待地要一睹国手风采。

比赛这天,胡老板搞了几张门票,来棋社喊大家去看棋。棋友们正甩扑克牌起劲,都不愿去。胡老板骂一声,转头去喊老麻:"麻虾,你闲着没事,跟我去看棋。"老麻身子陷进椅子窝里,在打盹。胡老板上前揪他耳朵,兀自不醒,只好丢了老麻,自己去赛场看棋。

赛场安排在春秋大剧院,胡老板去的时候,杨九段正向观众们讲棋。胡老板找个位置坐下,没过多大一会儿便打起盹来。比赛采用快棋赛规则,很快就分出了胜负,接下来,轮到世界冠军刘棋出场。观众一时兴奋起来,把胡老板给吵醒了。胡老板睁开眼,迷迷糊糊地问旁边人,哪个是刘棋?旁边人说,刘棋还没出场。

刘棋迟迟不肯出场,把观众们惹得有些着急,不少人嚷着要求退票。大家都是来看刘棋的,刘棋却在这个节骨眼上丢了!承办方一时慌了手脚,四处派人寻找。这边杨九段出面稳住阵脚,却只是他一个干瘪的声音,难以压制众声的喧闹。有人议论,刘棋到底是世界冠军,架子大;有人说刘棋向来是天马行空,我行我素,为人为棋亦是如此;还有人猜测刘棋年龄不大,会不会是贪玩,去遛大街了?看来刘棋今天是出不来了,胡老板觉得无聊,便回了棋社。

棋友们还在打牌,老麻还在打盹。棋友们问刘棋长得啥样,胡老板说:"亏得你们没去,去了也是白跑一趟。"胡老板甩开膀子,加入牌局。

老麻这一下午都在打盹,他还做了一个奇怪的梦。他梦见自己回到古代,跟一个长眉细目的男人下棋。他们在一座凉亭里品茗对弈,清风穿越凉亭,吹得人舒畅。下到中盘,老麻忽然觉得自己要输,急出一头大汗。耳边听得一个声音说:"施襄夏,你不行了,缴枪不杀!"老麻一惊,心说谁?谁是施襄夏?那个声音说:"你就是施襄夏,你对面的是范西屏!"老麻惊魂未定,举头去看对面,那长眉细目的男人正一脸诡异地盯着他。"我是老麻!"老麻辩解着,从梦里醒来。

老麻是被胡老板用棋子砸醒的,棋子砸在老麻门牙上,铮的一声,老麻醒了。老麻看见眼前立着一个瘦弱少年,大概十六七岁样子。胡老板盘腿坐在牌堆里说:"这位小兄弟想下棋,你跟他下一盘。"

听说下棋,老麻来了精神,他已经好几天没下棋了。他从椅子里跳起来,找出一块破抹布,把棋盘上的灰尘擦净,跟少年下起棋来。

谁都没有想到,这个其貌不扬的少年便是刘棋。刘棋嫌赛场吵闹,溜了出来,不经意间逛到了黑白棋社,一时手痒,便坐下来下一盘棋。老麻当然也想不到,他只是觉得少年的棋相当厉害,必须小心应对。老麻心地单纯,他只是关注棋局。他很久没跟高手下棋,今天放手一搏,实在是痛快过瘾!老麻一支接一支地抽烟,既紧张又兴奋,居然都顾不得去吐烟圈。老麻下出的棋倒是让刘棋吃了一惊,年轻的世界冠军想不到会在这种地方遭遇强劲的对手!

刘棋一上来,走出"三连星"布局。老麻挂角,刘棋弃角取势,布成"宇宙流"。"宇宙流"的特点是围大模样,迫使对方打入,容易引起激烈的攻杀。既然刘棋走出"宇宙流",老麻也毫不示弱地打入。打入的选点是有讲究的,过于深入搞不好要被歼灭,打入太浅又容易被对方围出大空。老麻审时度势,选了一个非常绝妙的打入点,这步棋进可腾挪转换,退可与援军寻求联络,攻守兼备,左右逢源。这步棋让刘棋吃了一惊,太绝妙了!刘棋一激动,叫了一声:"妈呀!"

年轻的世界冠军陷入了长考,老麻这才有机会缓口气,吐出一个烟圈。

刘棋思忖良久,脱先,转去右上方尖冲老麻的拆二阵地。很明显,这步棋如果老麻应对不慎,打入之子将与援军失去联络,变成孤棋陷入绝地。老麻横下一条心,索性置拆二不顾,走强打入之子,消解对方的"宇宙流"。老麻下出一步"刺",这步棋看似俗手,却是有效地先手补断,转而脱先它投。刘棋又禁不住叫一声:

"妈呀!"

"下棋就下棋,鬼叫个鸟!"那边打牌的棋友不乐意。

老麻和刘棋都不去理会,专心下棋。有时候,两人下一步棋要考虑很久,也有时候,两人乒嚓乒嚓落子如飞,但总体来说,这局棋下得很慢,到傍晚仍是未见分晓。傍晚时分,棋社里突然挤进来一帮人,扛着摄像机,捧着照相机,拿着话筒,看样子是一帮记者。随后杨九段也和棋迷朋友们出现在黑白棋社,把小小的棋社围了个水泄不通。棋友们这才知道,原来这个瘦弱少年竟是世界冠军刘棋。胡老板赶忙吩咐棋友,堵住大门,任何人不得入内,免得打扰棋手下棋。

人都被堵在外面,棋社里又安静下来。对于这些喧闹,老麻似乎全然不知,他已经跟自己的棋捆在一起,全部陷入了包围。老麻在挣扎,他看上去像一根钢筋棍儿,左一下右一下地捣戳着裹在身上的网。

经过挣扎,老麻突围了!

老麻又陷进去!

老麻再次突围,再次沦陷!

老麻从混沌中钻出来,浑身湿漉漉,像一只破茧而出的蝶扑棱着翅膀。老麻获得重生,他被自己感动得哭起来。他从没下过这么惊心动魄的棋局,似乎他这一生,都是在期待着这样一局棋。他不会默默流泪,只要一哭,必定是放声大恸。老麻一哭,把刘棋和棋友们都惊动了。刘棋被他哭得莫名其妙,也似乎被他感染,一副难过的样子。胡老板赶忙递过来一条毛巾,给老麻擦泪。"熊样儿!"胡老板骂。

"就是,熊样儿!"棋友们都骂老麻,"没出息。"

老麻哭着,忽然说:"我输了。"

老麻怎么会输呢,棋还没下完,只是刚刚结束了中盘战斗。

刘棋说:"你没输,我杀不到你大龙,盘面落后你三目。"

老麻擦了眼泪,止住哭声。老麻说:"我官子不如你,接下来收官,我至少输给你二目。"

刘棋也不谦让,点头说是。刘棋说:"你中盘力量大,我斗不过你,我们算扯平吧,和棋。"

这个结局当然是可以接受的。

棋局一结束,外面的人又拥了进来。刘棋在众人的簇拥中离开棋社。也有人来采访老麻,老麻却是一言不发,呆呆地靠在椅子里。满世界的声音,老麻一个字都没听清,他脑子里一片虚空。

第二天,老麻去看小崔。他绕过村庄,来到河边,远远地,看见小崔的父亲在河中下"阵"。他坐下来,抱着膝。附近几只水鸭在水中嬉戏,日头慢慢地将世界的影子拉长,黄昏下,小崔的身影出现在河坡上。她手里拎着水壶,赶一群羊,往河坡这边走。一见小崔,老麻立刻紧张起来。老麻确实长着一张可笑的脸,他笑的时候,仿佛是一幅漫画。